第 **17** 辑

米新丽 主编

首都
法学论坛

中国政法大学出版社

2021·北京

图书在版编目（ＣＩＰ）数据

首都法学论坛. 第17辑/米新丽主编.—北京：中国政法大学出版社，2021.10
ISBN 978-7-5764-0126-4

Ⅰ.①首…　Ⅱ.①米…　Ⅲ.①法学—文集　Ⅳ.①D90-53

中国版本图书馆CIP数据核字(2021)第204231号

出 版 者　　中国政法大学出版社

地　　址　　北京市海淀区西土城路 25 号

邮寄地址　　北京 100088 信箱 8034 分箱　邮编 100088

网　　址　　http://www.cuplpress.com (网络实名：中国政法大学出版社)

电　　话　　010-58908441(编辑室) 58908334(邮购部)

承　　印　　北京九州迅驰传媒文化有限公司

开　　本　　720mm×960mm　1/16

印　　张　　13.5

字　　数　　220 千字

版　　次　　2021 年 10 月第 1 版

印　　次　　2021 年 10 月第 1 次印刷

定　　价　　59.00 元

目录
Contents

我国夫妻分别财产制[1]评析

郑文科 *

摘要：我国相关法律文件中未明确夫妻分别财产制约定生效的时间界限，容易造成夫妻分别财产制约定与夫妻共同财产分割约定的混淆，造成法律适用的错误。明确夫妻分别财产制约定的生效时间有利于妥善解决这两种不同法律行为纠纷的法律适用。法律中涉及夫妻分别财产制的相关规定过于强调财产的归属，忽视了夫妻之特殊身份关系，不利于维护婚姻关系的稳定，也存在不公平之处。弱化夫妻约定的形式要件要求、增加强制性部分无效法定事由、设立离婚补偿机制等制度，可以使财产在维护婚姻关系的稳定性上发挥更好的积极作用，并实现当事人之间的公平。

关键词：夫妻分别财产制；演变；不足；完善建议

一、引言：财产在婚姻关系中的意义

婚姻是以感情为基础、以符合法律规定的形式缔结的亲密法律关系，表面上看是婚姻当事人双方之间的私事，实际上还存在着重大公共性影响：一是对社会稳定的影响。社会的稳定主要还是人的稳定，包括思想的稳定和行动上的稳定。婚姻是个人在社会上的堡垒之一，是个人享受生活、体验真情

---

〔1〕 我国《民法典》中不存在夫妻分别财产制的提法，只存在"约定归各自所有"的提法，其物权编中也仅有"所有权""私人所有权"和"共同所有"的概念，《最高人民法院关于依法妥善审理涉及夫妻债务案件有关问题的通知》（法〔2017〕48 号）第 5 条中称之为夫妻"分别财产制"，夫妻分别财产制相当于物权理论上的"单独所有"。

* 郑文科（1971—），男，法学博士，首都经济贸易大学法学院副院长、副教授，主要研究方向为民法总论、物权法。

实感的最佳环境。自然人如果与他人缔结了婚姻关系，也就意味着成熟和稳定。婚姻关系缔结后，基于生活上的负担或者是情感上的依靠，双方处于同一处所，具有了共同的奋斗目标和相似的社会活动范围，对于个人的稳定所产生的作用是非常明显的。二是促进社会人口的增长。在我国传统观念的影响下，没有缔结婚姻关系而生育子女，当事人可能要背负较重的精神负担，增加抚养子女的难度。即使存在婚姻关系的情况下，当事人的生育意愿也在逐年下降。婚姻关系对激发当事人的生育意愿、有效降低子女抚养成本具有重要作用，建立婚姻关系对保证人口的增长具有重要意义。更何况未成年人在幸福婚姻家庭关系中成长更有利于其健全人格的养成，其对社会造成危害甚至成年后危害社会的概率也会极大降低。

因此，维护婚姻的稳定性意义重大。感情因素在维护婚姻的稳定性上发挥了主要作用，财产在婚姻关系稳定性上也发挥了重要作用。二人的共同生活并不仅仅是基于爱和关怀就能实现的，人生活在现实世界中，物质支持必不可少。财产在维护婚姻关系的稳定性上所发挥的作用是实现共同理想、提高共同生活品质、提升共同精神利益和实现相互扶养法律义务。好的夫妻财产制度对于良好的婚姻关系具有重大的稳定和促进作用。[1]

财产所有权关系对于夫妻人格独立具有重大影响，基于夫妻关系的平等性和财产权利自由的基本思想，中外婚姻家庭法律制度中均允许夫妻就财产的归属问题自我选择，法定共同所有财产制只是对于当事人意思自由的补充，我国的相关立法也是基于此观念展开的。但是如果放任婚姻关系存续期间财产分别所有的约定完全由当事人基于意思自由确定，就可能产生不利的后果，如当事人可能将财产利益置于婚姻利益之上，违背了婚姻的目的，因此通过立法进行适当干预是必要的。我国相关法律文件中就夫妻分别财产制约定的规定较少，且存在一定的不合理性和内容上的缺漏，笔者仅就此进行探讨，期望抛砖引玉以促进法律的完善。

---

[1] 在古罗马夫妻财产归属中的"妆奁制"就是起到防止男方提起离婚请求以稳定婚姻关系的作用。参见［德］马克斯·卡泽尔、罗尔夫·克努特尔著，田士永译：《罗马私法》，法律出版社2018年版，第629页。

二、夫妻分别财产制的含义与特征

夫妻分别财产制是指夫妻双方婚前或婚后所得财产仍归各自所有，并单独行使管理权、收益权及处分权，同时也不排斥双方拥有一部分共同财产。[1]与夫妻分别财产制相对的是夫妻共同财产制，即婚姻关系存续期间双方所得的财产归双方共同所有。

夫妻分别财产制从其产生原因上可以分为两类：法定夫妻分别财产制和约定夫妻分别财产制。法定夫妻分别财产制是指基于法律规定属于夫妻一方单独所有的财产，如我国《民法典》第 1063 条规定的"下列财产为夫妻一方的个人财产：（一）一方的婚前财产；（二）一方因受到人身损害获得的赔偿或者补偿；（三）遗嘱或者赠与合同中确定只归一方的财产；（四）一方专用的生活用品；（五）其他应当归一方的财产。"约定夫妻分别财产制是指基于当事人约定的民事法律行为将婚姻关系存续期间取得的本可自动成为共同所有的财产归属夫妻一方所有的夫妻分别财产制。我国法律中所指的夫妻分别财产制是指约定夫妻分别财产制[2]。

我国的夫妻分别财产制具有以下主要特征：其一，夫妻分别财产制是基于当事人约定而产生的。如果当事人之间不存在约定，则直接适用法定规则确定财产的归属，包括法定夫妻分别所有和共同所有的推定适用。其二，约定是要式民事法律行为。要式民事法律行为是指应当根据法律规定或者当事人约定的方式而实施的法律行为，[3]即应当采用书面形式订立夫妻分别财产制约定协议。夫妻分别财产制约定协议是指夫妻双方就将来在婚姻关系存续期间可能获得的财产归各自所有达成的书面协议。[4]对于要式法律行为，如果违反法定方式，将产生无效的法律效果。[5]其三，夫妻分别所有财产制约定的内容仅限于婚姻关系存续期间当事人所取得的财产。对于婚前财产当事

---

〔1〕 李志敏主编：《比较家庭法》，北京大学出版社 1988 年版，第 113 页。

〔2〕 除夫妻分别财产制的演变部分外，本文中所探讨的夫妻分别财产制仅指约定的夫妻分别财产制一类。

〔3〕 王利明：《王利明法学教科书：民法总则》，中国人民大学出版社 2017 年版，第 294 页。

〔4〕 《办理夫妻财产约定协议公证的指导意见》第 2 条规定："本指导意见所称的夫妻财产约定协议是指夫妻双方就婚姻关系存续期间所得的财产以及各自婚前财产的归属等事宜达成的书面协议。"该概念是将所有涉及夫妻间财产关系的约定都包括在内，并非是夫妻分别财产所有约定的概念。

〔5〕 王泽鉴：《民法总则》，中国政法大学出版社 2001 年版，第 310 页。

人仅可以约定转化为共同财产，无需约定为夫妻分别财产。

三、夫妻分别财产制的演变

夫妻分别财产制产生的经济基础是经济发展导致物质财富增长并超出日常消费的需求、在法律上承认私人的财产所有权，因此在物质财富匮乏、不存在私有财产的原始社会中是不可能出现夫妻分别财产制的。夫妻分别财产制的核心是解决财产在夫妻间的归属问题。

夫妻分别财产制产生的思想基础是对女性的尊重，进而在法律上提高了女性的地位。在承认夫权的社会，女性只是丈夫的附庸，连基本的人格权都不存在，更不可能享有财产上的权利。在现代民主社会，男女在法律上的地位平等，故在世界各国的婚姻家庭法律制度中，均存在夫妻分别财产制的规定。

（一）夫妻分别财产制在西方的演变

夫妻分别财产制起源于古罗马后期。古罗马早期的婚姻是"有夫权婚姻"，夫权是指婚后夫妻生活中的一切事项均归夫掌握，即夫取得妻的一切权利。[1]在此情况下，妻一方当然不能取得任何财产权利。到罗马共和国后期，随着社会经济的发展，根据罗马万民法缔结的"无夫权婚姻"产生。在"无夫权婚姻"中，结婚本身并未改变男女双方财产归属及双方对财产的处分权。夫妻任何一方都保留着对自己财产的支配权利，并且只对自己的债务承担责任。这种权利状态肯定适用于自权人的婚姻，他们成立的是"分别财产制"。[2]因此罗马万民法"无夫权婚姻"中夫妻间的财产关系是夫妻分别财产制的渊源是被大家公认的。

资本主义世界的第一部民法典——《法国民法典》中最早不存在夫妻分别财产制的规定。根据该法，夫妻婚姻存续期间财产的管理权和处分权都属于丈夫，妻子固有财产的管理权由丈夫行使，处分权也要由丈夫同意。到20世纪初期，随着夫权的削弱，在法律上才承认妻子对自己劳动所得财产有管理权和自由转让权。

1882年英国率先在《已婚妇女财产法》中规定了妻子对婚前所有财产及

---

[1] 周枏：《罗马法原论》（上册），商务印书馆2014年版，第179页。

[2] 参见［德］马克斯·卡泽尔、罗尔夫·克努特尔著，田士永译：《罗马私法》，法律出版社2018年版，第625页。

不动产的所有权及处分权，所以通常认为英国是夫妻分别财产制的故乡。[1]此后《意大利民法典》《日本民法典》《瑞士民法典》均建立了夫妻分别财产制规范。

（二）夫妻分别财产制在我国的发展

新中国成立后 1950 年制定的第一部《中华人民共和国婚姻法》主要以废除封建婚姻和实现男女平等为主要目的，夫妻双方对于家庭财产有平等的所有权和处理权。其中家庭财产的内容包括男女婚前各自所有的财产和夫妻婚后共同生活时所得的财产等，由此可见，该法在夫妻财产制度的设计上采取的是法定共同财产制。1980 年修改通过后的《中华人民共和国婚姻法》中关于夫妻财产关系的规定仅体现在第 13 条，即"夫妻在婚姻关系存续期间所得的财产，归夫妻共同所有，双方另有约定的除外。夫妻对共同所有的财产，有平等的处理权。"从该条规定可以看出，夫妻间的财产关系包括法定共同财产制和约定财产制两种类型。但是该规定内容过于抽象，对于可以约定的财产范围、约定的财产归属类型、约定的形式等均没有作出规定，在实践中操作起来具有很大的困难。在 2001 年修改通过后的《中华人民共和国婚姻法》中，关于夫妻间财产关系的规定有了巨大的进步，其中用了 3 个条文对夫妻间的财产关系进行规定，即第 17—19 条。第 17 条主要规定了婚姻关系存续期间共同财产的范围，第 18 条主要规定了夫妻单独所有的财产范围，第 19 条主要规定了夫妻财产约定的归属形式、约定的财产范围、约定的方式以及未约定的处理规则等。至此，我国的夫妻分别财产制在法律上得以较完整地确立。在 2020 年制定的《中华人民共和国民法典》中关于夫妻财产关系的规定，基本延续了原《中华人民共和国婚姻法》中的做法。

四、我国夫妻分别财产制的主要内容

现我国夫妻分别财产制的法律制度集中体现在《中华人民共和国民法典》第 1065 条。[2]该条规定："男女双方可以约定婚姻关系存续期间所得的财产以及婚前财产归各自所有、共同所有或者部分各自所有、部分共同所有。约

---

〔1〕 陆静：《大陆法系夫妻财产制研究》，法律出版社 2011 年版，第 31 页。

〔2〕 该条的内容并不仅仅是关于夫妻分别财产制，还涉及不同的共有形式。本文仅从夫妻分别财产制的角度进行探讨。

定应当采用书面形式。没有约定或者约定不明确的，适用本法第一千零六十二条、第一千零六十三条的规定。[1]夫妻对婚姻关系存续期间所得的财产以及婚前财产的约定，对双方具有法律约束力。夫妻对婚姻关系存续期间所得的财产约定归各自所有，夫或者妻一方对外所负的债务，相对人知道该约定的，以夫或者妻一方的个人财产清偿。"

该条包含以下四个方面的主要内容：其一，约定是夫妻分别财产制产生的法律上的原因。该条是授权性规范，具有任意性。当事人可以选择约定财产分别所有，也可以不约定。这充分体现了当事人的意思自由，是其人格独立的重要表现。当事人没有约定的按照《中华人民共和国民法典》第1062条和第1063条规定的处理。其二，夫妻财产分别所有约定的财产范围只能是将来在婚姻关系存续期间所得的财产。婚前财产原则上归各自所有，之所以在此一并规定，主要是因为允许当事人将其约定为共同所有，从而改变原来单独所有的形式。对于各自所有的约定而言，只能是"婚姻关系存续期间所得的财产"。其目的在于防止法律中规定的推定共同所有关系的产生。该规定与夫妻以离婚等为目的的财产分割约定具有完全不同的意义，以离婚等为目的的财产分割的约定是通过对共有物的分割实现对已经产生的共有关系的解除。该约定也不同于以增强婚姻凝聚力为目的的将婚前个人财产或者婚后个人财产转化为共同所有或者赠与对方的约定。其三，夫妻对婚姻关系存续期间所得的财产以及婚前财产的约定，对双方具有约束力。约定在本质上是双方民事法律行为，在符合法律规定的生效要件即主体具有相应的民事行为能力、意思表示真实和不违反法律、行政法规的强制性规定和形式要件即书面形式的情况下即生效，对当事人双方具有约束力是理所当然的。其四，约定夫妻财产分别所有情况下也不能对抗善意相对人。善意相对人是指不知道夫妻之间存在分别财产制约定的相对人。如果相对人知道该约定的，以夫或妻一方的个人财产清偿；如果相对人不知道该约定的，夫妻对婚姻关系存续期间对

---

[1]《中华人民共和国民法典》第1062条规定："夫妻在婚姻关系存续期间所得的下列财产，为夫妻的共同财产，归夫妻共同所有：（一）工资、奖金、劳务报酬；（二）生产、经营、投资的收益；（三）知识产权的收益；（四）继承或者受赠的财产，但是本法第一千零六十三条第三项规定的除外；（五）其他应当归共同所有的财产。夫妻对共同财产，有平等的处理权。"第1063条规定："下列财产为夫妻一方的个人财产：（一）一方的婚前财产；（二）一方因受到人身损害获得的赔偿或者补偿；（三）遗嘱或者赠与合同中确定只归一方的财产；（四）一方专用的生活用品；（五）其他应当归一方的财产。"

相对人所负的债务，仍然需要负连带清偿责任。

五、我国夫妻分别财产制的立法不足及完善建议

（一）立法不足

第一，未明确规定约定的时间确定点，导致实践中将夫妻财产分别所有的约定与以离婚等目的进行的共有财产分割协议混淆，产生法律适用上的错误[1]。夫妻财产分别所有的约定所针对的对象是将来当事人一方可能取得的财产而不是已经取得并转化为法定共同所有的财产。因此，其约定的时间必须是在财产取得之前。[2]

第二，未明确约定部分失效的法定特别要件，在当事人之间容易产生不公平的结果。

从司法实践来看，在存在夫妻财产分别所有约定的情况下，当事人中享受有较大财产数量的一方由于缺少减少财产利益的担忧，其对自己行为的放纵现象比较明显，违背法律规定的忠实义务的情况普遍存在，如实施家庭暴力等。

第三，未建立夫妻分别财产所有制离婚时的公平补偿机制。在双方均无过错而离婚时，如果不存在合理的补偿机制，可能损害离婚时财产较少一方的生存权益。

第四，未规定夫妻分别财产制与夫妻间扶养义务的关系。财产归属上的不同与夫妻间基于身份而产生的权利义务关系在法律上是分开的。在法律上未明确二者的界限，造成生活中有人基于财产分别所有约定的事实而不履行法定扶养义务的现象。

（二）完善建议

第一，要树立人身权和生存权高于物权的理念。从相关立法的内容看，

---

[1] 笔者通过中国裁判文书网以"夫妻财产约定"为关键词进行查询，查找到1300多个生效判决和裁定，真正涉及夫妻财产分别所有的约定引起的纠纷寥寥无几，基本上都是涉及财产分割的。财产分别所有的约定与共同财产分割的约定的根本区别在于分别所有的约定是通过防止共有关系的形成而从起源上形成单独所有，共同财产分割的约定是通过改变共有关系而形成单独所有，二者在形成单独所有的逻辑过程上是不同的。

[2] 如日本民法中明确规定，夫妻财产关系应当在婚姻申报前完成，于婚姻申报后，不得变更。参见王融擎编译：《日本民法：条文与判例》（下册），中国法制出版社2018年版，第704—705页。

一是过于强调了财产所有权的绝对性。财产所有权的绝对性在一般情况下是非常必要的。但是在婚姻关系中，夫妻间人身权关系的价值必须要置于任何一方单纯财产所有权关系的价值之上。二是相关财产制度的设计目的在于当事人解除婚姻关系时便于解决纠纷，而不是通过财产制度的设计稳定婚姻关系。在相关的立法中大量篇幅的内容都是规范在离婚时财产应当归属哪一方。一般认为这种过于明确强调财产的归属对婚姻关系不能产生积极的作用。在《中华人民共和国民法典》"夫妻关系"中所规范的财产关系必然优先考虑到当事人具有夫妻关系这一特性，财产归属制度的设计不能如"物权"中的设计那样平等，否则财产对婚姻关系就会产生破坏作用而不是促进其稳定的作用。

第二，明确约定的时间判断。明确约定时间点的目的在于将夫妻财产分别所有的约定与以解除共有关系为目的的财产分割约定相区别开，因为在解决这两种不同目的的约定纠纷时的规则存在不同。以解除共有关系为目的的财产分割约定通常需要有特定的理由，其财产分割约定的效果之发生与特定的理由具有关联性。如果特定的理由（目的）不达，可能会影响到共有财产分割约定的效力。而且，在共有财产分割约定中，还需要坚持公平原则，如果一方当事人所分得的共有物存在瑕疵，另一方当事人须尽到补偿的义务。[1]但是在夫妻财产分别所有的约定中，由于所约定的财产对象是在共有关系形成之前，通常是在约定时并不存在的财产，当事人只是存在取得财产的可能性，不存在目的与理由的要求，也不存在公平性的要求。但是在司法实践中存在大量的判决均以夫妻财产约定为由进行审理，其所涉及的实质内容并不是夫妻财产分别所有的约定，而是夫妻共同财产分割的约定。

夫妻财产分别所有的约定在时间上可以是在婚前，也可以是在婚后，但是基于该约定的目的是实现将来一方当事人可能取得的财产的单独所有权，故其必须是在财产取得之前方可以产生法律效力。

第三，淡化约定的形式要求。现行《中华人民共和国民法典》中夫妻财产分别所有的约定是要式法律行为。当事人通过书面形式进行约定的目的就

---

[1]《中华人民共和国民法典》第304条第2款规定："共有人分割所得的不动产或者动产有瑕疵的，其他共有人应当分担损失。"该规定只能适用于共有物分割约定纠纷，而不能适用于夫妻财产分别所有的约定纠纷。

是在解决纠纷时便于举证。笔者认为这个规定对于婚姻关系并无益处。试想，夫妻双方在共同生活过程中，看见那一纸冰冷的文书感受如何？相反，如果放松对形式的要求，允许当事人口头约定，在共同生活的过程中很可能一方或者双方慢慢就忘记了曾经的约定，只着眼于现在和未来。也可能在一方当事人提起离婚之诉时因不能举证存在夫妻财产分别所有的约定，想到可能遭受财产上的不利后果而打消离婚的念头。僵化的、有形的夫妻财产分别所有约定文书的存在，对当事人情感上的影响时时刻刻存在。

第四，增加约定部分无效的法定情形。笔者认为应在法律中规定，在婚姻关系存续期间存在虐待或者遗弃配偶及其他家庭成员、严重违背夫妻间忠实义务的情况下，将根据约定应当归属具有严重过错一方单独所有的财产转化为夫妻共同财产，而对于无过错方夫妻分别财产所有的约定仍然产生法律效力。

第五，建立公平合理的财产补偿机制。夫妻因感情破裂离婚时，如果根据夫妻分别财产约定，双方的财产拥有量存在巨大差异，拥有财产较多的一方应当给予对方适当的补偿，以保证离婚后对方的正常生活需要。

论衡平原则下司法保障金融安全的法秩序统一

——以非法集资类犯罪刑民交叉案件为视角

吕慧敏 *

摘要：当前，金融业在传统的业务活动和经营管理方式上进行了革命性创新，在繁荣金融市场的同时亦带来了不稳定性。实践中，司法对金融安全的刑事保障路径和民商事保障路径在主管、保护程序、既判力和执行内容上均呈现出不同程度的交织与冲突，导致了个案法律适用及裁判结果不统一、社会公众因缺乏可借以预判的规则而维权困难、民商事案件既判力受到反复挑战等不良后果，损害了法秩序的统一性。本文以非法集资类犯罪刑民交叉案件为视角，对冲突类别进行分析并探查原因，认为：该类案件在程序上应遵循法律事实牵连的"刑民并行"处理方法；在实体上应以"责任聚合"为依据进行裁判；在执行中应重点考量"衡平原则"，建立特殊保护期，最终提出了非法集资类犯罪刑民交叉案件的办理意见。

关键词：衡平原则；司法保障

一、引言

当前，金融业在传统的业务活动和经营管理方式上进行了革命性创新，金融创新模糊了各类金融机构的界限以及民间金融与正规金融的界限，给金融业带来了不稳定性。司法在保障金融安全上主要有刑事路径和民商事路径

---

* 吕慧敏（1984—），女，中国人民大学 2006 级国际法学硕士，现为北京市丰台区人民法院婚姻家庭案件审判庭庭长。

两种。大量涉民间借贷、委托理财、有限合伙、私募基金的案件以金融民商事纠纷的形式涌现，同时，与民商事案件相牵连的事实又进入刑法对于非法集资犯罪的规制领域。两种路径在主管、审理程序、既判力和执行内容上均呈现出不同程度的交织与冲突，导致了个案法律适用及裁判结果不统一、社会公众因缺乏可借以预判的规则而维权困难、民商事案件既判力受到反复挑战等不良后果。妥善协调刑民冲突，对于维护金融安全、保障当事人合法权益和构建法秩序的统一，具有重要意义。

二、样本分析：法秩序冲突之体现——金融民商事纠纷 vs 非法集资类犯罪

"刑民交叉案件"是因不法行为人的违法行为，既破坏了社会生活或经济秩序，触犯了刑法，被国家以公权力予以处罚，又侵犯了社会主体的合法权益，被社会主体依法提起民事诉讼请求的司法救济，形成的刑事案件和民事案件同时并存的类型案件[1]。由于案发或立案时间的差异，引起案件发生的事实必然有时间及因果上的先后关系。以程序流程的逻辑关系为轴，非法集资类犯罪刑民交叉案件表现为四个阶段、四个类别的冲突，各冲突之间亦有相应联系（如图1）。

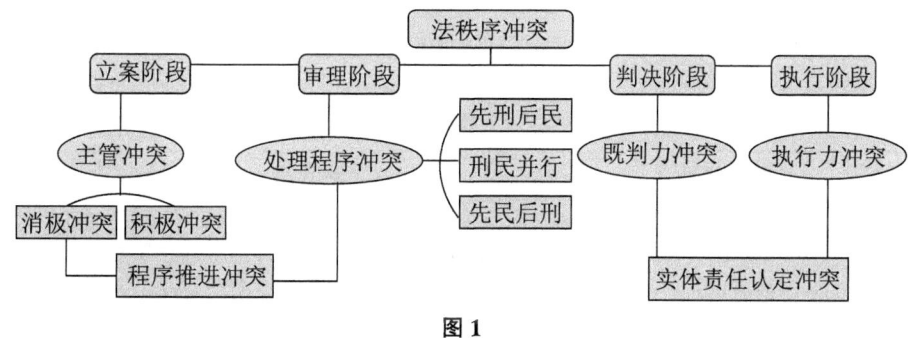

图1

（一）主管冲突

主管冲突包括消极冲突和积极冲突。消极冲突是指公安机关和人民法院均认为不属于自身主管范围，均不予受理的冲突；积极冲突则指公安机关与人民

---

〔1〕 赵子强、袁登明："刑民交叉案件的诉讼模式问题研究"，载《法律适用》2009年第2期。

法院分别作为刑事案件和民事案件进行受理的冲突。积极冲突是后续其他冲突的开端，消极冲突则会导致当事人维权无门或维权周期拉长、诉讼成本增加。[1]

（二）处理程序冲突

处理程序冲突包括先刑后民、刑民并行、先民后刑三种。先刑后民，即民事案件裁定驳回起诉、中止审理（如表1）。

表 1 [2]

案号	处理结果	裁判要旨
（2016）京 0106 民初 5270 号	裁定驳回起诉	根据《最高人民法院关于在审理经济纠纷案件中涉及经济犯罪嫌疑若干问题的规定》，人民法院作为经济纠纷受理的案件，经审理认为不属经济纠纷案件而有经济犯罪嫌疑的，应当裁定驳回起诉，将有关材料移送公安机关或检察机关，现安昊公司已因涉嫌非法吸收公众存款罪被北京市公安局丰台分局立案侦查，正在处理中，本院经审理认为，本案不属经济纠纷案件而有经济犯罪嫌疑，应当裁定驳回起诉，将有关材料移送该公安机关，本案不宜继续审理
（2016）最高法民申字 793 号	中止审理	为防止民事判决与刑事判决矛盾，民事纠纷案件审理中有关合同签订履行事实认定、合同效力认定、责任划分等问题应以涉嫌犯罪案件的审理结果为依据，在涉嫌犯罪案件审结前，应当中止民事纠纷案件的审理

刑民并行，即刑事案件与民事案件分别继续审理（如表2）。

表 2

案号	处理结果	裁判要旨
（2016）最高法民申 770 号	无需中止，继续审理	一般情况下，民事纠纷与刑事犯罪基于同一事实，刑事案件的认定事实及处理结果会对民事案件的审理结果造成实质性影响的，民事案件应当中止诉讼，本案中，因于某荣有理由相信黄某寿有代理温商公司对外借款的权利，无论温商公司是否授权黄某寿借款，温商公司均应当承担责任，因此，本案的审理无需以刑事案件的审理结果为依据，无需中止诉讼

---

[1] 实践中经常会发生这样的情况：当事人向人民法院提起民事诉讼后，人民法院认为涉嫌非法集资类犯罪，告知当事人撤诉另行报案或裁定驳回起诉并将案件材料移送公安机关。此后，公安机关不予立案。当事人为维权需要，只能重新向人民法院提起民事诉讼，导致诉讼成本增加。

[2] 如无特殊注明，本文所有案例均来源于中国裁判文书网。

先民后刑：

表3

案号	处理结果	裁判要旨
2015 年丰民（商）初字第25837 号	民事判决认定构成民间借贷合同关系	原、被告双方所签《借款协议》，系双方真实意思表示，不违反法律、行政法规的强制性规定，应为合法有效……原告支付给被告90 万元，被告出具借款单予以确认，被告经被告应当及时偿还本金及利息，被告经本院合法传唤，无正当理由拒不到庭应诉，本院视为其放弃举证与答辩，依据原告提供现有证据缺席裁判
	刑事立案〔1〕	此后，该案被告因涉嫌非法集资类犯罪被立案侦查并被提起公诉

（三）既判力冲突

表4

案号	处理结果	裁判要旨
（2014）丰民（商）初字第11882 号	民事判决本金、利息	张某与广发财富（北京）投资管理有限公司于2013 年4 月18 日签订的《广发中心入伙协议》无效，北京广发恒盈投资管理中心（有限合伙）于本判决生效之日起十日内返还张某1 101 000 元，并给付张某利息，广发财富（北京）投资管理有限公司、北京光耀众望投资有限公司对上述债务承担连带责任
（2014）朝刑初字第3656 号	个人犯罪、责令退赔	被告人黄某法制观念淡薄，违反国家规定，向社会公众吸收资金，扰乱金融秩序，且犯罪数额巨大，其行为触犯了刑法，已构成非法吸收公众存款罪，依法应予惩处；投资人的经济损失应责令被告人黄某予以退赔

---

〔1〕 因刑事案件尚在某基层人民法院的刑事审理阶段，故本文不对该案案号进行公开。

（四）执行力冲突

表 5

案号	处理结果	裁判要旨
（2012）莱城民初字第 2633 号	调解履行	葛某忠总计应向周某偿还现金 277 万元，后葛某忠未履行，经周某申请，莱城区人民法院于 2012 年 12 月 19 日立案执行，该案审理期间，莱城区人民法院诉讼保全了被执行人名下的车辆和房产，进入执行程序后，根据周某的申请，莱城区人民法院对查封的被执行人名下部分房产进行评估拍卖，在拍卖过程中，莱芜市公安局、莱芜市人民检察院分别函告莱城区人民法院"关于葛某忠、王某因涉嫌集资诈骗犯罪"的情况，经莱城区人民法院审判委员会讨论，裁定对该案中止执行
（2014）莱中刑二初字第 1 号	责令退赔	责令被告人葛某忠、王某将违法所得退赔给被害人，该案退赔清单共涉及 41 名被害人，包含周某的 277 万元，因葛某忠、王某未退赔，莱芜市中级人民法院刑二庭移送执行二庭执行，2015 年 5 月 8 日，莱芜市中级人民法院立案执行，轮候查封被执行人名下车辆及房产，2014 年 11 月 12 日，周某向莱城区人民法院申请恢复执行民事调解书，要求处理涉案房产，莱芜市中级人民法院向其释明应参加刑事裁判涉财产部分的执行，周某不同意
最高人民法院答复观点	中止民事执行	民事调解书的权利义务主体、给付内容与刑事判决书责令退赔一致，案涉款项属于违法所得，应责令退赔被害人，民事调解书符合终结执行的条件，依据《中华人民共和国民事诉讼法》第 257 条中第 6 项的规定，民事调解书应当终结执行，该民事调解书终结执行后，对刑事案件的执行已无实质影响，执行责令退赔即可保护被害人财产权利，民事调解书可不予撤销〔1〕

---

〔1〕 转引自最高人民法院："最高院法官：责令刑事退赔与民事执行内容发生重合时，如何处理？"，载 http://www.sjzzc.gov.cn/html/ziliao/lilun/2017/1012/3564.html，最后访问日期：2018 年 5 月 9 日。

三、原因探查：从"规范模糊"到"实践矛盾"

非法集资类犯罪刑民交叉案件问题的处理乱象，既有现行法律规范缺位与模糊的原因，也有司法实践中诸多关联主体利益冲突的原因。

（一）规范的缺位与模糊

处理涉非法集资类犯罪刑民交叉案件的主要法律规范：

表 6

颁布时间	规范名称	颁布单位	主要内容
2020 年 12 月 29 日	《最高人民法院关于在审理经济纠纷案件中涉及经济犯罪嫌疑若干问题的规定》	最高人民法院	第 1 条：同一自然人、法人或非法人组织因不同的法律事实，分别涉及经济纠纷和经济犯罪嫌疑的，经济纠纷案件和经济犯罪嫌疑案件应当分开审理；第 10 条：人民法院在审理经济纠纷案件中，发现与本案有牵连，但与本案不是同一法律关系的经济犯罪嫌疑线索、材料，应将犯罪嫌疑线索、材料移送有关公安机关或检察机关查处，经济纠纷案件继续审理；第 11 条：人民法院作为经济纠纷受理的案件，经审理认为不属经济纠纷案件而有经济犯罪嫌疑的，应当裁定驳回起诉，将有关材料移送公安机关或者检察机关
2014 年 3 月 25 日	《最高人民法院、最高人民检察院、公安部关于办理非法集资刑事案件适用法律若干问题的意见》	最高人民法院、最高人民检察院、公安部	第 7 条：关于涉及民事案件的处理问题，对于公安机关、人民检察院、人民法院正在侦查、起诉、审理的非法集资刑事案件，有关单位或者个人就同一事实向人民法院提起民事诉讼或者申请执行涉案财物的，人民法院应当不予受理，并将有关材料移送公安机关或者检察机关；人民法院在审理民事案件或者执行过程中，发现有非法集资犯罪嫌疑的，应当裁定驳回起诉或者中止执行，并及时将有关材料移送公安机关或者检察机关；公安机关、人民检察院、人民法院在侦查、起诉、审理非法集资刑事案件中，发现与人民法院正在审理的民事案件属同一事实，或者被申请执行的财物属于涉案财物的，应当及时通报相关人民法院，人民法院经审查认为确属涉嫌犯罪的，依照前款规定处理

续表

颁布时间	规范名称	颁布单位	主要内容
2017年11月24日	《最高人民检察院、公安部关于公安机关办理经济犯罪案件的若干规定》	最高人民检察院、公安部	第20条第1款：涉嫌经济犯罪的案件与人民法院正在审理或者作出生效裁判文书的民事案件，属于同一法律事实或者有牵连关系，符合下列条件之一的，应当立案：①人民法院在审理民事案件或者执行过程中，发现有经济犯罪嫌疑，裁定不予受理、驳回起诉、中止诉讼、判决驳回诉讼请求或者中止执行生效裁判文书，并将有关材料移送公安机关的……第23条：人民法院在办理民事案件过程中，认为该案件不属于民事纠纷而有经济犯罪嫌疑需要追究刑事责任，并将涉嫌经济犯罪的线索、材料移送公安机关的，接受案件的公安机关应当立即审查，并在十日以内决定是否立案，公安机关不立案的，应当及时告知人民法院

上述规定确立了办理非法集资类犯罪案件中涉及刑民交叉问题的部分处理规则，尤其是《最高人民检察院、公安部关于公安机关办理经济犯罪案件的若干规定》的颁布，对改善公安机关对人民法院移送案件置之不理的情况有了制度性保障和提升。但在上述规范中，也存在下列问题：一是界定标准不统一。采用的"同一事实""同一法律关系""牵连"等不同的界定标准，导致司法实践操作混乱。二是实施单位不统一。刑民交叉的问题必然涉及人民法院、人民检察院、公安机关，经济犯罪办案规定对人民法院办理案件的程序和方法进行了规定，但制定单位中并无人民法院。三是相关规定仍有模糊和矛盾之处，如《最高人民法院、最高人民检察院、公安部关于办理非法集资刑事案件适用法律若干问题的意见》仅涉及确有经济犯罪和确属经济纠纷案件两种情况，对既有经济犯罪嫌疑，又确属经济纠纷案件的刑民交叉案件，未提及处理方式。再如，《最高人民检察院、公安部关于公安机关办理经济犯罪案件的若干规定》第20条规定了应予刑事立案的情形，第23条又作出了公安机关对是否立案进行审查的规定，不免有矛盾之处。

（二）实践失范——维权者的利益冲突＋司法者的立场冲突

第一，当事人对诉讼路径的选择差异及维权分散。在集资者与被集资者发生纠纷时，不同的被集资者出于不同的利益考量，分别选择提起民事诉讼或者刑事报案，或者同时尝试两种途径。

第二，司法机关刑民分离的客观现状导致不同司法立场下的行为失范。刑事层面上，非法集资类犯罪的高侦办难度、对"不特定对象"的量化要求以及"实质不能偿付"的不当结果主义标准导致在当事人分散式维权时，公安机关往往不予立案；民商事层面上，在较早诉至法院的民商事案件中，由于事实较为清楚、集资人尚有偿付能力，法院往往以民商事纠纷案由作出裁判或调解，但至处理中后期，集资人出现偿付障碍或与被集资者出现较为激烈的冲突时，案件又被作为集资类刑事案件处理，导致刑事判决与民事判决的内容及执行发生冲突。

四、本质界定：程序上的法律事实牵与实体上的责任聚合

（一）程序界定：法律事实牵连

当前，大多数学者以法律事实为标准将刑民交叉案件划分为"竞合型"和"牵连型"。前者指既涉及刑事诉讼，也涉及民事诉讼的是同一法律事实或者犯罪事实的构成涵盖于民事法律事实，后者指一个刑事法律事实是另一个民事法律事实的组成部分，或者一个民事法律事实是另一个刑事法律事实的组成部分[1]。

笔者认为，非法集资类犯罪惩罚的是"金融合同的集合"，而非其中包含的单笔金融合同。以民间借贷为例，非法吸收公众存款罪是合法民间借贷行为经过数量的累积，导致其所有借贷行为作为一个整体最终发生质的变化，从而构成犯罪，但其中的单笔借贷本质并未发生改变，对单个民间借贷行为进行考察，其完全具备有效合同的全部要件[2]。因此，该类型案件是不特定对象的犯罪构成事实与特定对象的民间借贷合同的牵连。

（二）实体界定：不同请求权的责任聚合

法律作为一种抽象的行为规范，往往从不同的角度对各种具体社会生活关系进行多元、多维、多层次的综合调整。[3]在调整过程中，给予社会成员

---

[1] 宋英辉、曹文智："论刑民交叉案件程序冲突的协调"，载《河南社会科学》2015年第5期。

[2] 刘宪权、翟寅生："刑民交叉案件中刑事案件对民事合同效力的影响研究——以非法集资案件中的合同效力为视角"，载《政治与法律》2013年第10期。

[3] 王利明："论责任聚合"，载王利明主编：《判解研究》（2003年第2辑 总第12辑），人民法院出版社2003年版，第9页。

多重法律义务,既包括公法上的义务,也包括私法上的义务,相互之间并不冲突。[1]非法集资类犯罪与金融民商事案件的交叉即是刑法调整与民商法调整相碰撞的产物。当前,部分观点认为,非法集资类犯罪与金融民商事案件是法律责任竞合,笔者则更为赞同法律责任聚合的观点。

法律责任竞合是指行为人的同一行为符合不同法律责任的构成要件,从而导致两种或两种以上的法律责任产生,而这些不同责任之间相互冲突,不能相互吸收,也不能同时并存的现象。[2]法律责任聚合亦称请求权聚合,是指同一法律事实基于法律的规定以及损害后果的多重性,应当使责任人向权利人承担多种内容不同的法律责任的形态。从权利人的角度来看,责任聚合表现为请求权的聚合,即当事人对数种以不同的给付为内容的请求权可以同时主张。[3]责任聚合与责任竞合不同,责任竞合存在于冲突性规范之中,而责任聚合触犯的并非冲突性规范,行为人应当承担不同性质的责任,往往是私法与公法责任的重合,不能择其一承担,因而有必要明确承担责任的先后顺序与适用程序。[4]非法集资类犯罪案件在形式上出现是行为人的同一行为导致民事责任、刑事责任并存的表现,符合责任聚合的特征。此类案件不但涉及实体法层面两种责任在价值设定与价值分配上的讨论,更涉及追究责任所适用程序上的安排。[5]民事责任侧重于协调、分配、规制个体之间的利益关系,体现的是微观秩序,而刑事责任侧重于协调、分配、规制国家与个体之间的利益关系,体现的是宏观秩序,这种侧重点的不同直接决定了两者的先后位序。在处理民事责任与刑事责任聚合的问题上,我国法律基本确立了

---

[1] 肖建国、宋春龙:"责任聚合下民刑交叉案件的诉讼程序——对'先刑后民'的反思",载《法学杂志》2017年第3期。

[2] 转引自最高人民法院:"最高院法官:责令刑事退赔与民事执行内容发生重合时,如何处理?",载http://www.sjzzc.gov.cn/html/ziliao/lilun/2017/1012/3564.html,最后访问日期:2018年5月9日。

[3] 王泽鉴:《法律思维与民法实例:请求权基础理论体系》,中国政法大学出版社2001年版,第166页。

[4] 王崇敏、李建华:"论侵权行为法律责任的重合性及适用规则——兼论我国《侵权责任法》第4条规定的完善",载《法学杂志》2011年第12期。

[5] 学理上将刑民交叉案件分为三类,即牵连型、疑难型及法规竞合型。其中,法规竞合是指因同一法律事实同时侵犯了刑事法律关系和民事法律关系,从而构成刑民案件交叉,其实质与民事、刑事责任聚合相等同,仅为表述上的不同。参见江伟、范跃如:"刑民交叉案件处理机制研究",载《法商研究》2005年第4期。转引自肖建国、宋春龙:"责任聚合下民刑交叉案件的诉讼程序——对'先刑后民'的反思",载《法学杂志》2017年第3期。

民事责任优先的原则，并在多部法律中有所体现，[1]如《中华人民共和国公司法》第 214 条、《中华人民共和国证券法》第 220 条均有所规定。对于非法集资类犯罪的集资者所承担的责任，亦应当遵循上述原则。

五、体系构建——遵循衡平原则下的法秩序统一

（一）原则：衡平原则指引下的体系化思路

对于金融安全的保障，无论是基于刑事路径还是民事路径，其根本目的是一致的。因此，法官在处理该类案件时必须建立"体系的思考"这一概念。法官裁判案件虽然是个别进行，但不可能自外于全体秩序，因为在适用某个法律条文的同时，也就是在整体法秩序下的适用，[2]故诉讼模式的选择应当是一种区别不同类型和案情"分而治之"的态度。[3]当一个诉讼以另一诉讼的审理结果为前提和依据时，需要一先一后；当二者之间互不依赖于彼此的诉讼结果时，则宜走"民刑并行"之路。

同时，非法集资类犯罪的最大特点在于其涉众性，以及民商事合同行为与刑事犯罪之间从量变到质变的过渡性转化过程。该类案件被立案后，不同投资人基于自身的处境各自追求利益的最大化，这是一个复杂的博弈过程，要在多元利益性质交叉混同的问题上找到破解之道，首先要找到多元多维问题的共同联结点或均衡点，也就是将众多性质不同的约束条件联立来寻求方程的均衡解。[4]但遗憾的是不存在这样的均衡解，原因在于经济学上的"赫姆斯特姆不可能性定理"。[5]该理论证明了"纳什平衡（Nash Equilibrium）"和"帕累托最优（Pareto Optimality）"不可能同时实现。因此，要解决刑民交叉问题，首先要在多元利益格局中寻求利益之间的价值排序。价值排序投射到法律上就是利益衡平的方法。[6]笔者认为，在这个场合中司法处理的功

〔1〕 肖建国、宋春龙："责任聚合下民刑交叉案件的诉讼程序——对'先刑后民'的反思"，载《法学杂志》2017 年第 3 期。

〔2〕 王容溥："法秩序一致性与可罚的违法性"，载《东吴法律学报》2008 年第 2 期。

〔3〕 王骏："违法性判断必须一元吗？——以刑民实体关系为视角"，载《法学家》2013 年第 5 期。

〔4〕 林越坚："非法集资与民间借贷的刑民界分"，载《财经科学》2013 年第 1 期。

〔5〕 B. Holmstrom, "Moral Hazard in Teams", *The Bell Journal of Ecomomics*, Vol. 13, No. 2, 1982. 转引自崔之元："美国二十九个州公司法变革的理论背景"，载《经济研究》1996 年第 4 期。

〔6〕 林越坚："非法集资与民间借贷的刑民界分"，载《财经科学》2013 年第 1 期。

能应该着眼于全局、着力于衡平。从目前局部地区的民间金融危机的实践看来，有助于遏止整个市场的系统性风险是司法处分上的首要考量，这是此类问题处理上最大的衡平考量，风险外溢带来的整体社会信用收缩是最大的威胁和最大的损失。因此，在刑民处分上首先要考虑安定的价值，就是司法要给社会民众和投资者整体提供一个稳定的预期，防止投资者因为迷茫的等待而致恐慌蔓延。这方面宣示了一个确定刑事保护期间是必要的。其次，要考虑公平的价值。司法在完成其对犯罪惩罚的基础上，应当给关联各方提供利益诉求充分表达的空间和利益在实体上的公平厘定，[1]这就需要在衡平原则下建立法秩序的统一。

（二）操作——不同阶段下的冲突协调

1. 主管冲突协调——分而治之

笔者认为，从非法集资类犯罪的角度出发，民商事案件与刑事案件在主管方面并不矛盾，可同时进行。首先，基于保护当事人权利的需要以及立案登记制的规定，除违反"一事不再理"原则外，人民法院对于金融民商事纠纷应当依法及时立案。公安机关在立案时的考量也不应仅仅基于"人数众多"的机械形式主义和"偿付不能"的结果主义考量，而应回归到非法集资类犯罪本身的犯罪构成要件进行考量。其次，司法也应在一定程度上赋予当事人程序上的选择权或建议权，同时基于对刑法谦抑性的考量，人民法院在无充分证据的情况下，不能仅以涉嫌刑事犯罪而直接不予受理。最后，应基于"智慧司法"的建设概念，建立该类案件的"司法公开联络通道"，将人民法院与公安机关的立案情况在通道内进行登记，促进后续程序的有序进行和衔接。

2. 审理程序协调——刑民并行

刑民交叉案件中，不论诉讼模式是"先刑后民""先民后刑"还是"刑民并行"，判断的最终法律依据是《中华人民共和国民事诉讼法》第150条第1款第5项规定的"本案必须以另一案的审理结果为依据，而另一案尚未审结的"，中止诉讼。前文中，笔者已经认定非法集资类犯罪与金融民商事案件属于法律事实上的牵连，即：金融民商事合同表现为合同双方当事人的合意（"一对一"）；非法集资类犯罪惩罚的是众多"一对一"的集合（"一对

---

〔1〕 林越坚："非法集资与民间借贷的刑民界分"，载《财经科学》2013年第1期。

众"），即使集资人的行为满足了犯罪构成中未经批准或借用合法经营的形式吸收资金、向社会公开宣传、承诺一定期限内还本付息或者给付回报等要件，如果没有"向社会公开"这一要件，依然不构成犯罪。因此，非法集资类犯罪的构成事实是一个整体，是一个法律事实，显然与合同事实不同，两者属于"不同的法律事实"，故审理程序上应选择"刑民并行"，民事审判程序上无需中止审理或裁定驳回起诉。

3. 既判力协调——责任聚合

（1）刑事裁判在先时对民事裁判的影响

笔者认为，刑事裁判对民事裁判的影响应从四个维度予以考量，即事实认定维度、证据评价维度、行为定性维度、责任判定维度。

第一，事实认定维度。根据《最高人民法院关于适用〈中华人民共和国民事诉讼法〉的解释》第93条第1款第5项，已为人民法院发生法律效力的裁判所确认的事实属于免证事实，因此，生效刑事裁判对民事诉讼的事实认定应当具有约束效力。

第二，证据评价维度。由于适用不同的证据规则和证明标准，证据不足的判决不能对民事诉讼产生既判力约束。这点对于因证据不足而疑罪从无的刑事判决尤其明显。刑事诉讼中因证据不足宣告被告人无罪的，不能等同于民事责任负担上的"高度盖然性"标准亦无法达到。

第三，行为定性维度。因为适用不同的部门法，在刑事违法和民事违法构成上，法律在社会危害程度、因果关系、主管归错等方面差异较大，尤其是非法集资类犯罪对于"涉众性"的要求与合同"相对性"的差异，故刑事裁判对非法集资类犯罪作出否定性评价的，不影响人民法院对金融民商事纠纷的判断。

第四，责任判定维度。对于有罪判决，刑事裁判除判令犯罪人自由刑外，对于被害人的损失通常是责令退赔，数额上则是被告人给付的数额。而民事判决则可依据《中华人民共和国民法典》的相关规定，对金融民商事合同的效力作出认定，并判令被告承担合同有效后的违约责任或合同无效、被撤销后的返还责任以及赔偿责任。在数额和内容上，对于刑事判决已经作出裁判的部分，应遵循"一事不再理"原则不再重复处理，但对于刑事判决之外的损失部分，可依法裁判。

（2）民事判决在先时对刑事判决的影响

现实中，很多非法集资类犯罪案件在进入刑事程序前，投资者与集资人的纠纷是作为民商事案件处理的。当这类案件进入刑事程序后，实践中很多做法是通过审判监督程序撤销了民事判决。笔者认为，不加限制地对这些裁判确定的事实和法律评价进行质疑，市场的稳定性和裁判的既判力都会受到冲击，而我们也无法精确地逐一调查每一笔债务是合法的民间借贷还是与非法集资相关，这可能造成司法资源的耗费，而对每一宗集资具体分析出范围的界分点，实际上不准确也不必要。况且非法集资类犯罪与金融民商事案件只是法律事实的牵连而非同一法律事实，因进入刑事程序而撤销先前的民事判决亦为不妥。

六、执行协调——特殊"执行保护期"的建立

由于当事人维权以及法律程序处理中客观的时间差，非法集资类犯罪案件的刑事判决与民事判决本质上无法做到裁判时的完全无缝衔接，如前文所述，在多元利益性质交叉混同的问题上亦无完美的均衡解。但笔者认为，总体的衡平比局部的均衡更重要。这就要求在最后的执行阶段创设一个"保护期"。因为当涉同一集资人的大量民商事判决待执行，或民商事判决与刑事判决同时待执行时，此宗债务的诸投资者之间的利益格局和法律地位会发生深刻变化，从本来各投资者分别共同指向集资人的利益诉求变成了投资者互相之间的利益纠葛。而众多投资者所处的程序进程不同，利益诉求也不同，先是形成各投资者之间利益交错勾连的平面利益格局，之后化生出全体投资者的集体利益，最后由于非法集资的外部性又牵扯到社会利益的问题，这就发育成了一个特殊的平面多层多维的利益构造。破产法上一个重要的制度是在破产程序开始前一段时间，破产人的财产转移或交易受到限制。这个制度的本质在于防止危机中的债务人或者投资者的突击性财产让渡或转移等具有高度道德风险的行为，而非法集资危机中的债务人也同样具备这样的危险行为。因此笔者建议，当非法集资类犯罪案件进入刑事执行程序后，或者涉同一被告的金融民商事案件在一定时期内达到一定数量时，应确定一个合理的"保护期"作为禁区，一方面防止债务人恶意处分财产，另一方面防止在先生效的民事判决内容瓜分赔偿总额。特殊执行"保护期"内的财产性交易不论有

无担保、有无设置抵押，也不论对象（包括金融机构），都由人民法院进行统一"保护"，保护期满后，根据权利平等的基本法律精神，遵循比例原则进行受偿。而对于保护期之外的债权，则只能依据在先原则进行处理。

七、结语

对于涉非法集资类刑民交叉案件的衡平统合，着眼点在于借助司法引导一个从混沌走向秩序的精炼过程，减少不确定性并致力于提供稳定的预期，这必将为当前金融转型语境下民间集资的社会治理奠定良好的法治基础。因此，笔者在前文论述的基础上，起草了"关于对《最高人民法院、最高人民检察院、公安部关于办理非法集资刑事案件适用法律若干问题的意见》第7条进行修改的意见（建议稿）"（见附件），以期为统一法秩序提供参考意见。

附件：

关于对《最高人民法院、最高人民检察院、公安部关于办理非法集资刑事案件适用法律若干问题的意见》第7条进行修改的意见（建议稿）

根据《中华人民共和国民法典》《中华人民共和国刑法》《中华人民共和国民事诉讼法》《中华人民共和国刑事诉讼法》《最高人民法院关于审理非法集资刑事案件具体应用法律若干问题的解释》等有关规定，现对《最高人民法院、最高人民检察院、公安部关于办理非法集资刑事案件适用法律若干问题的意见》第7条作如下修改：

第7条　关于涉及民事案件的处理问题

①同一当事人以涉嫌非法集资犯罪向公安机关报案后，又以金融民（商）事纠纷向人民法院提起民事诉讼的，人民法院应予受理。

②人民法院在审理金融纠纷民商事案件时，发现该案件事实涉嫌非法集资刑事案件部分法律事实的，应当将案件情况通报正在侦查、起诉、审理非法集资刑事案件的公安机关、人民检察院或人民法院其他部门，并向当事人释明程序选择权，当事人坚持民商事诉讼的，人民法院应对民商事案件依法继续审理。

③公安机关、人民检察院、人民法院在侦查、起诉、审理非法集资刑事

案件中，发现与人民法院正在审理的民事案件部分法律事实有牵连的，应当及时通报相关人民法院。人民法院经审查认为确属涉嫌犯罪的，依照前款规定处理。

④非法集资刑事案件审理完毕后，被害人认为刑事判决的退赔部分不足以弥补其经济损失的，可就该部分另行提起民事诉讼。

⑤人民法院就金融民商事案件作出生效判决后，该案法律事实涵盖于后续生效的非法集资刑事判决的，除民商事判决有《中华人民共和国民事诉讼法》第200条规定之情形外，不得随意撤销原民商事纠纷判决。民商事判决书确定的判决内容应与刑事判决书确定的判决内容合并执行。

⑥人民法院在执行非法集资类犯罪刑事判决过程中，应自该判决书产生执行力之日起两年内，设立被害人（投资人）专属"保护期"，对"保护期"内的财产性交易和金融民商事判决进行统一登记，保护期满后，遵循比例原则平等受偿。

"以审判为中心"要求下认罪认罚从宽案件量刑建议的阈值

——从 B 市量刑建议"精准化"现象展开

耿郁泉 *

摘要：量刑建议在认罪认罚从宽制度中占有十分重要的地位。随着认罪认罚从宽制度试点工作的深入开展，以 B 市为代表的一些省市开展了量刑建议"精准化"的实践探索。量刑建议"精准化"相比于一定幅度的量刑建议无论从被告方、审判机关还是检察机关的角度看都具有其独特的优越性，然而从是否符合"以审判为中心"要求的视角来看，量刑建议"精准化"可能存在削弱法院在刑罚裁量中的决定性作用、影响认罪认罚从宽制度的适用率和制度效果、造成量刑建议与从宽处理之间的逻辑错位等问题。既然提出"精准化"的量刑建议有得有失，那么检察机关的量刑建议究竟应以什么标准被限制在一个多大范围的区间内，是本文主要讨论的认罪认罚从宽案件量刑建议的阈值问题。对此，笔者建议对符合条件的案件提出"精准化"量刑建议，对不符合上述条件的其他案件提出限制幅度的相对确定量刑建议，并在文中列明了具体适用条件，原则上，对于各种量刑情节已经充分显现、定型的情况下，可以提出"精准化"的量刑建议，对尚不符合上述条件的被告人认罪认罚的案件，应提出限制幅度的相对确定量刑建议。为了实现上述量刑建议阈值的界定和构想，需要对量刑建议的提出建立一套完善的规范化机制。对此，笔者提出三点对策建议：一是完善规范化量刑指导意见，建议由公、检、法联合制定适用于整个刑事诉讼阶段各主体的量刑规范；二是注重积累认罪认罚从宽制度量刑建议工作经验；三是完善配套制度机制，如优化社会

---

* 耿郁泉（1991—），女，2016 年 7 月毕业于中国政法大学法律硕士学院，2016 年 8 月进入北京市丰台区人民法院工作，现任北京市丰台区人民法院刑一庭法官助理。

调查评估制度，提高量刑建议的准确性、健全认罪认罚从宽承诺撤回制度、制定量刑建议报告制度等，并在附件中尝试制定了对部分案由中的部分情形提出"精准化"量刑建议的工作办法。

关键词：认罪认罚从宽；量刑建议；以审判为中心

一、引言

《最高人民法院、最高人民检察院、公安部、国家安全部、司法部关于在部分地区开展刑事案件认罪认罚从宽制度试点工作的办法》（以下简称《认罪认罚从宽制度试点工作办法》）第1条规定："犯罪嫌疑人、被告人自愿如实供述自己的罪行，对指控的犯罪事实没有异议，同意量刑建议，签署具结书的，可以依法从宽处理。"《认罪认罚从宽制度试点工作办法》将同意检察机关的量刑建议作为适用认罪认罚从宽制度的前提条件。可见，量刑建议在认罪认罚从宽制度中占有十分重要的地位。

随着认罪认罚从宽制度试点工作的深入开展，量刑建议"精准化"在理论界引发热议，一些学者提出检察机关精准化量刑的建议[1]，也有学者提示了精准化量刑的风险[2]。实践中，检察机关提出的量刑建议大部分是相对确定的量刑幅度，一些省市也开展了量刑建议"精准化"的实践探索。以B市人民检察院为例，其要求在全市范围内开展"精准化"量刑实践，即在提出量刑建议时，明确建议一个确定的刑期，而不是一个量刑范围。

二、争议问题：量刑建议"精准化"的优劣

"量刑建议存在三种模式：一是概括式量刑建议，即建议在法定量刑档次内量刑；二是相对确定刑量刑建议，即在法定量刑档次内提出相对确定的幅度建议；三是绝对确定刑量刑建议，即提出某一特定的刑种和特定的刑期。"[3]《认罪认罚从宽制度试点工作办法》第11条规定："人民检察院向人民法院提起

---

[1] 如欧秀珠《认罪认罚从宽语境下公诉裁量权研究》，李冬、孔祥来《现阶段刑事速裁程序的完善对策——以沈阳市法院适用刑事速裁程序的基本情况为视角》，等等。

[2] 如陆旭《认罪认罚从宽的价值体认与制度构建》，朱孝清《认罪认罚从宽制度的几个问题》，刘占勇《认罪认罚从宽制度中量刑建议问题研究》，等等。

[3] 林喜芬："认罪认罚从宽制度的地方样本阐释——L、S、H三个区速裁试点规则的分析"，载《东方法学》2017年第4期。

公诉的，应当在起诉书中写明被告人认罪认罚情况，提出量刑建议，并同时移送被告人的认罪认罚具结书等材料。量刑建议一般应当包括主刑、附加刑，并明确刑罚执行方式。可以提出相对明确的量刑幅度，也可以根据案件具体情况，提出确定刑期的量刑建议。建议判处财产刑的，一般应当提出确定的数额。"排除了概括式量刑建议在认罪认罚从宽制度中的适用，那么相对确定的量刑建议和"精准化"的量刑建议如何取舍？下面本文将从量刑建议"精准化"的优势和弊端两方面进行分析。

（一）量刑建议"精准化"的优势

检察机关提出精准的量刑建议，从被告方的角度看，有助于犯罪嫌疑人、被告人对其所面临的刑罚形成稳定的心理预期，有效激励犯罪嫌疑人、被告人自愿认罪认罚，真正实现"认罪认罚从宽"；从审判机关的角度看，确定的量刑建议可以给法官裁判提供直观的参考，在量刑建议准确适当的前提下，可以极大提升司法效率，实现认罪认罚从宽制度"程序从快"的制度设计初衷；从检察机关的角度看，量刑建议权作为公诉权的一部分，作用得到极大提升，在量刑建议准确适当的前提下，量刑建议的采纳率明显提高。

（二）量刑建议"精准化"的弊端

量刑建议"精准化"是否符合"以审判为中心"的要求、是否有利于认罪认罚从宽制度效果的实现，笔者认为仍有探讨的必要。

1. 量刑建议"精准化"可能削弱法院在刑罚裁量中的决定性作用

《认罪认罚从宽制度试点工作办法》第20条规定除特定情形外，对于认罪认罚案件，人民法院依法作出判决时，一般应当采纳人民检察院指控的罪名和量刑建议；第21条规定：人民法院经审理认为，人民检察院的量刑建议明显不当，或者被告人、辩护人对量刑建议提出异议的，人民法院可以建议人民检察院调整量刑建议，人民检察院不同意调整量刑建议或者调整量刑建议后被告人、辩护人仍有异议的，人民法院应当依法作出判决。可以看出，法院对检察机关提出的量刑建议应当进行审查，如果检察机关的量刑建议适当，那么法院应当采纳。然而"量刑适当是相对的，不是绝对的，因为案件事实不是客观事实的原貌，法定刑的配置需要适应形势任务的变化而调整，法官的个体素质和自由裁量权的行使都会导致量刑结果的个案特征。"[1]在认罪认罚从宽制度的语境中，法官经审查检察机关提出的量刑建议，可能面临三种情况：一是量刑建议明显不当，那么法院当然不会采纳；二是量刑建议轻微不适当，但未达到"明显不当"的程度，实践中法官为保证认罪认罚从宽制度的顺利适用，即使量刑建议所提出的确定刑期与其拟判处的宣告刑不一致，只要量刑建议未达到"明显不当"的限度，法官即不得不采纳该量刑建议，以该量刑建议作为宣告刑；三是量刑建议适当，法院当然采纳。事实上，上述任何情况的处理都存在不妥之处。检察机关得出了其认为"适当"的刑期，向法院提出了确定的量刑建议，法院经审查，只要不能得出其量刑建议"明显不当"的结论，即应采纳检察机关的量刑建议。上述处理看似并未有损个案公正，但法官的自由裁量权实际上被限缩甚至被剥夺了，法院对量刑的决定作用实际上从自由心证被限缩为对量刑建议的确认，有人甚至认为，如果检察机关提出确定量刑建议，属于对审判权的僭越，容易造成审判权旁落。[2]这种观点笔者虽不完全赞同，但它的确提示了"精准化"量刑建议与"以审判为中心"的要求相偏离的风险。

2. 量刑建议"精准化"可能影响认罪认罚从宽制度的适用率

检察机关量刑建议一般于提起公诉之时提出，此时检察院对辩方所掌握的事实、证据及意见还不了解或不完全了解，检察院在提出量刑建议时所掌握的案件事实、情节及其证据有时是不够客观、全面、准确的，在极少数的情况下甚至可能是错误的[3]。在这种情况下，如果法院认为量刑建议明显不当，或被告人、辩护人对量刑建议提出异议的，可以建议检察机关变更量刑建议，如果检察机关不予变更，则无法适用认罪认罚从宽程序，必须转化为其他程序。这样的处理不仅影响认罪认罚从宽制度的适用率，而且一定程度上会造成司法效率的降低。

3. 量刑建议"精准化"可能影响认罪认罚从宽制度的效果

检察机关在审查起诉的过程中提出量刑建议，其所依据的主要是公安机关移送的卷宗和被害方、嫌疑人一方提供的部分量刑情节。如果量刑信息不

---

[1] 叶圣彬："论刑事速裁量刑观——从'认罪认罚'到'从快从宽'的内在逻辑"，载《法律适用》2016年第6期。

[2] 陆旭："认罪认罚从宽的价值体认与制度构建"，载《湖北社会科学》2017年第9期。

[3] 朱孝清："论量刑建议"，载《中国法学》2010年第3期。

全面，提出确定的量刑建议将具有很大风险。另外，检察机关可能缺乏经验或对从宽幅度把握不精导致量刑建议被法院建议变更或调整，甚至终止认罪认罚从宽程序，很容易使被告人原来对刑期的预期被打破，进而对司法公信力产生怀疑。

4. 量刑建议"精准化"可能造成量刑建议与从宽处理之间的逻辑错位

检察机关为激励犯罪嫌疑人认罪认罚，可能会作出妥协，提出一个较低的量刑建议，同时为迎合犯罪嫌疑人希望尽快得知判决结果的心理，提出一个确定的量刑建议。这就形成了量刑建议与从宽处理之间的逻辑错位。实际上，犯罪嫌疑人应当先认罪认罚，具备了这一前提条件之后，再由检察机关对其提出从宽的量刑建议。

综上，量刑情节在检察机关审查起诉阶段尚未完全显现和固定、检察机关缺乏经验或对从宽幅度把握不精等诸多因素的限制，检察机关提出的量刑建议尚不能保证完全适当，在这种情况下，提出绝对确定的量刑建议仍存在上述诸多弊端，因此，对认罪认罚从宽案件实行量刑建议"精准化"的实践在现有司法环境下条件仍不成熟。

三、路径构想：认罪认罚从宽案件量刑建议阈值的确定

对认罪认罚从宽案件普遍适用"精准化"量刑建议存在诸多风险和不良影响。与之相对地，实践中曾一度存在检察机关为一味追求量刑建议采纳率，而有意将相对确定量刑幅度拉大的情况。这种做法不仅不利于提高量刑质量，反而造成浪费司法资源等诸多不良效果。且在认罪认罚从宽制度的语境下，确定性低的量刑建议亦无法对犯罪嫌疑人、被告人自愿认罪认罚形成良好的激励作用。因而，无所限制的相对确定的量刑建议亦不足提倡，有必要对相对确定量刑建议的幅度进行限制。

检察机关的量刑建议应以什么标准被限制在一个多大范围的区间内，是本文主要讨论的认罪认罚从宽案件量刑建议的阈值问题。认罪认罚从宽案件量刑建议的阈值究竟应如何界定，笔者建议，对符合条件的案件提出"精准化"量刑建议，并以部分案由中的部分情形作为试点，逐步探索尝试量刑建议"精准化"实践；对不符合上述条件的其他案件提出限制幅度的相对确定量刑建议。

（一）对符合条件的案件提出"精准化"量刑建议

具有下列情形，在各种量刑情节已经充分显现、定型的情况下，可以提出"精准化"的量刑建议。

第一，案件事实清楚，公安机关和检察机关已经将影响量刑的各种法定、酌定因素查清。

第二，起诉后事实和证据一般不会发生重大变化。如侵害公民人身或者民主权利案件中，被告人与被害人已就民事部分达成和解并已履行完毕的；侵害公民财产权利案件中，被告人已全额退赔被害人经济损失的；其他案件中，被告人作出赔偿、补偿，使社会关系获得社会公众普遍认同的有效修复的[1]；等等。

第三，配套程序完备，在起诉时已经具备即判条件。如对取保候审的犯罪嫌疑人、被告人完成社会调查程序的。

第四，检法形成了共同的量刑细则，统一了量刑标准。实现了这四点条件即可以保证该确定的量刑建议适当而被法院采纳，唯一未解决的问题是法院在量刑上的最终决定权被削弱的问题。笔者认为，认罪认罚从宽制度设计本身就存在以牺牲审判程序的完整性、规范性及被告人的某些程序性权利为代价，来换取诉讼效益[2]的本质，认罪认罚从宽制度并不妨碍"以审判为中心"的实现。相应地，在量刑建议问题上，适当牺牲法官的自由裁量权，以实现诉讼效益的最大化是有必要且值得的。且法官的最终决定权并非被剥夺，而只是要前置到审查起诉阶段。法院与检察院要共同形成具有可操作性的量刑细则，以此为载体，实现法院以参与制定最终裁量尺度的方式来指导检察机关作出精准量刑建议的效果。

（二）对不符合上述条件的其他案件提出限制幅度的相对确定量刑建议

对尚不符合上述条件的被告人认罪认罚的案件，应提出限制幅度的相对确定量刑建议。这对检察机关提出了更高的要求。该相对确定的量刑建议应被限制在多大幅度内，笔者认为不宜作硬性规定。该幅度确定的原则应为既要为尚未定型或显现的量刑情节预留出足够的空间，以使该量刑建议"适

---

[1] 刘占勇："认罪认罚从宽制度中量刑建议问题研究"，载《中国检察官》2017年第11期。

[2] 这里的诉讼效益是指诉讼效率和利益，即指认罪认罚从宽制度无论对被告人还是司法机关而言，均可以提高诉讼效率，并产生诉讼利益。参见陆旭："认罪认罚从宽的价值体认与制度构建"，载《湖北社会科学》2017年第9期。

当",又要尽可能的精准,以达到有效激励犯罪嫌疑人、被告人认罪认罚的效果。财产刑的幅度建议依据具体案件情况,考虑对主刑的调节作用进行确定,但亦必须进行限缩,幅度不宜过大。

四、对策建议:构建认罪认罚从宽案件量刑建议规范化机制

实现上述认罪认罚从宽制度下量刑建议阈值的界定和构想,需要对量刑建议的提出建立一套完善的规范化机制,使得影响量刑的证据尽可能完善、尽早显现并定型,一方面可以促进"精准化"量刑建议的适用,另一方面可以使相对确定量刑建议的幅度更加精准、科学、有效。

(一)完善规范化量刑指导意见

在以往的司法实践中,量刑的裁量主要是法院行使的职能,法院主要依据最高人民法院、最高人民检察院制定的《关于常见犯罪的量刑指导意见(试行)》(以下简称《量刑指导意见》)来进行量刑。随着近年来量刑建议制度、刑事和解程序、速裁程序试点工作的开展,公、检、法三机关均涉及量刑实践活动。这就需要构建一套统一的量刑标准,建议由公安部、最高人民检察院、最高人民法院联合制定适用于整个刑事诉讼阶段各主体的量刑规范,从而提高其法律位阶,使其具有更加普遍的约束力和广泛的透明度,不仅为公安司法人员所遵循,而且为广大社会公众(包括犯罪嫌疑人、被告人)所知晓。[1]同时,由于《量刑指导意见》仅对部分罪名作出规定,适用范围有限,新制定的量刑规范应涵盖尽可能多的罪名,并对量刑情节进行细化,如增加程序性从宽规定,将适用刑事和解程序、简易程序、速裁程序的从宽幅度加以规定,将认罚作为独立从宽处罚情节加以确认,从而发挥认罪认罚的激励作用[2]。

(二)注重积累认罪认罚从宽制度量刑建议工作经验

以信息技术为抓手,充分借助大数据分析手段,做好认罪认罚从宽制度量刑建议工作经验的数据统计和经验积累工作,不断提升量刑建议精准化水

---

〔1〕 谭世贵:"实体法与程序法双重视角下的认罪认罚从宽制度研究",载《法学杂志》2016年第8期。

〔2〕 游涛:"认罪认罚从宽制度中量刑规范化的全流程实现——以海淀区全流程刑事案件速裁程序试点为研究视角",载《法律适用》2016年第11期。

平，如上海市 J 区人民检察院汇总近三年区法院刑事案件判决内容，梳理盗窃、危险驾驶、容留他人吸毒等常见案件量刑标准，尝试建立数据平台，设置关键词抓取功能，提高量刑建议精确化。[1]

（三）完善配套制度机制

为保障认罪认罚从宽案件量刑建议的提出更加规范，更好地实现上述量刑建议阈值构想，在统一量刑标准、积累量刑建议工作经验的基础上，仍需建立、完善相应配套制度。

1. 优化社会调查评估制度，提高量刑建议的准确性

社会调查报告如何定性，实质上，在批捕阶段，它是批捕必要性的证据，在起诉阶段是起诉必要性的证据，在判决阶段是量刑证据，在执行阶段是社区矫正的证据[2]。实践中，因为社会调查和居住地核实往往耗时长、反馈慢，对犯罪嫌疑人进行社会调查或居住地核实成为影响检察机关量刑建议被采纳的因素之一。为提高检察机关量刑建议的确定性，有必要优化社会调查制度，使缓刑调查的结果在检察机关审查起诉阶段得到确定。对此，可采取如下具体举措：①将认罪认罚案件中对可能判处管制、宣告缓刑的犯罪嫌疑人的居住地核实或调查评估前置到公安机关案件侦查、检察院审查起诉阶段；②在委托函上采用特殊标识注明案件适用认罪认罚从宽制度，提示司法行政机关加速办理；③确立社区矫正以被告人经常居住地为主、以被告人户籍地兜底的原则。

2. 健全认罪认罚从宽承诺撤回制度

犯罪嫌疑人、被告人同意量刑协议，意味着法庭审理的简化或者放弃当庭质证、辩论的诉讼权利，可能侵害其诉讼权益，因此应当赋予其反悔的权利[3]。检察机关即使在合理阈值内作出的量刑建议，也有不被法院确认的情况。如果犯罪嫌疑人、被告人认为受到了欺骗，或者认为办案机关的允诺没有兑现，而请求撤回其认罪认罚的承诺时，应当允许并设置完备的制度保证

〔1〕 孔杰、王强、孙娟："认罪认罚从宽制度中的量刑建议"，载胡卫列、董桂文、韩大元主编：《认罪认罚从宽制度的理论与实践——第十三届国家高级检察官论坛论文集》，中国检察出版社 2017 年版。

〔2〕 关仕新："社会调查：在少年司法中当如何运行"，载《检察日报》2011 年 1 月 23 日，第 3 版。

〔3〕 吴春妹、贾晓文："认罪认罚从宽制度的实践探索"，载胡卫列、董桂文、韩大元主编：《认罪认罚从宽制度的理论与实践——第十三届国家高级检察官论坛论文集》，中国检察出版社 2017 年版。

回转渠道的畅通。但为了保证诉讼经济和效率，认罪认罚承诺的撤回应当受到诉讼阶段和条件的严格限制。笔者认为，在一审判决作出前，犯罪嫌疑人、被告人有合理理由的，可以撤回认罪认罚承诺。犯罪嫌疑人、被告人撤回其认罪认罚承诺的，办案机关应当根据被告人此时的认罪认罚情况及案件的疑难复杂程度，重新决定适用的诉讼程序，进行程序回转。犯罪嫌疑人、被告人撤回其认罪认罚承诺的，其在量刑协商中为获得从宽处罚而作出的认罪认罚答辩不作为定罪量刑的依据，但其在侦查阶段作出的有罪供述，应当予以确认。

3. 制定量刑建议报告制度

目前，《认罪认罚从宽制度试点工作办法》只规定了适用认罪认罚从宽程序检察院应向法院提交认罪认罚具结书，并在起诉书中写明量刑建议。对法官而言，其可审查的材料只有反映被告人是否自愿认罪认罚、是否同意适用认罪认罚程序、是否得到律师帮助等内容的具结书和检察机关的量刑建议结果。而检察机关根据什么标准、考虑哪些情节作出该量刑建议则无从得知。量刑建议作出的程序不透明，法官就不能清晰地审查检察机关量刑建议是否适当，不仅降低司法效率，亦不符合"以审判为中心"的要求。建议制定量刑建议报告制度，在该报告中将检察机关制定量刑建议所依据的量刑情节清晰列明，对审判机关而言，可以给法官的审查工作提供直观的参考，对检察机关而言，也能促进检察官的量刑工作更加规范化。

附件：

××市人民检察院
××市××人民法院

认罪认罚从宽案件精准量刑工作办法（试行）

为依法办理认罪认罚从宽案件，保证检察机关量刑建议的法定化、合理化、规范化，根据最高人民法院、最高人民检察院《关于常见犯罪的量刑指导意见（试行）》，制定本工作办法。

第1条 人民检察院在适用认罪认罚从宽制度处理下列七类案件时，可以根据犯罪事实和常见量刑情节，提出确定刑种、刑期和罚金的量刑建议。

第2条 交通肇事，致一人死亡，案发后自首，与被害人近亲属达成刑事和解，且无《最高人民法院关于审理交通肇事刑事案件具体应用法律若干问题的解释》第 2 条第 2 款规定的"负事故全部或者主要责任"的情形。

第 3 条 "酒驾型"危险驾驶案件中，在民警设卡检查中被查获，且未有《最高人民法院、最高人民检察院、公安部关于办理醉酒驾驶机动车刑事案件适用法律若干问题的意见》中第 2 条规定的从重处罚之情形的。

第 4 条 销售假性药类的销售有毒、有害食品案件中，在被告人处起获的假性药数量在 40 粒以下或 15 盒以下，未对人体健康造成严重危害的。

第 5 条 故意伤害他人身体，致 1 人轻伤（区分伤情为轻伤一级或者轻伤二级），无其他被害人，且满足如下规定的：

①积极赔偿被害人经济损失并取得被害人谅解的；

②具有自首或者立功情节的；

③被告人无故意犯罪的刑事处罚前科的；

④无持刀持械情节的。

第 6 条 扒窃他人财物，数额在人民币 2000 元至 10 000 元，且同时符合以下条件的：

①被告人已经退赃退赔或者赃物已经起获并发还被害人；

②无故意犯罪的刑事处罚前科的。

第 7 条 被告人基于生活或工作需要，提供身份信息、车辆信息或照片等，购买一整套伪造的机动车驾驶证、行驶证、号牌自用，曾因此被行政处罚且无其他吸毒、酒驾、行政处罚和刑事处罚的前科劣迹，再犯的。

第 8 条 非法持有海洛因或者甲基苯丙胺 10 克至 50 克，或其他数量相当的毒品，无《最高人民法院关于审理毒品犯罪案件适用法律若干问题的解释》第 5 条规定的严重情节，无吸毒史且无刑事处罚前科的。

第 9 条 在案件有其他法定量刑情节或因为案件的特殊情况适用工作办法将使量刑畸轻畸重时，检察机关在量刑时可不再提出确定刑期的量刑建议。

第 10 条 人民法院作出判决时，一般应当采纳人民检察院提出的量刑建议。

第 11 条 人民法院经审理认为人民检察院的量刑建议明显不当，或者被告人、辩护人对量刑建议提出异议的，参照《北京市高级人民法院、北京市人民检察院、北京市公安局、北京市国家安全局、北京市司法局关于开展刑事案件认罪认罚从宽制度试点工作实施细则（试行）》第 34 条的规定处理。

第 12 条 本工作办法仅在认罪认罚从宽制度试点工作期间试行。

我国民事诉前司法鉴定实践的研究及完善

——基于河南省焦作市中级人民法院 212 份判决样本的实证分析

舒翔 *　谭泽泓 **

摘要：民事诉前司法鉴定指起诉人在立案前向法院申请司法鉴定，由法院通知被申请方，并组织双方质证检材、选择鉴定机构，后委托司法鉴定机构鉴定，由鉴定机构出具鉴定意见的制度。经实证考察发现，该制度因保障了利害关系人程序参与权、发挥诉前平和语境优势，确实存在促进诉讼外纠纷解决的价值。同时，因我国法官已习惯将司法鉴定的启动前置于庭审之前，故该制度没有促进庭审集中化的意义。目前，由于适用该制度的案由限制，以及我国单方委托鉴定的大量存在，该制度的适用率并不理想。借鉴德国独立证据调查制度以及日本诉前证据收集制度并进行本土化考量，诉前司法鉴定应作以下完善：一是适用于利害关系人对检材及鉴定机构的选择有争议的情况；二是以"确定事或物的状态"为适用范围，并允许利害关系人申请；三是构建双重审查标准，即诉的要件和待鉴事项与案件事实的关联性；四是以诉前先鉴定后调解为原则，以法定先行调解案由为例外。

关键词：民事诉讼；司法鉴定

一、引言

2008 年 4 月，江苏省泰州市海陵区人民法院首创民事诉前司法鉴定制度，

* 舒翔（1984—），女，2009 年毕业于中国政法大学民商经济法学院，民商法学硕士，同年进入北京市丰台区人民法院工作，现任民五庭审判员。

** 谭泽泓（1988—），男，2015 年毕业于东北师范大学民商法专业，法学硕士，2015 年 7 月入职北京市丰台区人民法院，现任速裁庭法官助理。

将本应在诉讼中进行的司法鉴定活动前置于立案前，旨在提前确认案件事实，促进纠纷解决非诉化、后续审理集中化[1]。对此，理论界有学者指出，选择合理的制度设计，统一诉前鉴定的实践做法，将司法实践（民事诉前司法鉴定）的成功经验在更广范围内推广，应属当务之急[2]。至于实务界，据不完全统计，自2008年至今，全国至少62家法院已陆续推行了民事诉前司法鉴定制度。但令人疑惑的是，最高人民法院印发的司法改革系列文件中，从未有过要"探索民事诉前司法鉴定"的类似表述，我国《民事诉讼法》及司法解释、理论界的主流观点依然是将司法鉴定活动置于庭前会议（审前程序）中加以规范。究竟民事诉前司法鉴定有无实效？又应如何完善？

值得一提的是，理论界已达成共识，应借鉴国外立法经验，扩展我国诉前证据保全制度提前确定案件事实的功能。民事诉前司法鉴定与国外诉前证据保全相比，在制度理念、程序设计方面多有相似之处。从这一角度而言，民事诉前司法鉴定的实践经验在某种程度上就是国外诉前证据保全在我国试行的鲜活样本，由此可见，对我国民事诉前司法鉴定制度的实证研究也就更显必要。

二、本文的研究基础

目前，我国对民事诉前司法鉴定进行的专项研究较少，其中有些研究时间较早，处于各地法院对民事诉前司法鉴定的探索时期，部分问题已不存在[3]。

（一）概念界定

目前，理论界和实务界仅对"司法鉴定"的概念达成共识，即依据《全国人民代表大会常务委员会关于司法鉴定管理问题的决定》第1条之规定："司法鉴定是指在诉讼活动中鉴定人运用科学技术或者专门知识对诉讼涉及的专门性问题进行鉴别和判断并提供鉴定意见的活动。"

民事诉前司法鉴定并非法律术语，是各地法院在探索过程中形成的俗称，本文研究的是在司法实践中主流的民事诉前司法鉴定制度，即在民事诉讼中，起诉人在立案前向法院申请司法鉴定，由法院通知被申请方，并组织双方质

---

〔1〕 陆迎春等："海陵法院全国首推'诉前鉴定制'——平均可缩短办案周期约10天"，载《泰州日报》2008年4月23日，第2版。

〔2〕 王继荣、李益松："诉前鉴定的司法试验及其制度化思考"，载《人民司法》2009年第23期。

〔3〕 王继荣、李益松："诉前鉴定的司法试验及其制度化思考"，载《人民司法》2009年第23期。

证检材、选择鉴定机构，后委托司法鉴定机构鉴定，由鉴定机构出具鉴定意见的制度。当前，该概念适用十分混乱，一是普遍未加上"民事"前缀，但其实该制度仅适用于民事诉讼；二是与"民事诉前单方鉴定""民事审前鉴定"等概念存在严重的混同现象。为便于研究，现将诉前司法鉴定、诉前单方鉴定、审前鉴定在民事诉讼的语境下比较界定：

表1

	诉前司法鉴定	诉前单方鉴定	审前鉴定
鉴定提起方	起诉方	起诉方	法院或当事人
检材质证	是	否	是
鉴定机构的选择	利害关系人协商、法院指定	单方自行选择	当事人协商、法院指定
委托方	法院	单方，多通过律所引荐	法院
委托时间	诉讼前	诉讼前	答辩期届满前
鉴定结果的证据效力	鉴定意见	有争议	鉴定意见

（二）研究样本

自 2008 年江苏省泰州市海陵区人民法院首创民事诉前司法鉴定之日起，各地法院多有借鉴，探索建立适宜自身的民事诉前司法鉴定制度。但因该制度尚处于探索阶段，各法院的制度构建成熟度不一，全部考证的研究成本较大，且易冲淡该制度的实际效果，故本文择取推行诉前鉴定制度最成熟、最具代表性的法院作为研究样本。

河南省焦作市中级人民法院于 2013 年确定在河南省焦作市温县基层人民法院试行民事诉前司法鉴定制度，在试行近三年效果良好的基础上固定经验，出台《关于开展诉前司法鉴定的暂行规定》[1]，并于 2016 年 1 月在全市范围

---

[1] 可惜的是，经查询该院官网、文献，未发现该规定的原本，但河北省承德市承德县人民法院曾于 2016 年 5 月 13 日前往该院交流民事诉前司法鉴定制度，并于翌日出台《承德县人民法院关于实施诉前司法鉴定的决定》，合理推测两份规范性文件相差无几，且该决定与河南省焦作市中级人民法院官网的调研报告、报刊等资料也相吻合，故本文将《承德县人民法院关于实施诉前司法鉴定的决定》作为河南省焦作市《关于开展诉前司法鉴定的暂行规定》的替代研究材料。参见：《承德县人民法院关于实施诉前司法鉴定的决定》；刘建章、刘春润："诉前司法鉴定亟待立法明确"，载《人民法院报》2016 年 5 月 29 日，第 5 版。

内推行[1]。自 2013 年起，至少 14 家兄弟法院前往该院交流诉前司法鉴定经验，2017 年，最高人民法院前往该院实地考察，对诉前司法鉴定制度给予了充分肯定。鉴于此，本文择取河南省焦作市中级人民法院及其辖区 9 家基层人民法院作为样本法院[2]。

河南省焦作市中级人民法院推行的民事诉前司法鉴定适用于机动车交通事故责任纠纷、医疗损害责任纠纷、工伤类纠纷[3]、保险合同纠纷等案由中，具体流程是：由申请人在起诉前向立案部门申请司法鉴定，立案部门经审查认为符合条件的立司法鉴定案号，并移送业务部门，由业务部门通知被申请人后组织双方质证检材、选择鉴定机构，后移交该院司法技术部门委托司法鉴定，待鉴定意见作出后，双方可协商解决或提起诉讼，诉前的鉴定结果具有鉴定意见的证据效力。需要说明的是，各地法院推行的民事诉前司法鉴定流程大致如此，仅在适用的案由范围上有略微区别。

（三）研究背景

有学者在 2012 年我国《民事诉讼法》修改之际提出，应借鉴德国独立证据调查制度、日本诉前证据收集制度，完善我国诉前证据保全制度，使之具有提前确定案件事实、证据开示、促成纠纷诉外化解的功能。[4]民事诉前司法鉴定与上述国外诉前证据保全制度在理念上具有契合性，均是为了通过诉前确定案件事实，促进纠纷诉外化解，以及后续审理的连贯进行，两者在程序设计上也有诸多相似之处。基于此，民事诉前司法鉴定也应该纳入我国诉前证据保全的完善中予以系统考虑。但历经我国《民事诉讼法》的三次修改，以及一次司法解释的出台，我国的诉前证据保全仅是初具雏形，"由于立法的疏浅存在诸多弊端和不足，不能满足司法实践的需要，加之法院消极应付，

---

[1] 李秋、郑军、吴冬程："市中级法院在全省率先推行诉前司法鉴定"，载《焦作日报》2016 年 1 月 8 日，第 5 版。

[2] 因须考察样本法院推行民事诉前司法鉴定前后的差异，故排除作为试点的河南省焦作市温县基层人民法院。

[3] 《承德县人民法院关于实施诉前司法鉴定的决定》原文为工伤事故损害赔偿纠纷、雇员受伤赔偿纠纷、雇主损害赔偿纠纷。2011 年我国案由调整，已将该三类案由重新定性，故本文以"工伤类纠纷"代替，通过在中国裁判文书网搜索，该类纠纷散见于劳动争议、侵权责任纠纷以及生命权、健康权、身体权纠纷等案由之中。

[4] 孔令章："论法院诉前证据保全制度——借鉴德国独立证据调查程序的思考"，载《现代法学》2011 年第 3 期；肖建华、石达理："日本民事诉讼诉前证据收集制度研究及其借鉴"，载《河南省政法管理干部学院学报》2011 年第 1 期。

目前诉前证据保全制度在实践中的应用不尽人意，甚至存在成为具文的危险。"[1] 由此可见，即使是传统的预防证据灭失型诉前证据保全在我国也尚需再行探索改进，而诉前证据保全之确定案件事实功能的完善，想必是任重而道远的。

三、诉前司法鉴定的实证考察

通过文献整理，理论界和实务界认为民事诉前司法鉴定的制度价值主要有四点：一是缩小当事人预期差距，促进双方诉前调解；二是防止诉讼中委托鉴定导致的庭审中断，实现审理集中化；三是缩短审理周期，减轻当事人诉累；四是保障当事人取证权、诉权[2]。本文将以上述四个价值为重点，通过与诉前单方鉴定、审前鉴定相比较，对样本法院判决样本展开研究。

（一）民事诉前司法鉴定的整体概况

经粗略统计[3]，在样本法院推行诉前司法鉴定前的 2015 年收案中，以判决方式结案的涉鉴定民商事案件约有 1255 件，河南省焦作市中级人民法院适用民事诉前司法鉴定的五类案由数量及所占比值为：①机动车交通事故责任纠纷 576 件，占比 45.9%；②医疗损害责任纠纷 17 件，占比 1.4%；③工伤类纠纷 51 件，占比 4.1%；④保险合同类纠纷 160 件，占比 12.7%；⑤饲养动物致人身损害赔偿纠纷 0 件，可适用民事诉前司法鉴定的五大案由共计 804 件，占以判决方式结案的涉鉴定民商事案件的 64.1%。此外，其他占比较高的还有合同类纠纷（非保险合同类）168 件，占比 13.4%。

（二）促进纠纷诉讼外化解情况

因诉前调解、民事调解书不要求在互联网公开[4]，故无法从正面考察诉前司法鉴定制度的促进调解效果，但从反面观之，法院主要的结案方式有三

---

[1] 丁朋超："试论我国民事诉前证据保全制度的完善"，载《河南财经政法大学学报》2015 年第 6 期。

[2] 另有报刊文献记载，民事诉前司法鉴定还有保全鉴定检材的价值，但该价值可被我国现行的诉前证据保全完全替代，故本文不再分析。

[3] 登录中国裁判文书网，选择文书类型：判决书，法院名称：焦作市人民法院，法院层级：基层人民法院，案号：(2016)，以"鉴定"为关键词进行搜索。

[4] 依据《最高人民法院关于人民法院在互联网公布裁判文书的规定》第 4 条规定："人民法院作出的裁判文书有下列情形之一的，不在互联网公布：……（三）以调解方式结案或者确认人民调解协议效力的，但为保护国家利益、社会公共利益、他人合法权益确有必要公开的除外……"

种：判决、调解及撤诉，撤诉又分两种情况：一是原告因和解、放弃诉讼请求等原因而自行撤诉；二是法院因原告经合法传唤无正当理由拒不到庭而裁定撤诉，后者与民事诉前司法鉴定的关联性极小，故忽略其数据变动。若推行诉前司法鉴定有利于当事人调解，则样本法院的调解、自行撤诉结案数应当有所增加，在法院收案量相对稳定的情况下，同期的判决结案数会相应减少，故笔者统计了样本法院推行民事诉前司法鉴定后 2016 年全年五大案由收案的判决结案数[1]，共计 613 件，相较于前文 2015 年的统计数据，其中机动车交通事故责任纠纷从 576 件降至 431 件，保险合同类纠纷从 160 件降至 117 件，医疗损害责任纠纷、工伤类纠纷未显现出明显变化，饲养动物致人身损害赔偿纠纷连续两年收案为零。值得一提的是，我国于 2015 年 4 月推行立案登记制改革，此后各法院收案量有所增加，而样本法院是于 2016 年 1 月在全市推行的诉前司法鉴定，由此推定，诉前司法鉴定促进诉讼外纠纷化解的效果更佳。

（三）当事人对鉴定结果的异议情况

当事人对鉴定结果的异议代表着对鉴定的事实有争议，若诉前司法鉴定的结果令双方当事人认可，则表明鉴定的事实已非本案争点，而争点的减少无疑对双方达成和解起到了促进作用，故在粗略考察样本法院判决减少量的基础上，还需从微观上细致考察样本判决中当事人对于鉴定结果的异议率。在 2016 年立案的五大案由的 613 件已判决结案的案件中，随机抽取 212 份样本判决[2]，筛除 12 份缺席判决、9 份被告认为鉴定意见与案件无关，不发表质证意见的判决、13 份原告主张后续医疗费，鉴定结果已经先前判决确认，剩余的 178 份样本判决中，涉及诉前司法鉴定 22 次[3]，诉前单方鉴定 126 次，审前鉴定 54 次，当事人对鉴定结果提出异议的有 122 件、167 条（部分当事人提出了 2 条以上异议），具体情况如表 2 所示。

---

[1] 登录中国裁判文书网，选择文书类型：判决书，法院名称：焦作市人民法院，法院层级：基层人民法院，案号：(2016)，以"鉴定"为关键词进行搜索。

[2] 在上文裁判文书搜索的基础上，于样本法院的各基层人民法院随机抽取 25 篇，共计 225 份判决，除去重复文书 8 份、与鉴定无关的（判决书附录的相关法条中出现的"鉴定"词眼）文书 5 份，收集有效样本文书 212 份。

[3] 有 24 份判决同时存在车辆定损、人身定残的情况，且多为诉前单方鉴定车损、诉讼中鉴定伤残，故鉴定次数大于判决数。

表 2

	诉前司法鉴定	诉前单方鉴定	审前鉴定
单方鉴定程序违法	1 条	89 条	0 条
鉴定检材失真	0 条	9 条	0 条
鉴定方法不科学	2 条	34 条	19 条
鉴定机构无资质	0 条	6 条	0 条
无实质性异议	1 条	4 条	4 条
实质异议共计	3 条	138 条	19 条
实质异议率	13.6%	88.19%	35.1%

此外，在此 122 件当事人对鉴定结果存有异议的案件中，有 24 件申请重新鉴定，均为诉前单方鉴定案件，其中法院决定重新鉴定的有 8 件，重新鉴定结果不一致（伤残等级不一致、财产定损相差 10% 以上）的有 5 件。

（四）集中审理效果不明显

审理周期是立案受理至判决作出的期间，诉前司法鉴定制度将整个司法鉴定过程前置到立案之前，其诉讼周期必然大幅度缩短，但从当事人的角度观之，司法鉴定程序的前移并未改变司法鉴定的时间，若诉前司法鉴定能够减轻当事人诉累，即当事人的整体诉讼期间缩短，这只能是将司法鉴定前置于立案之前，使庭审不因委托鉴定而中断，得集中、连贯进行的结果。因此，通过统计样本判决的二次开庭率，可以考察出诉前司法鉴定带来的集中审理效果大小。令人遗憾的是，在 2016 年立案的，除去诉前司法鉴定的 190 份判决样本中，有 154 份载明了开庭时间及次数，其中仅有 11 件存在二次开庭情况，占比仅为 7.1%，其中 8 件是因为启动了重新鉴定，2 件是当事人补充新证据，剩余 1 件未查出原因，可能是案件复杂程度导致。可见，在推行诉前司法鉴定之前，样本法院的集中审理效果已十分显著，有 92.9% 的案件一庭审结，故诉前司法鉴定在促进集中审理方面很难再有提高。

四、诉前司法鉴定的问题及成因分析

通过对河南省焦作市中级人民法院及其辖区 9 家基层人民法院的实证考察，可以得出诉前司法鉴定能够组织双方当事人质证鉴定检材、协商选择鉴定机构，因充分保障被申请人的程序参与权而大幅度降低其对鉴定意见的异议率、重新鉴定率，从而促进双方对鉴定的事实达成共识，进而减少争点、促成和解。同时，比起诉讼中当事人已经针锋相对的对峙状态，民事诉前司法鉴定制度利用纠纷尚未白热化的平和语境，避免双方针对法官因缺少专门知识而难以判断的鉴定意见穷尽措辞，意图影响法官自由心证的弊端，也解释了为何民事诉前司法鉴定较审前鉴定并未改变鉴定方法的情况下，当事人对司法鉴定方法的异议率大幅下降。但经过实证考察，也发现了诉前司法鉴定的实践与其预期的功能存在偏差。

（一）民事诉前司法鉴定适用率较低

在 2016 年样本法院已推行民事诉前司法鉴定的情况下，抽取的 212 份样本案件中，仅有 22 件适用了诉前司法鉴定，占比 10.4%，当然，尚有部分数量案件是经民事诉前司法鉴定后调解、撤诉，该部分案件尚未反映到已判决结案数统计的适用率中，但这也至少证明了民事诉前司法鉴定的适用率尚有大幅度提高的潜力。究其原因，在于以下两点：

第一，诉前单方鉴定在司法实践中大量存在。"在对方当事人不予配合、不及时鉴定导致损失、原因、争议事项责任等无法确定情形下，当事人自行委托鉴定具有客观合理性和必要性。"[1]在样本法院已经推行民事诉前司法鉴定的情况下，抽取的 212 份样本案件中，当事人在诉前已经单方鉴定的有 126 件，占比 59.4%。可见，当事人在起诉时已取得自行鉴定结果是常态，加之《关于开展诉前司法鉴定的暂行规定》规定诉前司法鉴定依起诉方申请而启动，很难想象已经自行鉴定的当事人同意在诉前重新鉴定一次，故受诉前单方鉴定的影响，诉前司法鉴定制度的适用率较低。

第二，民事诉前司法鉴定适用具有局限性。如前所述，样本法院将民事诉前司法鉴定的适用范围局限于五大类案由中，在 2015 年样本法院已判决结案的涉鉴定民商事案件中，该五类案由共计 804 件，占比 64.1%，但尚有其他占比较高的案由未囊括在民事诉前司法鉴定适用范围中，比如：合同类纠纷（非保险合同类）168 件，占比 13.4%。实际上，样本法院选定上述五类案由是基于两点考量：一是五类案由涉及司法鉴定的高度盖然性，通过对全

---

〔1〕 卢刚："民事诉讼自行委托鉴定制度反思与构建"，载《东北农业大学学报（社会科学版）》2017 年第 1 期。

国 2015 年该五类案由收案的粗略统计[1]，其中五类案由涉及鉴定的比例为：机动车交通事故责任纠纷占比 64.2%；医疗损害责任纠纷占比 69.2%；工伤类纠纷占比 57.8%；保险合同类纠纷占比 46.7%；饲养动物致人身损害赔偿纠纷占比 30.5%。相比之下，合同类纠纷（非保险合同类）虽然涉及鉴定的案件数多，但占同类案由纠纷的比例仅有 2.8%。二是基于司法鉴定启动必要性的判断难度，具体分为三种情况：依据诉讼请求即可判断，典型的如伤残赔偿金的诉讼请求，其必然需要伤残等级的鉴定意见予以支持；需要依据当事人抗辩才能判断，典型的如对方抗辩合同签字系伪造时，笔迹鉴定才有启动的必要性；需要其他涉案争点审理完毕后方可确定司法鉴定启动的必要性，该类案件的司法鉴定的成本较大，典型的如建设工程合同纠纷，因司法鉴定将消耗大量的时间、精力，故先查明合同是否成立、有效等争点，确定工程款应当赔付后再行启动司法鉴定。因此，若扩大民事诉前司法鉴定的适用范围，需要以司法鉴定启动的必要性易于甄别为前提。

（二）审前委托鉴定致使诉前司法鉴定集中审理效果欠佳

《最高人民法院关于适用〈中华人民共和国民事诉讼法〉的解释》第 225 条规定："根据案件具体情况，庭前会议可以包括下列内容：……（三）根据当事人的申请决定调查收集证据，委托鉴定，要求当事人提供证据，进行勘验，进行证据保全……"而在之前，法官依据审理经验，在审前阅卷时一旦发现存在需要司法鉴定的伤残等级、财务定损等待证事实时，也习惯在正式开庭前组织当事人协商委托司法鉴定。在 2015 年受理的 54 份诉中司法鉴定判决样本案件中，有 38 份载明了立案时间、首次传唤被告时间及首次开庭时间，其中首次传唤被告至首次开庭的时间平均为 53 天，如此长的等待时间显然不是排庭的结果，正是自委托司法鉴定到出具鉴定意见的时间间隔。由此可见，我国司法实践已习惯将司法鉴定前置于庭审之前，于此情况下，诉前司法鉴定所起到的集中审理效果势必微弱。

---

[1] 登录中国裁判文书网，案号：(2015)，法院层级：基层人民法院，文书类型：判决书，案件类型：民事案件，其中机动车交通事故责任纠纷 409 367 件，医疗损害责任纠纷 8439 件，工伤类纠纷 44 099 件，保险合同类纠纷 51 427 件，饲养动物致人身损害赔偿纠纷 1111 件，合同类纠纷（非保险合同类）2 660 464 件。输入关键词"鉴定"后，机动车交通事故责任纠纷 262 987 件，医疗损害责任纠纷 5842 件，工伤类纠纷 25 494 件，保险合同类纠纷 24 027 件，饲养动物致人身损害赔偿纠纷 339 件，合同类纠纷（非保险合同类）74 983 件。

五、国外经验的借鉴及本土化考量

"诉前证据保全制度除具有证据保全功能外，还具有确定事实、证据开示、促成裁判外纠纷解决等功能。"[1]我国的诉前司法鉴定制度与国外的诉前证据保全制度在理念、程序设计上颇有相似之处，故就前文所述的两个问题，即诉前单方鉴定在司法实践中的大量存在，以及诉前司法鉴定启动的审查标准，通过比较国外的立法经验以寻求借鉴。

（一）国外经验的借鉴

英美法系国家采用当事人鉴定主义，由双方当事人各自对待证事实选择鉴定机构、决定鉴定事项，并聘请专家证人出庭作证，法官借助当事人对抗模式，从双方的辩论中澄清案件事实。而我国采用司法机关授权鉴定制度，鉴定人被明确定位为法官辅助人，帮助法官查明事实真相，故借鉴意义不大。基于我国与大陆法系的亲缘性，故从大陆法系国家寻求解决方案。

1. 德国独立证据调查程序

1990 年《德国民事诉讼法》修订，通过导入不以"保全证据"为目的的书面鉴定、扩大诉讼前和诉讼外证据保全的范围，将原来的证据保全制度改造为一种独立证据调查程序。根据《德国民事诉讼法》第 485—494 条的规定，诉前证据保全可以分为三种类型：一是传统意义上的证据保全；二是经由相对人同意的证据保全；三是确定事、物之现状存在有法律利益时的证据保全。其中第三项与我国践行的诉前司法鉴定极为相像，此种保全需具备的条件是：①诉讼尚未系属法院；②申请人就鉴定事项必须具有法律利益；③申请鉴定的事项属于法定情形。其中第二个条件的"法律利益"，有学者解读为两个方面：一是指能够避免未来的诉讼，如果根本无法辨明法律关系或可能的诉讼相对人或请求权，则不得于诉前启动；二是保全内容能够构成申请人对他人或他人对申请人请求权的基础[2]。第三个条件中的"法定情形"，即为确定人身状态或物的价值的状况；为确定人身伤害、物的损害或物的缺失

---

[1] 丁朋超："试论我国民事诉前证据保全制度的完善"，载《河南财经政法大学学报》2015 年第 6 期。

[2] 孔令章："论法院诉前证据保全制度——借鉴德国独立证据调查程序的思考"，载《现代法学》2011 年第 3 期。

是否发生；为确定排除人身伤害、物的损害或物的缺失所支出的费用而申请鉴定。对于诉前单方鉴定与诉前司法鉴定的关系，德国法律规定当事人单方鉴定的结果属于书证或当事人陈述，不具有鉴定意见的证据效力，只有对方当事人同意后才能作为鉴定意见使用。

2. 日本民事诉前证据收集制度

日本民事诉前证据收集制度是指为谋求将来审理的迅速化，当事人在提起诉讼前为收集起诉后举证上明显必要的证据，从而充实当事人起诉前准备的程序。《日本民事诉讼法》第132条规定：法院认为符合起诉前证据收集处分申请要件时，可以依据预告通知人或答复被预告通知人的申请，并听取相对人的意见后，做如下集中处分命令：……③意见陈述的嘱托，即嘱托具备专门知识经验的人，基于其所掌握的知识经验而陈述意见的命令。同时，《日本民事诉讼规则》第52条规定了诉前证据收集申请书的内容，其中第4项规定了预告通知中起诉后应当证明的事实与通过处分收集到证据的关系，第5项规定了申请人不能自行收集证据的困难理由及说明，上述申请书的内容将作为法院受理诉前证据收集的审查内容。至于诉前单方鉴定与诉前司法鉴定的关系方面，日本同德国一致，认为诉前单方鉴定属于私鉴定，非经对方当事人认可不具有鉴定意见的证据效力。

（二）本土化考量

德国独立证据调查程序以及日本民事诉前证据收集制度均包含了诉前司法鉴定的内容，且诉前司法鉴定的适用不以案由为限，适用于任何确定事、物之现状的情况。在启动司法鉴定的审查方面，均要求申请人申请司法鉴定的事项与其诉求关联即可，至于是否能够胜诉在所不问。在诉前单方鉴定与诉前司法鉴定的关系方面，通过区别单方鉴定与司法鉴定的鉴定结果具有的不同证据效力，迎合了申请人的不同需求，为寻求鉴定意见效力的申请人提供了导向。

反观我国，理论界的主流观点虽将诉前单方鉴定归类为书证，甚至为证人证言，但《最高人民法院关于民事诉讼证据的若干规定》第41条规定："对于一方当事人就专门性问题自行委托有关机构或者人员出具的意见，另一方当事人有证据或者理由足以反驳并申请鉴定的，人民法院应予准许。"该规定肯定了诉前单方鉴定的鉴定意见效力，致使我国诉前单方鉴定在司法实践中大量存在。"鉴定启动模式与一国的诉讼模式相适应，脱离特定的诉讼制度环境而盲目引入不同的鉴定启动制度，最终会产生不伦不类的结果，既不能发挥大陆法系鉴定客观中立的优点，也不能达到英美法系对抗竞技的效果。"[1]对此，有学者指出："随着我国以审判为中心的诉讼制度改革，更多体现当事人元素的自行委托鉴定制度与司法鉴定制度二元化体制是未来鉴定制度发展方向。"[2]笔者无意探讨自行委托鉴定的存废，只是指明在我国现阶段，单方鉴定在司法实践中大量存在已是不争的既定事实，且如此庞大数量的单方鉴定均导入法院组织司法鉴定是我国司法资源所无法承受的，故在探索诉前司法鉴定的构建模式时，应当在肯定诉前单方鉴定的现实基础上，通过制度间的比较进行诉前司法鉴定制度的功能定位，以期尽可能实现两种制度的优势互补。

六、民事诉前司法鉴定制度的具体构建

基于上述的论证基础，我国的诉前司法鉴定制度应以充分保障被申请人的程序参与权为核心，并借鉴国外的诉前证据保全制度，为我国将来的诉前证据保全制度确定案件事实功能的扩展构建奠定实践基础。

（一）重塑诉前司法鉴定的功能定位

依据利害关系人双方的多元化需求，形成诉前司法鉴定、诉前单方鉴定和公证证据保全的有机衔接，具体而言，利害关系双方能够就鉴定检材以及鉴定机构的选择达成一致意见的，可以共同前往鉴定机构进行诉前鉴定，若双方需要进一步强化鉴定意见的证据效力的，可向公证机关申请公证，由公证机关对双方对选择检材和鉴定机构的过程进行全程公证，形成委托鉴定过程的公证书，经过公证的委托鉴定过程所获得的鉴定结果具有鉴定意见的证据效力。在利害关系人之间无法对鉴定检材、鉴定机构的选择达成一致意见时，潜在的纠纷已经形成，若单方坚持自行委托鉴定，对方很难认同该鉴定结果，也就不愿意自动履行相应的法律义务，最终还将进入诉讼程序，故诉前司法鉴定仅是为了迎合此种情况，其功能定位也应当以此为限，为利害关系人之间的鉴定检材、鉴定机构的选择进行中立审查，以便确定鉴定检材或

---

〔1〕 张新宝："人身损害鉴定制度的重构"，载《中国法学》2011年第4期。

〔2〕 卢刚："民事诉讼自行委托鉴定制度反思与构建"，载《东北农业大学学报（社会科学版）》2017年第1期。

指定鉴定机构。由此也能适应若申请人对诉讼的防免与诉讼的促进在个案中仍有可期待的方法采用时,则无须承认其有利用此一原本应带有暂时性、过渡性、例外性之保全制度的合理性[1]。

(二) 放宽诉前司法鉴定的适用范围

其一,打破诉前司法鉴定的案由限制,扩展至"确定事、物的状况"的全部情况。将司法鉴定成本较大的鉴定事项纳入诉前司法鉴定的使用范围,从我国诉前司法鉴定有利于弥补诉前单方鉴定程序瑕疵,减少对方当事人异议率的角度而言,越是司法鉴定过程烦琐的鉴定事项,越需要法院提前介入,组织双方进行检材质证,协商确定鉴定机构,以避免诉讼中重新鉴定导致的司法资源不必要浪费。其二,放宽申请人为起诉方的身份限制,将申请人限定为利害关系人,允许纠纷的利害关系人对可能引起纠纷的待证事实向法院申请诉前司法鉴定,使原先只能在答辩期间发现、启动的待鉴定事项也能前置到诉前司法鉴定程序中。

(三) 规范诉前司法鉴定的审查标准

鉴于目前诉前司法鉴定制度尚未在全国普及,公民尚未熟悉该制度,起诉方在起诉时才知晓诉前司法鉴定程序,故各试行法院尚且具备天然屏障,排除了申请方肆意申请诉前司法鉴定的可能,但随着该制度的广泛适用,势必存在制度滥用的可能,为了避免可能带来的侵害,尽管是诉前证据资料的收集程序,法律应该有必要确定法律关系的成立,明确法院、当事人以及第三人之间的权利义务关系[2]。因此,有必要将诉的要件作为审查标准。此外,对于被告的明确也可保证对方的程序参与权,否则构建该制度难以产生促进双方和解的功效。同时,应建立鉴定事项与案件事实的关联性审查标准,法官仅对此进行形式审查,不得以申请人能否胜诉作为判断司法鉴定启动有无必要的标准。

(四) 促进诉前司法鉴定与调解融合

调解并不意味着抛弃事实"和稀泥",只有注重证据在调解中的运用,建

---

〔1〕 姜世明:《新民事证据法论》,新学林出版股份有限公司2006年版,第209页。转引自孔令章:"论法院诉前证据保全制度——借鉴德国独立证据调查程序的思考",载《现代法学》2011年第3期。

〔2〕 肖建华、石达理:"日本民事诉讼诉前证据收集制度研究及其借鉴",载《河南省政法管理干部学院学报》2011年第1期。

构相应的证据规则，才能真正实现调解的自由与自愿，才能充分发挥调解促进纷争的柔性解决以及实现社会稳定方面的独特功能[1]。鉴于此，应充分发挥诉前司法鉴定澄清案件事实的功效，以先鉴定后调解为原则，仅对法定调解前置的离婚纠纷等案件，以及诉讼标的接近或小于司法鉴定成本的案件进行例外规定。同时，在司法鉴定意见出具后，应及时对接各法院的内设抑或特邀的调解员，组织双方调解，当事人对司法鉴定意见无争议的，应结合部分调解固定事实的作用，先行将鉴定事实的争点排除，能够全案调解的，可依当事人申请进行司法确认或立案后出具调解书。

---

〔1〕 肖建华、石达理："日本民事诉讼诉前证据收集制度研究及其借鉴"，载《河南省政法管理干部学院学报》2011 年第 1 期。

审判团队构建模式的困境与突围

杨薇*　陈颖奇**

摘要： 为进一步提升审判质效，实现去行政化和科层化，各地法院对审判团队构建模式进行了积极的探索，不同的人员配比方案和模式不断涌现。尽管这些模式在实际运行中取得了一些效果，但是否具有可复制和可推广性还有待商榷。审判团队构建模式的创新和再造只有建立在对审判人员配比规律探寻和内在制度逻辑推演的基础上才能构建起新型具有可复制和可推广性的人员配置模式。故审判团队人员配比要考量案件难易程度、结案体量、审判团队人员分工等所带来的影响。据此，本文在论证部分选择以速裁庭为例，在调研后综合结案体量、结案类型、分工模式，运用公式计算出审判团队各类型辅助人员的分配比例。同时，为中和公式计算的"机械化"，结合切斯特·巴纳德"协作系统理论"，在明确审判团队人员分工的基础上，提出构建"无边界"审判团队的理念。试图通过对现有空间和已有资源的审慎整合，实现审判团队人员的科学排列组合。

关键词： 审判团队；构建

一、引言

2016 年 6 月，最高人民法院会同中央有关部门印发了《法官助理、检察官助理和书记员职务序列改革试点方案》，对法官助理、书记员职务序列改革

---

　* 杨薇（1975—），女，毕业于首都经济贸易大学，现任北京市丰台区人民法院南苑人民法庭庭长。

　** 陈颖奇（1988—），女，毕业于首都经济贸易大学，现任北京市丰台区人民法院审管办（研究室）法官助理。

提出了明确意见；2017 年 5 月，《人民法院、人民检察院聘用制书记员管理制度改革方案（试行）》提出建设专业化、职业化的聘任制书记员队伍；等等。这些文件为审判团队主要组成人员的来源、定位和职责范围提供了制度依据。在此基础上，2017 年北京市各基层人民法院对审判团队构建模式进行了积极探索，将多元纠纷解决机制、社会购买服务等引入审判团队中，使审判团队组成人员更加丰富，这些探索均取得了良好效果。然而在众多探索中，如何综合法院各庭室的收案类型、结案体量、人员结构来确定审判团队人员数量依然鲜少涉及。本文试图通过公式计算出各庭室审判团队的人员搭配数量，并在此基础上结合审判团队人员构成日益"复杂化"的趋势，探讨如何实现审判团队质效的提升。

二、现行审判团队构建模式的现状及困境

（一）现行审判团队构建模式的现状

审判团队构建模式的探索实际上是以"员额法官"为核心，以优化法官助理及其他审判辅助人员配比为路径的探索。2017 年，全国各级人民法院积极探寻新型审判团队，这为本文模式探索提供了实践基础。综合北京市各基层人民法院 2017 年对新型审判团队模式构建的探索（如表 1），可以总结出三个特点。

表 1　2017 年北京市部分基层人民法院对审判团队构建模式的探索

各基层人民法院	团队组建方式	特点
朝阳区基层人民法院	①"1＋1"的速裁团队（即 1 名员额法官＋1 名法官助理）；②"1＋1＋1"和"1＋2＋1"的专业审判团队（即 1 名员额法官＋1 名或 2 名法官助理＋1 名聘任制辅助人员）；③"1＋N＋1"的集约化审判团队（即 1 名员额法官＋N 名法官助理＋1 名聘任制辅助人员）	①充分利用信息化手段，减少不必要的人工繁复劳动，通过购买服务实现扫描、归档等事务性工作的社会化分流，确保法官行使审判权获得充分的保障和支持；②根据专业化审判办案类型专一，为保障法官有充足的时间精心办案，形成有参阅意义的典型案例、有推广价值的办案经验和有影响力的学术成果配备较为充足的法官助理；③成立审判辅助工作办公室，即在 1 名法官固定配备 1 名书记员的基础上，在庭室内组建服务审判核心业务、对接各个办案单元的辅助工作专门团队，将大部分审判事务性工作交由该团队统一办理

各基层人民法院	团队组建方式	特点
西城区基层人民法院	1+2+1（即1名员额法官+2名法官助理+1名书记员）	①一方面法官要担得起团队中心位置，另一方面审判团队成员要保持能力、年龄、职级的合理差别，形成团队成员之间的优势互补，避免非良性竞争； ②明确分工、各司其职
石景山区基层人民法院	1+1+1+1（即1名员额法官+1名法官助理+1名书记员＋1名人民调解员）	①组合编队，促进多元调解与速裁紧密衔接； ②数据先行，实行全程制式化审理模式； ③要素式审判，实现文书职能批量生成； ④内外联动，协同提高办案质效，建立立案庭、小额速裁庭、审管办、信息技术中心、诉服办定期会商协调机制，及时解决诉调对接
通州区基层人民法院	1+1+2+2（即1名员额法官+1名法官助理+2名书记员＋2名人民调解员）	①组建以员额法官为核心的"1+1+2+2"团队，为单位开展多元调解和速裁工作； ②构建紧密型委托调解关系，实现资源整合，"调判结合""一站式"化解纠纷； ③分工明确，借力信息化开展集约送达，提高诉讼效率

1. 以"员额法官"为核心搭建审判团队

以"员额法官"为核心搭建审判团队，具体分为两个层次：一是审判团队以"员额法官"为主导，以提升审判质效为核心。在团队搭建过程中综合考量"法官助理"的晋升路径，注重法官助理的培养。二是尝试"以审判团队为单位"进行绩效考核。通过对法官审判能力、领导能力的双重考核，促进审判团队的"正向运行"。

2. 以"繁简分流"为依据确定辅助人员

各个基层人民法院不同审判团队的搭建均以"繁简分流"为要义，实现简单案件快速审、复杂案件精品化。一方面针对"速裁审判"简单化、批量化、事务性工作较多的特点，创新模式，实现辅助事务集约化。另一方面针对"专业化案件"较为复杂，需要案例研习、法条适用等问题，配备相对充足的法官助理。

3. 以"审判需求"为考量统筹事务工作

审判团队在运行中，为解决"人案矛盾"突出问题，针对审判事务性工作较多的审判团队探索出以下三种解决路径：一是配备较多的审判辅助人员；二是借助事务性工作"集约化"提升审判质效；三是在审判辅助人员不足的情况下，充分利用"购买服务"的方式，实现扫描、归档等事务性工作的社会化分流。

（二）现行审判团队构建模式的困境

2017年北京市各基层人民法院通过优化审判团队构建模式初步达成提升审判质效的效果。然而，根据北京市高级人民法院2018年第一季度审判运行态势分析，部分基层人民法院结案却出现同比下降的趋势。通过调研发现，现行审判团队构建模式中存在三方面问题。

1. 审判辅助人员数量配置不合理

现阶段审判辅助人员的配置数量过于随意，没有和员额法官人均收案量相结合。出现这种情况，一方面，收结案量的影响因素较多，法院无法确保收结案数量的精准预测，故在此基础上确定人员配置存在较大难度。另一方面，同一结案任务完成，人员配比存在多种排列组合，如何确保全院各审判团队组合最优也存在较大难度。

2. 审判团队构建模式设置欠科学

部分法院审判团队构建模式的探索存在滞后性，对本院人员结构、法官办案饱和度及案件数量、类别、难易程度分析不到位，导致各审判团队"员额法官"和辅助人员的配比比例没有与客观需求相一致。

3. 审判团队分工管理过于随意化

现阶段部分法院审判辅助人员的增加并没有直接转化为效率。首先，对审判团队构建模式的"新探索"主要集中在审判团队人员配比、职责分工分类及购买社会服务的探索，对审判团队内部人员分工协作的研究主要限定于审判员和审判辅助人员的双向选择方面。在审判团队组建过程中如何体现不同结案体量对人员配比带来的影响，当配比人员出现不足时，如何确定缺口数量等方面的探索相对缺乏。其次，没有形成审判团队管理体系，多数法官欠缺科学的团队管理理念，导致各个团队节奏松紧不一，部分审判团队成员出现怠工的现象，人员潜力没有被挖掘出来。

三、现行审判团队人员配置存在问题的原因分析

（一）宏观因素

1. 司法改革阶段审判人员配比"波动性"较大

在司法改革前，全国有近21万名法官。而截至2017年6月，全国共有员额法官约12万人，这就意味着，9万名左右的法官没有进入员额而转化为法官助理，成为审判辅助人员。各法院必然需要一段时间对人员的急剧转变进行调整、对案件及人员进行测算，适时确定法院的"员额法官数""人员配比数"，为后续人员招录、人员配比奠定基础。这就决定了各法院将有一段人员配比不均衡期。

2. 混合模式的历史影响

所谓混合模式，是指对审判任务及辅助事务不作细致区分的分工模式。[1]在这一模式下，对审判事务及辅助事务不作细分，对司法辅助人员也不会进行细致的划分。"一审一书"的审判团队模式是"混合模式"的典型代表。由于人员不足，在法官助理改革进程中，大多基层人民法院对书记员和法官助理的应用不加以区分。这种做法一方面弱化了法官的人员职责分工管理意识，加大了团队管理成本，另一方面造成了法官助理、书记员对自身职责范围与定位的模糊。在司法实践中，双方补位、越位现象十分突出，交叉使用、功能混同的情况更是屡见不鲜，影响了审判团队的工作效率。

3. 审判团队人员配置日益复杂化

从2017年北京市各基层人民法院审判团队构建模式的总结中可以看出，为缓解"人案矛盾比"日益突出的问题，审判团队的组建模式不仅逐渐由"一审一书"向"一审一助一书"过渡，更呈现出"员额法官+法官助理+聘任制辅助人员+调解员+购买社会辅助人员"的模式。团队人员配置的日益复杂化对法官的管理能力提出新要求，法官知识架构和团队管理经验需要时间和空间予以补足。

---

〔1〕 刘方勇、刘菁："司法改革背景下现代法官职位体系之构建——兼论法官制度改革顶层设计的再设计"，载《中南大学学报（社会科学版）》2016年第1期。

（二）微观因素

1. 没有科学测算审判团队人员配比数量

案件的收案类型、难易程度及法官的实际素质均会对结案量的科学测算产生影响。根据现行行政管理相关制度，法官和法官助理仍归属各业务庭室，受业务庭本身职能属性和收案数量的差异影响，不同庭室之间审判人员的单位案件工作量存在不均衡现象。对于各庭室所需人员配比数量的测算有助于保证案件及时有效审结，同时确保案件审结的数量不超出团队成员的承受能力。部分学者认为，确定法官配比数量前应先确定法官助理及聘任制辅助人员的数量。其实不然，因为审判中法官的"核心"工作是他人无法替代的，而随结案量增加而增多的事务性工作却可通过购买社会服务进行替代，从而减少对聘任制辅助人员的需求。

2. 法官团队制度化管理意识不足

现各法院均认识到完善审判团队绩效考核评价机制有助于提升审判质效，但通过绩效考评能否测算出法官的分工管理能力有待考量。现阶段各基层人民法院审判团队分工管理不统一，过于依赖法官的经验，欠缺对审判团队分工管理的系统探索，审判团队分工管理较为混乱，主要表现为：①法官欠缺分工管理意识，在审判团队组建初期没有相对明确的分工，仅靠组员自主形成分工模式；②部分法官在审判团队组建初期进行较为明确的分工，但是存在形式主义，在运行过程中团队分工随即被打破。

3. 对核心实务和审判实务中交叉事项应对不足

审判事务的分类是审判工作分工的基础，对审判事务分类一方面是为了职责划分，确保权责一致，另一方面则是为了提高效率，防止工作中出现互相推诿的现象。当下，大多理论仅限于对法官助理和书记员的职责划分方式的讨论，鲜少有对职责交叉部分应对方式的探讨，而在审判实际工作中，很难做到法官助理和书记员之间职责分工的完全明晰。所以，即便是在2004年《最高人民法院关于在部分地方人民法院开展法官助理试点工作的意见》和2003年中共中央组织部、原人事部、最高人民法院发布的《人民法院书记员管理办法（试行）》规定中也出现了法官助理与书记员职责重叠的现象（如表2）。

表2　法官助理和书记员的职责分工

	法官助理职责	书记员职责
依据	《最高人民法院关于在部分地方人民法院开展法官助理试点工作的意见》	《人民法院书记员管理办法（试行）》
内容	审查诉讼材料，提出诉讼争执要点，归纳、摘录证据；确定举证期限，组织庭前证据交换；代表法官主持庭前调解，达成调解协议的，须经法官审核确认；办理指定辩护人或者指定法定代理人的有关事宜；接待、安排案件当事人、诉讼代理人、辩护人的来访和阅卷等事宜；依法调查、收集、核对相关证据；办理委托鉴定、评估、审计等事宜；协助法官采取诉讼保全措施；准备与案件审理相关的参考资料；按照法官要求，草拟法律文书；办理排定开庭日期等案件管理的有关事务；完成法官交办的其他与审判业务相关的辅助性工作	办理庭前准备过程中的事务性工作；检查开庭时诉讼参与人的出庭情况，宣布法庭纪律；担任案件审理过程中的记录工作；整理、装订、归档案卷材料；完成法官交办的其他事务性工作

四、审判团队模式构建的基础

（一）制度基础

我国法院建设经历了"一审一书"到"一审一书一助"到"一审一书"再到"一审一书一助"的过程。出现这种反复一方面是由于"一审一书"具有天然优势[1]，在案件量较少的情况下，这种模式的效率得到了各级人民法院的广泛认可，另一方面则是由于第一次"一审一书一助"审判团队构成模式的探索是在案件形成爆发之势之前，法院自身欠缺改革迫切性，内在动力不足。同时，由于法官助理定位、晋升路径不明，出现向"一审一书"回退的现象。自1999年至2018年，最高人民法院实施了四个"五年改革纲要"（如表3）。围绕着法官后备力量积蓄、考评制度改革、案件流程优化、法官助理和员额法官的"进退路径"等方面进行分步改革，最终使"扁平化"管

---

[1] "一审一书"具体优势：一是有利于法官"传帮带"；二是有利于权责分配；三是人员少，有利于磨合，减少审判团队的管理成本；四是有利于法官对案件审理进程的把控，从而实现对书记员工作的监督。

理思维模式逐渐被各级人民法院接受。

表3 四个"五年改革纲要"主要改革措施

	时间	审判管理制度	突破口	具体创新	样本	主要改革措施
大体方向定位期	第一个五年改革纲要（1999—2003年）	施行案件审判流程管理；充实审判部门，精减行政管理部门，合理配置不同部门人员	人员分类管理改革	法官治理制度在部分地区逐步建立	黄陵县人民法院	主审法官制，6位庭长和2名审判员任主审法官，组成法官室；案件判定权交给合议庭或主审法官；弱化审委会职能；立案庭随机分案；内部打乱庭室设置，对外保留审判庭室建制；主审法官配备法官助理和书记员；法官对案件审判质量终身负责
配合机制搭建期	第二个五年改革纲要（2004—2008年）	建立审判管理组织健全制度、审判工作、审判管理、司法政务、人事管理协调机制；改革法官考评制度	健全和完善科学的审判流程管理制度	审判流程管理模式、随机分案制度等的规范和完善	成都市中级人民院	合议庭依法独立裁判，集体承担责任；强化院庭长审判管理权，建立审判管理机构和审判管理考评制度，疑难案件应提交院庭长管理；限制院庭长审核把关案件的范围及过问实体裁判的效力，院庭长改变合议庭意见全程留痕；审委会改变合议庭意见要承担责任
信息技术完善期	第三个五年改革纲要（2009—2013年）	健全审判管理体系；优化审判与管理部门职权配置；审务督察	信息技术与审判管理时间融合	审判管理系统信息化建设	福田区人民法院	全院选任3—5名审判长，每人配7—9名助理，组成35个审判小组；审判长负责制——签发判决书、分配案件及管理审判团队；弱化庭长、副庭长对法官行政管理职权；对审判小组加强案件质量评查和审判流程管理

	时间	审判管理制度	突破口	具体创新	样本	主要改革措施
模式探索开放期	第四个五年改革纲要（2014—2018年）	改革法院考评及法官评价问责惩戒与退出机制；改革机构设置和人员配置模式	法官为中心扁平化管理模式探索	审判团队构建	上海市高级人民法院	法官、司法辅助人员、行政管理人员分类管理，审判团队构建初步探索，确定员额比；独任法官对案件全权负责，合议庭主审法官对办案质量、错案责任终身负责；法官权力清单制度；减少审委会对个案指导，增强总结审判经验、类案指导职能；削减院庭长行政性权力，审判能力强的院庭长担任主审法官；组建法官遴选委员会、惩戒委员会

（二）人员配置基础

本文"法官助理"和"书记员"的职责分工以《最高人民法院关于在部分地方人民法院开展法官助理试点工作的意见》和《人民法院书记员管理办法（试行）》的相关规定为基础，结合2017年北京市各基层人民法院审判团队构建模式的探索，借助逻辑经验主义管理理论[1]中实验、观察、归纳、演绎等方法，通过公式计算出审判团队的人员配置数量。为说明公式运算方法，本文以速裁庭审判团队人员配比数量关系的确定为例。

1. 因值设置

审判团队构建模式的核心在于如何调配"法官—法官助理—书记员"的人员数量。就审判组合的探索模式来看，目前已有多种经验可供参考，但问题是，本文前述的几种组合模式是否能够应对不断增长的案件数量，是否具有可复制、可推广的特质尚需实践检验。从"变量—资源"的可控性角度而

---

[1] 逻辑经验主义管理理论是自然科学和西方经济学发展的产物，其核心是试图运用形式科学解释经验科学，从解释方式角度主要分为两大类：一类是以实验、观察、归纳方法为基础，另一类则是以找寻自然科学中的数量关系为基础。

言，在某一数值不变的情况下，该种供给平衡取决于可控变量的因值。

从目前"法官数量—案件数量"这一预设平衡中，法官数量属于不变因值，如果要保持这种表面的平衡，则要求案件数量属于可控变量。但是，目前案件数量属于绝对不可控变量，如果法官数量不进行动态控制，那么这一预设平衡无论如何也无法实现。也就是说，在应对案件数量不可控的局面时，唯一有效的办法就是优化"法官—法官助理—书记员"之间的组合方式，使这种组合方式随案件数量的变化以及突发情况作出动态化的调整，以期达到案件审判的"供给"平衡。在对北京市各基层人民法院人员统计时发现除个别法院外，法官和法官助理的比例已能达成1:1[1]。由于法官和法官助理为行政编制，人员相对稳定，而在司法改革下聘任制司法辅助人员数量较为灵活，"法官数量—案件数量"这一预设的平衡转变为"审判辅助人员数量—案件数量"（为了便于计算，尽管法官助理及聘任制书记员存在职责分工上的不同，但在此处对二者不加以区分统称为审判辅助人员）。根据司法改革人员分类要求，对公式各项进行赋值，求审判辅助人员的数量 [L]，考量因值包括员额法官的数量 [J]、结案量 [V]、总体可用于审判的时间 [T]、核心审判工作所需时间 [t1][2]、辅助性审判工作时间 [t2]。据此根据结案体量可以得出以下公式：

每个审判团队的结案量：$V = \dfrac{T}{t1}$

在结案量为 V 的情况下所需法官人数：$J = \dfrac{V \times t1}{T}$

每个审判团队所需审判辅助人员数量：$L = \dfrac{V \times t2}{T}$

根据公式可见，欲求 V 及 L 就需确定 T、t1、t2 的值。

2. 归纳：工作时间的确定

此部分数据统计样本选取北京市丰台区人民法院，丰台区人民法院为一线城市中型法院，2013—2018 年年均新收案件均在 3 万件左右。为确定审判

---

[1] 2018 年 3 月，为进一步落实司法改革的精神、促进法官"员额制"相关政策的落实，助理审判员身份正式转换为高级法官助理，不再独立承办案件。所以此部分法官助理的统计数量实际上为法官助理和助理审判员数量之和。

[2] 核心审判工作指法官审结案件所需的工作时间。

过程中单位案件核心及辅助工作所需时间，笔者对丰台区人民法院 42 个审判团队，共 96 人进行了调查与访谈[1]。此次调查采用调查问卷形式，共发出 96 份问卷，有效答复 73 份。结合问卷调查，各审判团队组成人员审判的年均工作时间及各项审判工作平均用时统计如下：

首先，用于审判的工作时间。除审理案件外，法官和审判辅助人员还需要有从事其他活动的时间，如会议、培训、调研、论文、活动等，为确保法官用于审判时间的统计，上述的工作时间理应予以剔除。经统计 42 个审判团队成员 2017 年从事非审判工作的时间的均值为 192 小时，工作日平均每天加班时间为 1.32 小时，由此得出 2017 年法院工作人员年度审判工作时间 [T]约为 2082 小时。[2]

其次，单位案件审判工作所需时间 [T] 的确定（如表 4）。

表 4 单位案件各环节分工用时[3]

环节	简易程序案件平均耗时（小时）	简单公告普通程序案件平均耗时（小时）	分工
阅卷	0.15	0.5	员额法官
送达	0.5	4.7	审判辅助人员
财产保全	0.07	0	保全小组集中处理
鉴定	0.098	0	审判辅助人员
调解	2.34	0.18	调解员老师
证据交换	0.5	0.65	审判辅助人员
庭前准备	0.6	1	员额法官、审判辅助人员
开庭审理	0.75	0.7	员额法官、审判辅助人员

---

[1] 鉴于篇幅原因本文不再对调查问卷数据进行一一列举。具体调查问卷见附录。

[2] [365 天-116 天（休息日+法定节假日）-5 天（最低年休假）] ×（8+1.32）小时-192 小时≈2082 小时。

[3] 表 4 是结合单位案件核心审判工作所需时间和 2018 年分析样本的分工情况。因本文是以速裁庭为样本，所以此部分对工作时间的统计限于适合速裁审理的案件类型。

续表

环节	简易程序案件平均耗时（小时）	简单公告普通程序案件平均耗时（小时）	分工
调解、撤诉结案制作文书	0.14	0	审判辅助人员
判决结案制作判决书	1.3	0.75	员额法官
接待当事人	0.3	0.3	审判辅助人员
校核判决书	0.25	0.25	审判辅助人员
报结等审判系统操作	0.1	0.25	审判辅助人员
结案归档	0.5	1.3	社会购买辅助人员

根据表4单位案件各环节分工用时进行计算，员额法官审结每件简单公告普通程序案件平均所需时间为2.95小时，送达小组辅助人员平均所需时间为4.7小时，其他辅助人员平均所需时间为3.15小时，调解员平均所需时间为0.18小时，社会购买辅助人员平均所需时间为1.3小时。审结简易程序案件员额法官平均所需时间为2.8小时，送达小组辅助人员平均所需时间为0.5小时，保全小组审判辅助人员平均所需时间为0.07小时，其他辅助人员平均所需时间为2.738小时，调解员平均所需时间为2.34小时，社会购买辅助人员平均所需时间为0.5小时。

3. 演绎：审判辅助人员配置数量［L］的确定

速裁庭收案原则一般以简易程序案件为主，少量简单或需公告的普通程序案件为辅。为确定普通程序案件结案占比，本文对丰台区人民法院速裁庭2017年新收案件结案方式进行统计，简易程序案件结案占比为86.05%。据此，如该速裁庭预年结案16 000件，则需审结简易程序案件[1]13 768件，简单公告普通程序审理的案件为2232件。该庭各类审判人员数量测算如下：

在2017年加班强度的基础上，欲完成16 000件结案任务需配备22名员

---

[1]　简易程序案件 = 16 000×86.05% = 13 768件。

额法官〔1〕、21 名审判辅助人员〔2〕、9 名集约化送达人员〔3〕、1 名保全小组审判辅助人员，同时需要 5 名社会服务人员负责归档、17 名调解员辅助调解。

上述数据是以庭室为单位进行的计算，在庭室具体人员确定之后，可根据各法官认领的结案体量配备相应的辅助人员。

五、审判团队模式构建的突围——"无边界"审判团队的构建

通过上文对各审判团队的各类组成人员的计算可知，在一庭室内，各个审判团队并不是完全独立的，为实现效率的提高，在"案多人少"的背景下，事务性工作集约化是一种有效的解决路径。这就意味着，当下审判团队构建模式不仅存在内部组成的复杂化问题，还存在外部边界组成人员的共享化问题。据此，本文结合巴纳德"协作系统理论"〔4〕提出构建"无边界"审判团队。

（一）"无边界"审判团队的界定

"无边界"审判团队是指在"有责任边界"的基础上的"无边界"审判团队。"无边界"审判团队的构建，首先需要明晰法官助理与聘任制书记员的

---

〔1〕 $J=\dfrac{V \times t1}{T}=\dfrac{13768 \times 2.8+2232 \times 2.95}{2082} \approx 22$

〔2〕 $L=\dfrac{V \times t2}{T}=\dfrac{3.15 \times 2232}{2082}+\dfrac{2.738 \times 13768}{2082} \approx 21$

〔3〕 因送达人员为外聘人员，为 8 小时工作制，同时其他非送达时间较少，2017 年工作用时为 1936 小时。

$L=\dfrac{V \times t2}{T}=\dfrac{4.7 \times 2232}{1936}+\dfrac{0.5 \times 13768}{1936} \approx 9$

〔4〕 巴纳德"协作系统理论"把重点放在对组织结构的逻辑分析上，主要从四个方面揭示了组织的本质及其最一般的规律。其一，他提出受自身经验不足和环境所带来的限制，个体因无法单独达成目标而形成组织，组织是为了实现个人生存目标而存在。由此，他提出有效性和能率两个概念。有效性和能率是通过不同对象进行区分的，如达到了协作的目的，那么协作是有效的；如果协作实现了个人的目的，那么协作是有能率的。据此，在审判团队设置时，如果将协作的有效性作为能率实现的前提则有利于协作有效性的实现。其二，根据"霍桑实验"提出"无关心区域"，即组织员工在无关心区域会无条件地听从管理层级的指挥，但若超出这个区域的命令，将会受到组织成员的质疑，甚至反对、推翻或阻遏。无关心区域的范围会因上下级之间关系不同而不同。所以审判团队的有效性也与和谐的工作氛围有直接关系。但是这种和谐也存在一定阈值，过度和谐会削弱个体的效率。其三，巴纳德提出组织运作的三个基本要素，即协作意愿、共同目标以及信息交流。组织可通过提供诱因、强化目标、有效交流等方式提升协作的有效性。其四，组织运作需要平衡，这种平衡既包括内部平衡，即组织员工贡献与组织提供诱因间平衡，又包括外部平衡，即组织自身发展和外部环境变化间的平衡。

"职责边界"，其次界定好两者的"职责重合交叉部分"，最后针对上述交叉部分设定"无边界"，减少审判团队在运行中的阻力。

1. "无边界"审判团队中"边界"的划分

"无边界"审判团队分为纵向和横向的"边界"。纵向边界是指审判团队内部，即"员额法官""法官助理""聘任制辅助人员""调解员""社会购买服务人员"等的职责边界；横向边界指不同的审判团队之间的"边界"划分。根据巴纳德提出组织运作的三个基本要素，即协作意愿[1]、共同目标[2]以及信息交流，组织可通过提供诱因、强化目标、有效交流等方式提升协作的有效性。在团队的"封闭性"被打破的情况下，"横向边界"的强化有助于团队成员归属感的建立，实现团队目标的统一。

2. "无边界"审判团队的"边界的模糊地带"

对于重要与非重要、紧急与非紧急事务的划分是审判团队"无边界"的界定依据。尽管上文为计算方便，没有将法官助理及聘任制书记员进行分开论述，但是实际上，在现实运作中，两方需要进行分工及合作。从最高人民法院发布的《最高人民法院关于完善人民法院司法责任制的若干意见》中可看出法官助理及书记员的分工在运行中确实存在交叉，然而现有理论过于强调两者的分工和责任分配，忽略在实际审判过程中这些交叉部分的"合作"。这些"交叉部分"一些是可以在分工初期加以明确的，一些则是在"无边界"的范围内根据实际需要进行划分的。这里审判团队的"无边界"范围主要针对"紧急事务"（如图1）。

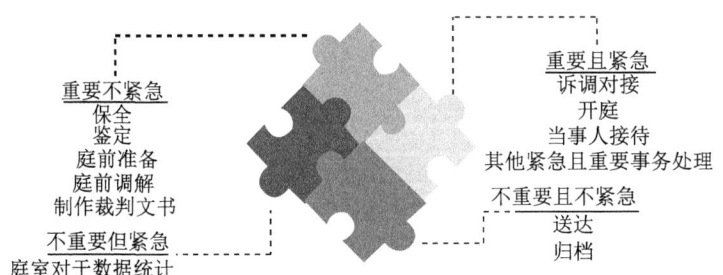

图1　重要、紧急事务划分

---

〔1〕 协作意愿：个人与其他人共同完成某一目标的意愿，是协作成立的基础，一个人要加入一个组织，其必须具有忠诚心、团结心、团队精神，力所能及地为组织做出应有的贡献。

〔2〕 共同目标指组织目标，有别于个人目标。

3."无边界"审判团队层次划分

人员层次划分的基础是团队人员的设定。团队人员设定的前提是角色分配，目前各法院审判团队模式探索中，组成人员有员额法官、审判辅助人员、调解员、购买的社会服务人员等。通过上文计算可知，为实现"优化资源配置"，审判团队之间存在"人员共享"的现状。正因为"外围层"的调解员及购买的社会服务人员处于较为松散的连接状态，故为更好地实现共同目标的设定及协作意愿的统一，应将审判团队划分为核心层、配合层和外围层，实现层层牵连的状态。核心层为员额法官，配合层为审判辅助人员，外围层为调解员及购买的社会服务人员。其中，作为团队的核心，员额法官负责审判团体的整体运作，作出重要决策，同时确定配合层审判辅助人员协助法官加强与外围层的联系（如图2）。

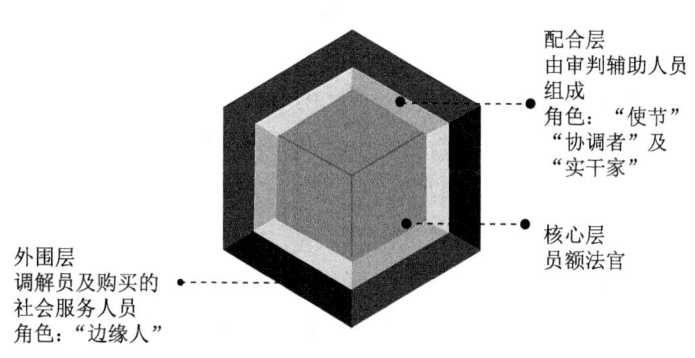

配合层
由审判辅助人员
组成
角色："使节"
"协调者"及
"实干家"

核心层
员额法官

外围层
调解员及购买的
社会服务人员
角色："边缘人"

图2　审判团队层次划分

（二）"无边界"审判团队内部运行

1."无边界"审判团队人员角色的设定

审判团队组成人员现呈现出构成复杂化、辅助性事务外援化、人员共享化等特点，与之相对应的是团队沟通阻碍增加。所以为提升沟通的有效性，将审判团队中审判辅助人员角色分为"使节""协调者"及"实干家"。"使节"充当着联结核心层和外围层的工作，是为审判团队获得所需的关键性资源、信息的角色；"协调者"负责审判任务的协调，协助员额法官把控案件进展；"实干家"是审判团队任务的执行者，负责团队项目的日常工作。"边缘人"是团队外围层的人员，参与处理团队送达或归档等非紧急事务。"边缘人"随着团队任务的变化而流动，随时可能离开团队。

2. 有效性和能率的确定

组织运作需要平衡，这种平衡既包括内部平衡，即组织员工贡献与组织提供诱因间平衡，又包括外部平衡，即组织自身发展和外部环境变化间的平衡。在审判团队中最直观的有效性是指团队的结案率。能率则是指审判团队组成人员个人目的的实现，和个人目的相对应的是组织能够提供的"诱因"。在"员额制"之后，对法官助理和书记员晋升路径的讨论实际上是对组织如何提供"诱因"进行的探讨。"个人目的"被满足程度应是个人在审判团队所做的贡献，所以法官须认识到分工明确是审判团队长期有效发展的基础。

3. "和谐"阈值的确定

根据"无关心区域理论"，"无关心区域"的范围与审判团队的有效性及工作氛围和谐度有关，但是这种和谐也存在一定阈值。在审判团队的运行中，这种"和谐"与分工的平衡及队员在工作中的态度、分工后的"执行度"、个人能力的极值有关。分工平衡是团队"和谐"的第一步，然而在团队中受能力不同的影响，分工在一定范围内的"不平衡"是能够被接受的，所以法官在团队分工之前应结合团队成员的个人能力和各项审判事务所需时间进行综合考量，一旦确定分工，就要在实际操作中根据事务的紧急程度进行界限调整，对于重要且紧急的事务[1]可以弱化分工界限。但对于其他事务应尽量依分工进行操作执行，防止因分工操作模糊带来"不和谐"。从而有助于将紧急但不重要的事务，包含在"无关心区域"范围内。

附录：审判核心及辅助工作调查问卷

第一部分：基本信息

1. 职务：□法官　□法官助理　□书记员

2. 庭室：_____ 年均结案数：_____

3. 审判团队人员构成情况：_____

---

[1] 对重要、不重要事务的划分是基于是否影响团队对案件的审理、影响其他人员的工作所作的划分；对紧急、不紧急事务的划分是基于是否需要立即执行，可以预知能够提前安排的事项属于不紧急事项。

4. 工作内容：_____

_____

5. 平均每月结案数：_____

第二部分：工作时间统计

1. 平均每日用于审判的工作时间：_____小时

2. 平均每周用于非审判工作的时间：_____小时

时间具体用于：□新闻、信息、调研、论文等写作

□会议 □培训 □其他活动

3. 平均每日加班时间：_____小时

4. 年休假：_____天

第三部分：各项审判事务的平均用时（单位：小时）

工作年限（年）	简易程序、公告案件或难易程度类似的普通程序审理案件平均用时（分钟）								
	阅卷	送达安排开庭时间				催促双方提交证据、组织证据交换时间	鉴定、审计处理时间	保全处理时间	案件调解员调解平均用时
		电话	邮寄	留置	公告				
1—3	/	/	/	/	/	/	/	/	/
3—5	/	/	/	/	/	/	/	/	/
5—10	/	/	/	/	/	/	/	/	/

工作年限（年）	简易程序、公告案件或难易程度类似的普通程序审理案件平均用时（分钟）						
	庭审	调解撤诉结案文书制作	判决结案文书制作	校对裁判文书	宣判、送达法律文书	案件报结	数据统计等其他事务性工作
1—3	/	/	/	/	/	/	/
3—5	/	/	/	/	/	/	/

续表

工作年限（年）	简易程序、公告案件或难易程度类似的普通程序审理案件平均用时（分钟）						
	庭审	调解撤诉结案文书制作	判决结案文书制作	校对裁判文书	宣判、送达法律文书	案件报结	数据统计等其他事务性工作
5—10	/	/	/	/	/	/	/

注：简易程序、公告案件或难易程度类似的普通程序审理案件平均用时需分开填写

"情境领导理论"视角下基层人民法院审判团队运行的困境与出路

张瑶 *

摘要：审判团队建设是司法体制改革的重要举措，也是落实司法责任制的现实要求。本文以北京市丰台区基层人民法院为研究对象，总结分析1+N+N审判团队在运行中出现的问题，包括审判团队凝聚力低、执行力差、易出现社会惰化、未能人尽其才。深层剖析，主要是审判团队缺乏有效管理机制，员额法官与法官助理不会管以及团队成员不服管等原因造成的。为解决上述问题，文章以管理学中的"情境领导理论"为视角，结合审判团队自身特点，将该模型加以适度调整和改造，以实现企业团队管理与审判团队管理相融合，构建出审判团队情境指导机制。具体为：其一，不断提高员额法官、法官助理的管理能力，使之成为有效的情境指导者；其二，明确划分法官助理、书记员的级别和成熟度，使之成为确定的被指导者；其三，适度改造"情境领导理论"的模型框架，使之切合审判实际；其四，"情景领导理论"视角下，员额法官对成熟度不同的法官助理、书记员采取不同的指导方式；其五，"情景领导理论"视角下，法官助理对成熟度不同的书记员采取不同的指导方式；其六，有效沟通，及时反馈，适度调整。

关键词：情境领导；基层人民法院；审判团队

一、引言

2015年9月，最高人民法院发布了《最高人民法院关于完善人民法院司

---

* 张瑶（1986—），女，硕士，研究方向为经济法，现为北京市丰台区人民法院民三庭法官助理。

法责任制的若干意见》，正式提出了审判团队建设，各地法院纷纷开展不同模式的审判团队改革探索，团队化建设如火如荼地开展。基层人民法院由于案件数量庞大，独任审判案件居多，事务性工作繁杂，实践中多以"1+N+N"的模式组成审判团队。此类审判团队主要由二元结构、三元结构和四元结构组成（如图1）。然而实际运行过程中，审判团队能否良性运转、提升审判质效、实现司法改革初衷，成为检验改革成效的重要问题。

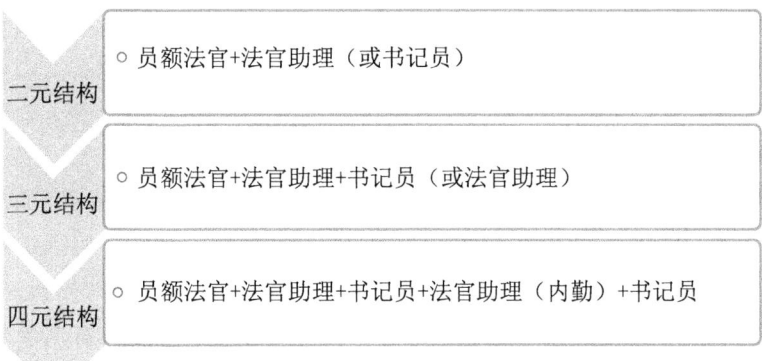

图1

二、困境凸显：审判团队运行中出现的问题

有学者指出，工作团队（work team）指的是通过成员的共同努力能够产生积极的协同作用，团队成员的努力会导致团队绩效远远大于个体绩效之和[1]。一般认为，高效的团队具有以下几个特点：较小的规模、互补的技能、共同的目的、明确的目标、共同的方法、共同的责任[2]。团队协作、提升质效是司法改革的初衷。然而实践中，审判团队运行却暴露出诸多问题。

（一）审判团队凝聚力低

在部分审判团队中，成员间各自为战、表现松散、士气低落，对其他人的工作袖手旁观，自顾自地完成自己手头的任务。例如，在某一审判团队中，

---

〔1〕[美] 斯蒂芬·罗宾斯、蒂莫西·贾奇著，孙健敏、王震、李原译：《组织行为学》（第16版），中国人民大学出版社2016年版，第247页。

〔2〕[美] 斯蒂芬·P.罗宾斯、戴维·A.德森佐、罗伯特·M.沃尔特著，樊登、徐文译：《罗宾斯谈管理》（原书第8版），机械工业出版社2016年版，第251—252页。

案件当事人需要调卷联系法官助理时，该助理认为卷宗工作属于书记员的分内事，疲于应付，或不予处理，诸如此类，不但影响团队工作，而且影响成员间的关系，甚至使团队成员产生抵触等负面情绪，不利于审判团队整体发展。

（二）审判团队执行力差

审判团队执行力差的原因包含不想干与不会干。一方面，由于人际关系紧张而产生的关系冲突，甚至抵触情绪，容易使团队运行陷入困境，进而导致法官助理或书记员不听从员额法官分配任务，或者拖延工作任务等，进而导致审判团队整体欠缺执行力；另一方面，当审判团队成员欠缺工作能力时，即使其有百般热情，也是影响团队运行效率的一大重要因素。

（三）审判团队易出现社会惰化

团队工作比个体独自工作需要更多的时间和资源。[1]在实践中做到法官与法官助理、法官助理与书记员间的职责衔接是相当困难的，尤其是通过罗列职责清单来列举工作内容，存在工作内容交叉情况下的执行"无人区"。[2]团队成员间缺乏有效的沟通，容易造成工作重复或者空白，影响整个团队的运行效率。当团队成员态度消极时，极易出现"一个和尚挑水喝，两个和尚抬水喝，三个和尚没水喝"的尴尬局面，即团队成员容易表现出社会惰化（social loafing）[3]，搭上群体努力的便车（free-rider problem）[4]，这也是时常被人提起的偷懒问题。

（四）审判团队未能人尽其才

曾有学者谈到法官的"民工化"是指法官陷入了只重结案数量不重审判质量、只求快速结案不求深入研判的机械工作状态，主要原因在于审判工作量大，包含案件数量多与事务性工作多，在缺少审判辅助的情况下，法官不得

---

〔1〕［美］斯蒂芬·罗宾斯、蒂莫西·贾奇著，孙健敏、王震、李原译：《组织行为学》（第16版），中国人民大学出版社2016年版，第247页。

〔2〕参见许梦诗、陈泳滨："大审判团队视野下的法官助理制度——以搭构限权法官和法官助手为视角"，载《人民法治》2018年第1期。

〔3〕社会惰化即当每个成员对团队的贡献无法被明确识别时，他们往往就会减少自己的努力。

〔4〕搭上群体努力的便车首先由美国经济学家曼柯·奥尔逊于1965年发表的《集体行动的逻辑：公共利益和团体理论》（*The Logic of Collective Action：Public Goods and the Theory of Groups*）一书中提出，其基本含义是不付成本而坐享他人之利。

不大量承担保全、送达、调查等事务性工作。[1]除此之外，团队成员未能人尽其才，有时往往出现法官助理从事书记员的事务性工作，未能实现对于法官助理的有效培养，未能发挥其作为助理的应有职能。

三、探本追因：审判团队运行问题的原因分析

深刻挖掘上述问题形成的原因，笔者以为主要是由于审判团队内部缺乏管、员额法官甚至法官助理不会管、团队成员不服管等。首先，员额法官作为团队中心未能实现其应有职责，团队缺乏必要的管理机制；其次，员额法官甚至是资深的法官助理虽然具有较强的审判业务素质，却缺乏必要的管理素质；最后，由于团队机制、抵触情绪、工作能力限制等种种因素，审判团队成员不服从员额法官甚至法官助理的有效管理。

（一）缺乏管——审判团队运行缺乏有效的管理机制

随着司法体制改革的深入推进，特别是法院人员分类管理改革，按照法官专业化、职业化、正规化的要求，对法院人力资源作了重大调整和优化配置，突出了法官的主体地位，同时对法官与其他司法辅助人员的职权配置合理、配合协作有力提出了新的更高的要求。[2]审判团队缺乏有效的管理机制、团队成员未能充分认识到审判团队化运行的必要性、员额法官忙于各自的审判压力、疲于团队的管理，导致团队松散、成员态度消极、缺乏协调配合、运行效率低下，成员间缺乏有效的沟通，团队运行出现问题未能得到及时解决。

（二）不会管——员额法官、法官助理缺乏管理能力

审判团队化运行代替传统"一审一书"的审判模式，对员额法官提出了更高的要求，过去"一审一书"的模式仅仅需要两人协调，而审判团队中，员额法官不仅需要具有专业的审判知识，而且需要具有带领团队作战的能力。有学者提出，建立法院"职业经理人"制度，打破审判者与管理者身份的重合，真正实现审判工作去行政化的目标。[3]然而笔者认为，在审判团队中，处于中心地位的员额法官以及处于重要地位的法官助理，都需要具有经理人

---

[1] 陆晓燕、张琨："论我国'法律学徒'式法官助理制度的构建——以法官精英化的实现为视角"，载《中国应用法学》2017年第5期。
[2] 夏锦文、徐英荣："法官助理制度改革需求与法治人才培养创新"，载《法学》2017年第12期。
[3] 彭何利："法院'职业经理人'与司法配套改革"，载《法制日报》2018年2月7日，第11版。

一样的管理能力。由于现行体制下，有些员额法官欠缺该项能力，无法知人善任，审判团队运行出现困境。

（三）不服管——审判团队成员态度消极、不服从管理

职责界限不明、工作任务繁重、缺乏必要的激励、欠缺有效的授权等因素均导致审判团队成员情绪消极，甚至不愿意从事被安排的工作。法官与辅助人员职责定位不明晰、分工不明确、具有随机性，导致法官和辅助人员顾此失彼，团队未能发挥应有效应。[1]负能量，也就是一些消极情绪，影响着员工工作的效率。[2]当审判团队成员感到不被重视、不被信任，或疲于应付工作时，其消极的态度必然是影响审判团队良性运行的因素。

四、模型借鉴："情境领导理论"

解决目前审判团队实际运行出现的问题，需要引入合适的理论工具。笔者以为，管理学中的"情境领导理论"最为适宜。[3]该理论认为，适当的领导风格或行为依据下属的"成熟度"，[4]即个体对自己的直接行为负责任的能力和意愿，包括工作成熟度以及心理成熟度[5]（如图2）。

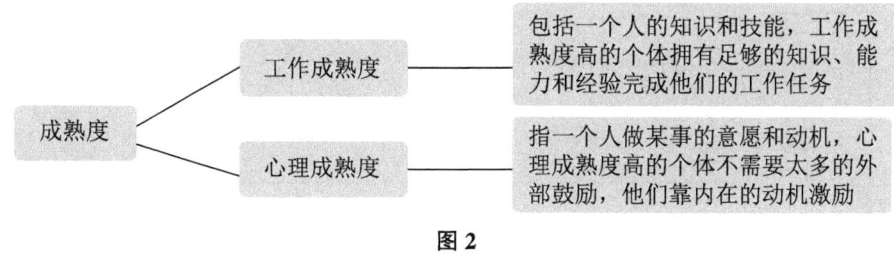

图 2

〔1〕 田源："未入额法官协助办案机制研究——兼论审判团队办案模式的优化"，载《政法学刊》2016年第6期。

〔2〕 林科炯编著：《高效团队的带人技巧》，中国铁道出版社2018年版，第54页。

〔3〕 孙健敏、穆桂斌编著：《管理心理学》，中国人民大学出版社2017年版，第271页。"情境领导理论"（Situational Leadership Theory）由组织行为学家保罗·赫塞和管理学家肯尼思·布兰查德提出，是一种重视下属的权变理论。该理论被广大的管理学专家们推崇，并常常作为主要的培训手段而应用，如《财富》500强企业中的美国银行、卡特彼勒公司、IBM公司、埃克森美孚公司、施乐公司等均采用此理论模型，此外它还被所有的军队服务系统承认。

〔4〕 徐腾：《图解管理学》，石油工业出版社2017年版，第195—196页。

〔5〕 孙健敏、穆桂斌编著：《管理心理学》，中国人民大学出版社2017年版，第196、271页。

（一）"情境领导理论"的基本观点

第一，指示方式（高任务—低关系），当下属既无能力也不愿意执行某任务时，需领导者定义角色，告诉下属应该干什么、怎么干以及何时何地去干。

第二，指导方式（高任务—高关系），当下属缺乏能力，但愿意执行某任务时，领导者同时提供指导性的行为与支持性的行为。

第三，参与方式（低任务—高关系），当下属有能力却不愿意干领导让他们干的工作时，领导者与下属共同决策，领导者的主要角色是提供便利条件与沟通。

第四，授权方式（低任务—低关系），当下属既有能力又愿意干他们做的工作时，领导者提供极少的指导或支持。

如图 3 所示：

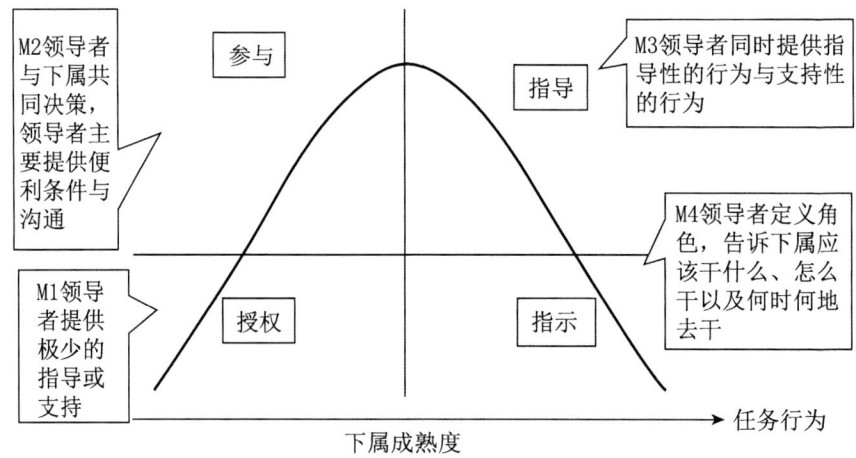

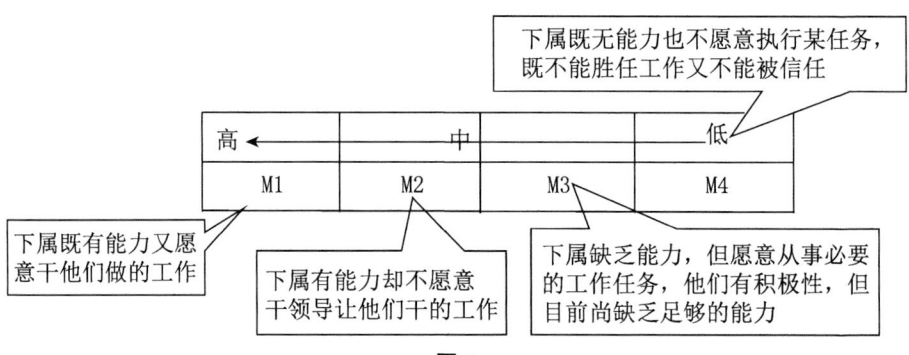

图 3

（二）指导审判团队运行的可行性

"情境领导理论"虽然具有自身的模糊性，但是其易于理解并具有较强的可操作性，在组织的领导培训与发展中被广泛应用。用"情境领导理论"来指导审判团队运行，是合理且可行的。

1. 团队理念与审判团队理念相契合

虽然在"情境领导理论"中，团队成员具有明显的领导与下属的等级区分，而审判团队中，员额法官、法官助理、书记员显然不是上下级关系，但团队运作必然需要具有决策性、执行性的人物。具体而言，员额法官对案件审理负责，具有决策性地位，相当于指导性角色；法官助理、书记员相对于员额法官而言，听从其任务分配、工作指导，相当于成员角色。同样的，法官助理能够对书记员作出业务上的指导和帮助，故此，法官助理对于书记员而言，可以作为指导性角色，而书记员作为成员角色。

2. 成员成熟度与法官助理、书记员分级定职相契合

"情境领导理论"的一大突出特点在于引入"成熟度"的概念，其中包含"工作成熟度"与"心理成熟度"，即将团队成员的能力与意愿作为考量因素，不再整齐划一地认为团队成员均是理性经济学人、具有相同的能力与素质。与此类似地，最高人民法院会同中央有关部门于2016年6月发布的《法官助理、检察官助理和书记员职务序列改革试点方案》以及北京市丰台区人民法院的《关于人才职业发展的实施意见（征求意见稿）》，均对法官助理以及书记员进行分级定职，根据入院年限、一线审判经验等因素将法官助理以及书记员分为不同级别，并确立了相应的晋升年限。这种分级定职很大程度上与情境领导理论中的"工作成熟度"概念相似。

心理成熟度对应下属完成工作的意愿和动机，需要根据实际情况加以考量。一般情况下法官助理的心理成熟度要高于书记员，抛开年龄的问题不讲，法官助理一般要向员额法官晋升，其在法院系统中有一定的晋升空间，愿意为该职业付出更多，以实现其心理预期。然而，不同阶段中，由于外界环境等影响因素，心理成熟度会发生一定变化，而非一成不变。

3. 指导行为与员额法官、法官助理在审判团队中的行为相契合

《最高人民法院关于全面深化人民法院改革的意见——人民法院第四个五年改革纲要（2014—2018）》中指出，改革要以法官为重心。同样地，在任何审判团队中，员额法官是核心，是决定审判团队能否高效运行的关键。法

官员额制度实施后，经过层层筛选、各种考核，顺利入额的法官一般都具有较强的专业审判能力，其在团队中承担着重要责任。此外，较之书记员而言，法官助理具有专业优势，可以指导书记员工作。因此指导行为与员额法官、法官助理在审判团队中的行为相契合，员额法官对法官助理、书记员以及法官助理对书记员采取什么样的指导行为与方式直接决定了审判团队的实际运行。

（三）审判团队管理的特殊性

有学者在文章中指出，从审判团队的制度设计来看，应当具有四个特征：其一，以公正高效审判为共同目标；其二，以法官为团队中心，人员相对固定；其三，以分工负责、互相配合、密切协作为运行基础；其四，以责任落实为根本保障。[1]司法改革背景下的审判团队管理与管理学中的企业管理虽然存在共性，但仍旧存在不容忽视的差异性。审判团队管理有其自身的特点，因此，在引入"情境领导理论"时需要加以改造和转换。

1. 管理方式的独特性

值得指出的是，将管理学中的"情境领导理论"引入司法实践指导审判团队运行，要考量审判团队自身具有的独特性，即认清审判团队管理与企业管理的差异，才能最大化地寻求二者的融合。审判团队要想良好运行，必须去行政化。在企业管理中，领导与员工属于管理与被管理的关系，具有明显的等级观念。而审判团队则不同，团队成员为实现同一目标而共同努力，成员间仅属于业务上的指导与被指导的关系，而非领导与下属的关系。因此引入"情境领导理论"这一模型时，须符合司法规律，适度调整。

2. 管理目标的双重性

对于一般企业团队而言，团队管理以实现任务为终极目标，人员流动性相对较大，对于团队成员有选择性地培养，甚至不用刻意培养。然而，审判团队人员相对固定，在对其管理过程中，不仅要以完成任务为目标，还要注重对于法官助理的培养。法官助理是员额法官的后备军，对于多数法官助理而言，员额法官是其职业成长的路径选择，因此，法院对于法官助理的管理方式也是"用养结合"，即在敦促其完成工作任务的同时，也要注重对法官助理个人能力的培养。

----

〔1〕 马渊杰："司法责任制下审判团队的制度功能及改革路径"，载《法律适用》2016 年第 11 期。

3. 成员成熟度的复杂性

与"情境领导理论"中下属的四个工作状态不同，审判团队因其对成员的专业素质要求较高，成员的成熟度更加复杂。最高人民法院会同中央有关部门于2016年6月发布的《法官助理、检察官助理和书记员职务序列改革试点方案》中明确规定了法官助理根据工作年限、工作胜任情况予以确定。有学者在著作中提出审判人员职能配置与管理的理想模式，并指出法官助理与书记员的理想职级为五级。[1]笔者以为，即便简化理解，审判团队成熟度也比"情境领导理论"中下属成熟度复杂。

五、出路探寻：审判团队情境指导机制构建

"情境领导理论"有其自身的模糊性，审判团队管理亦存在其自身的特点，故在引入"情境领导理论"指导审判团队运行、构建审判团队情境指导机制时要加以改造和转化。主要出路在于：其一，不断提高员额法官、法官助理的管理能力，使之成为有效的情境指导者；其二，明确划分法官助理、书记员的级别和成熟度，使之成为确定的被指导者；其三，适度改造"情境领导理论"的模型框架，使之切合审判实际；其四，"情景领导理论"视角下，员额法官对成熟度不同的法官助理、书记员采取不同的指导方式；其五，"情景领导理论"视角下，法官助理对成熟度不同的书记员采取不同的指导方式；其六，有效沟通、及时反馈、适度调整。

（一）不断提高员额法官、法官助理的管理能力

要实现审判团队的有效管理，首要前提是提高员额法官以及法官助理的管理能力，使其学会知人善任、善于观察、习惯倾听，以及懂得激励等，才能灵活运用"情境领导理论"来指导审判团队运行。

1. 要知人善任

团队领导要让人才最大限度地发挥自己的潜能，而不能把其安排在一个错误的位置上，埋没其才能。[2]审判团队员额法官首先需要善于识人，将合适的人放在恰当的位置、安排适合的工作、明确各自职责。

---

〔1〕 参见江必新主编：《审判人员职能配置与分类管理研究》，中国法制出版社2016年版，第363—364页。

〔2〕 王应黎、王亮编著：《团队领导力》，人民邮电出版社2018年版，第72页。

2. 要善于观察

情境指导者要善于观察，做工作生活中的"有心人"，及时发现审判团队成员的工作成熟度以及心理成熟度的变化，进而采取应对措施。例如，当发现团队成员出现消极情绪时，要探寻原因，对应采取鼓励措施。

3. 要习惯倾听

情境指导者不能单纯地向审判团队成员灌输自己的思想，应该做积极的倾听者，以机警和共情的态度深入审判团队成员的感受中去，善于倾听审判团队成员的意见和建议，并给予反馈。

4. 要懂得激励

激励可以提高员工的工作效率和业绩、激发员工的能动性、吸引和留住优秀的人才。因此，情境指导者需要用激励的手段彻底激发审判团队成员的干劲。

（二）明确划分法官助理、书记员的级别和成熟度

审判团队情境指导机制构建要明确被指导者的种类，根据不同的被指导者采取不同的指导方式。

1. 级别

根据前文所述，笔者以为，根据审判团队成员履行岗位职责的状况，可以简化考量，将基层人民法院法官助理与书记员简化分为三级，即初级、中级和高级。初级即工作能力不足，工作经验偏低，一般入职时间不长；中级即工作能力相对较强，一般入职 2—3 年，工作已积累相当经验，工作能力比一般水准要高；高级即具有较强的专业技能，一般入职 4 年以上，工作步入稳定发展时期，认识到工作与自身的价值，工作能力增强，经验丰富。结合每个等级的心理成熟度不同，审判团队中法官助理及书记员至少可以划分为六种状态，要比"情境领导理论"中下属成熟度更加复杂。

2. 成熟度

不同于"情境领导理论"中下属的四种状态，法官助理和书记员的工作成熟度可以分为初级、中级和高级三种，结合心理成熟度的不同，笔者以为，审判团队不同级别法官助理和书记员的工作状态可以分为六种：D1 初级类别人员工作态度消极，缺乏工作能力且不愿意从事被安排的工作；D2 初级类别人员工作态度积极，缺乏工作能力但愿意从事被安排的工作；D3 中级类别人员工作态度消极，能够完成任务但不愿意从事被安排的工作；D4 中级类别人

员工作态度积极，能够完成任务且愿意从事被安排的工作；D5 高级类别人员工作态度消极，工作能力强但不愿意从事被安排的工作；D6 高级类别人员工作态度积极，工作能力强又愿意从事被安排的工作（如图4）。

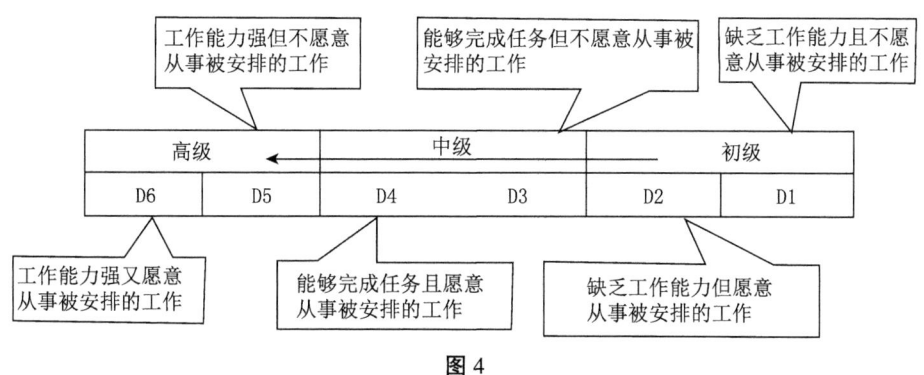

图4

（三）适度改造"情境领导理论"的模型框架

根据审判团队管理的特殊性，在构建审判团队情境指导机制时，要对该模型框架加以适度改造。

1. 替换行政化概念

根据审判团队自身的去行政化特点，成员间是平等的，仅仅具有业务上的指导与被指导的关系，而非领导与下属的关系，故在应用该模型时，需将"领导""下属"等用词加以替换，以免引起歧义。例如，用"指导类型"代替"领导类型"，用"成员成熟度"代替"下属成熟度"，用"指导行为"代替"任务行为"，用"支持行为"代替"关系行为"等。

2. 扩充成熟度种类

根据前文所述，审判团队成员分为初级、中级和高级三个级别，可以对应三种不同的工作成熟度。结合愿意工作与不愿意工作两种不同的心理成熟度，审判团队成员可以简化为六种成熟度。因此，在构建审判团队情境指导机制时，应扩充成员成熟度，至少为六种。

3. 增加对应指导方式

指导方式与成员成熟度相对应，因此在管理审判团队时，所需要的指导方式也相应调整为六种，由原来的指示、指导、参与和授权，变更为指示、指导、指点、点播、参与和授权。然而，需要指出的是，此指导方式，绝非简单的六种，因为该六种也是根据成员工作成熟度简单划分而来，模型之所以用曲线构成，即是表示成员的成熟度是一个变化的过程，相应的指导方式也随之变化。

（四）员额法官对法官助理、书记员的指导

根据审判团队中法官助理以及书记员不同的工作状态，员额法官可以采取不同的指导方式（如图5）。

1. 指示：S1-D1 高指导，低支持，适度鼓励

员额法官应多采取安排式的指导模式，告知法官助理及书记员做什么以及怎样做，但由于此时的法官助理和书记员态度相对消极，员额法官在指导工作的同时，要适时引入激励行为。

2. 指导：S2-D2 高指导，低支持

对于态度积极，但工作能力有限的法官助理与书记员，员额法官应多采取安排式的指导模式，即规定他们的工作内容及做法，一句命令一个动作。

3. 指点：S3-D3 中指导，高支持，适度激励

这类法官助理及书记员工作能力有所提高，但热情度开始降低。员额法官在发布命令布置任务的同时，要严格控制，切忌一次性堆积工作，让法官助理和书记员产生更大的畏难情绪。但另一方面，要给予一定的支持，能倾听法官助理及书记员的意见，鼓励他们自觉行动，同时，好的行为要给予赞扬和鼓励。

4. 点播：S4-D4 中指导，高支持

随着法官助理以及书记员入职时间的延长、经验的积累，工作能力也有所提高，且他们愿意工作。此时需要员额法官对他们发布工作任务，也需要较高的支持，给予一定程度上自由发挥的空间。例如，分配任务，而不必指导具体做法。

5. 参与：S5-D5 低指导，低支持，适度激励

对于工作能力强但不愿意工作的成员，员额法官仅需提出问题，而由法官助理及书记员根据自身工作做出如何干、怎么干的决定。如果在工作过程中，法官助理及书记员遇到瓶颈，产生疑惑时，员额法官可引导其作进一步思考，制订出较佳的解决方案，多给予鼓励，关心工作中的问题，及时给予指导和帮助。

6. 授权：S6-D6 低指导，低支持

对于工作能力强又愿意工作的成员，员额法官须给予高度信任和放权，采取"无为而治"的态度，只安排工作，而不给予任何规定、目标和方法，甚至不用提出问题，放手让他们自顾自地去完成任务。

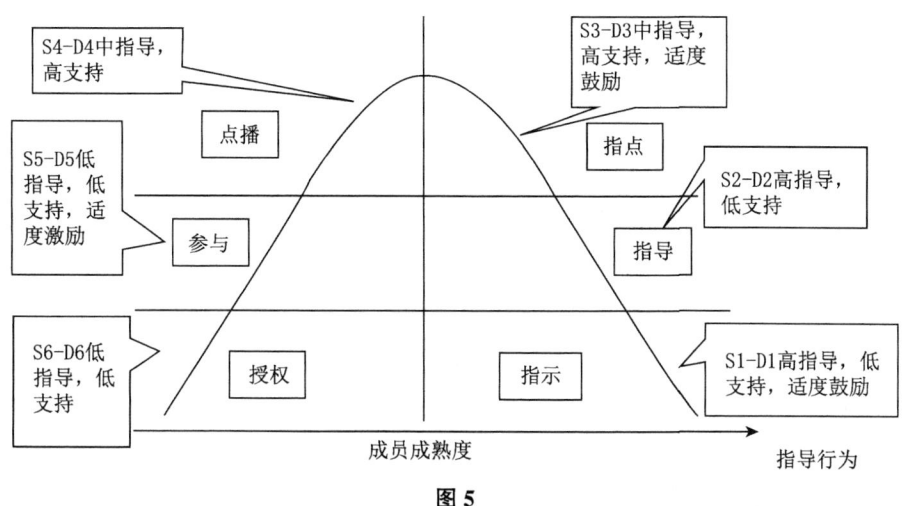

图5

（五）法官助理对书记员的指导

与前文所述相类似地，资深的法官助理因其业务优势，可以指导书记员工作。根据前文已述书记员的六种工作状态，法官助理在其业务范围内，可以采取不同的指导方式。

1. 指示：S1-D1 高指导，低支持，适度鼓励

对于工作能力有限又不愿意工作的书记员，法官助理多采取指令式的指导模式，同时要适时引入激励机制。

2. 指导：S2-D2 高指导，低支持

对于态度积极，但工作能力有限的书记员，法官助理多采取指令式的指导模式，即指导书记员做什么以及如何做。

3. 指点：S3-D3 中指导，高支持，适度激励

这类书记员工作能力有所提高，但热情度开始降低。法官助理在指导其工作的同时，要适度赞扬和鼓励。

4. 点播：S4-D4 中指导，高支持

随着书记员入职时间的延长、经验的积累，工作能力也有所提高。法官助理在安排工作任务的同时，需要给予其一定程度上自由发挥的空间。

5. 参与：S5-D5 低指导，低支持，适度激励

对于工作能力强，但是欠缺工作热情的书记员，法官助理提出工作问题，由书记员根据自身工作做出如何干、怎么干的决定。如果工作过程中遇到问题，法官助理应给予鼓励和帮助。

6. 授权：S6-D6 低指导，低支持

对于工作能力强又愿意工作的书记员，法官助理要高度信任和放权，放手让其自顾自地去完成任务。

（六）有效沟通、及时反馈、适度调整

"情境领导理论"有着广泛的影响力和普及度，然而，试图检验和支持该理论的研究结构并不多。[1]诚然，没有任何一种模型、一种理论是完美无缺的，笔者以为只能说是相对优势，在实践中容易掌握、方便应用。任何模型都会简化现实世界。[2]笔者将"情境领导理论"引入审判团队运行模式中，吸取其精华之处，同时结合审判团队的自身特点，注重实践中不断变化的因素，适时调整，实现审判团队管理与企业管理一定程度上的融合。

团队模式运行并非一成不变，员额法官、法官助理以及书记员也会因客观条件变化、外界环境因素影响自身的心理成熟度，继而产生厌倦或者积极的工作态度。因此在团队化运行的过程中，成员间要有效沟通，及时发现问题并处理问题。员额法官、法官助理可根据实际情况、客观条件变化等因素适度调整指导方式，以使审判团队良好运行。

六、结语

改革就是要经过不断尝试、不断探索，才能推陈出新，得出最适宜的结论。"情境领导理论"是团队指导者科学管理团队运行的一种有效手段。正如

---

〔1〕[美]斯蒂芬·罗宾斯、玛丽·库尔特著，刘刚等译：《管理学》（第13版），中国人民大学出版社2017年版，第469页。

〔2〕"情境领导模式"，载 MBA 智库百科，http://wiki.mbalib.com/wiki/，最后访问日期：2018年5月6日。

歌德的名言：理论都是灰色的，唯有生命之树长青。审判团队指导者应不断提升管理能力，根据团队成员的不同成熟度，适时调整指导方式，以实现审判团队的良好运行。团队应融洽协作，不断提升审判质效，更好地满足审判管理需求。

基层人民法院审判团队构建中法官助理的选用

——以贝尔宾团队角色理论为视角

刘钟泽 *

摘要：当下，面临司法改革的进一步推进，如何以法官为中心科学组建审判团队，保障法官与法官助理之间相互配合成为亟须解决的问题。同时，两者之间的和谐匹配决定着以审判为核心的审判团队组建的成功与否。我国现行法官与法官助理的搭配多体现组织意志或领导意志，搭配的质量与稳定性无据可寻。因此，我们需要一种匹配法官与法官助理的选择机制，用科学客观的方法筛选适合的法官助理。有鉴于此，笔者拟通过贝尔宾团队角色理论这一工具搭建法官助理角色框架，在框架基础上定量衡量某位法官助理与各位法官之间的匹配程度，求取出最佳搭配。

本文共分为六个部分：第一部分从文章研究背景交代现实制度之空白；第二部分分析现存问题及消极影响；第三部分介绍贝尔宾团队角色理论，及该理论与审判团队的契合点；第四部分搭建法官助理角色理论框架；第五部分建立法官助理角色评价体系，综合评价法官助理与法官之间的匹配程度；第六部分是结语。

关键词：审判；筛选

一、论世知事：司法改革背景下的基层人民法院审判团队组建

审判团队是以法官为中心、法官助理和书记员为辅助的办案和管理单

---

* 刘钟泽（1988—），男，毕业于中国人民公安大学，硕士，现为北京市丰台区人民法院民三庭法官助理。

元[1]。当前，法官员额选任基本完成，目前的主要任务是构建审判团队，组建高效、合理的审判团队是司法改革的核心。要做到审判团队构建科学合理、人员交流轮换机制健康有序运行，人员科学搭配是关键。

2015年《最高人民法院关于完善人民法院司法责任制的若干意见》（以下简称《若干意见》）提出法官、法官助理与书记员"1+N+N"的团队模式。基层人民法院多适用此种模式，但在中级及以上人民法院因为案件审级原因多以合议庭形式适用"N+N+N"的模式。无论哪种模式，现有的文章多是从法官、法官助理两者之间职业特点角度分析数量搭配的问题，无法解释法官匹配法官助理适合性的问题。

本文将以"1+N+N"此种典型的基层人民法院审判团队模式为研讨对象。此模式为"一元审判团队"，因基层人民法院多适用简易程序审理，实行独任制，故一名法官的审判团队更适用。主审法官处于团队的中心和主导地位[2]，法官与法官助理匹配模式单一。以法官为中心组建审判团队，首先需要确定的是法官，法官决定了选取团队成员的标准，单一法官组成的团队能够保障团队成员筛选标准单一，更易于理论研讨，具有典型性。

二、瓶颈探析：现行法官与法官助理搭配的困境

现行的法官与法官助理的搭配，较为通行的办法是组织分配，无论是以法院为单位的统一分配，还是以庭室为单位的二次分配，体现的多是组织意志，此种搭配的质量多是依据组织或庭室领导的主观决策，这对于二者之间相互角色匹配的形成和维护并无益处[3]。依照《若干意见》中目标原则"让审理者裁判、由裁判者负责"坚持以审判权为核心的审判责任制改革，关于审判团队的组建，法官应当具有人员挑选的权利。然而现行的人员搭配体系中法官对于助理的挑选缺乏科学、客观的考量体系。非科学性的搭配难以保证团队质量。现实中，一些非合理的组合往往适得其反，两人相互掣肘，

---

[1] 周增伟："基层法院审判团队建设的思考"，载《江苏法治报》2016年11月29日，第00C版。

[2] 周迅："对基层法院审判团队建设的几点思考"，载《人民法院报》2015年11月4日，第5版。

[3] 高春乾："关注'窝工'现象：审判团队中法官助理心理契约的违背与修复"，载《北京审判2016年学术讨论会专刊》，第128页。

或需要长时间的磨合，团队中的内耗降低了办案效率及办案质量，与司法改革之初衷背道而驰。

情景一：在 A 审判团队中，A 法官急需一位擅长学术论文写作、具有一定法学功底、具备研究精神的法官助理，配合共同撰写调研文章，却配备了一位外向、喜好言谈、对处理当事人情绪方面具有经验，但不善学术研究型的法官助理。

情景二：在 B 审判团队中，B 法官急需配备一位做事果断、迅捷，具有极强的工作效率，能为其合理安排工作，善于分担审判实务工作的法官助理，却配备了一位具有良好的法律学术基础、精于学术论文研究、做事内敛有余、外向不足、稳重有余而速度不足的法官助理。

情景三：在 C 审判团队中，C 法官为初任员额法官，急需配备一位热情、喜好沟通交流、善于处理涉诉信访案件、安抚当事人情绪、喜好宣传工作的法官助理，却配备了一位初任法官助理，做事果断、迅捷，富有朝气但缺乏经验，不善于给初任法官筹谋划策提供有效建议。

以上三种情形虽非普遍现象，但反映出了组建审判团队中法官助理的选任十分重要。各个法官助理均有其"所长"，可以弥补法官之"所短"，但非合理的搭配无法做到取长补短，不能解法官之所急。如果上述三个法官助理相互对调：实现学术型法官配备学术型助理，助于其发挥学术优势；实现速裁型法官配备干练型助理，助于其发挥办案效率优势；实现初任型法官配备经验丰富型助理，助于辅助法官解决问题使其快速适应法官角色，则更有助于团队效率的发挥。

由此可见，有能力的人组成的团队不一定能够产生有利的结果。团队的构成显得格外重要[1]。法官助理是工作中与法官交流最多的角色，承担着法官意图的落实及下达，在团队中处于承上启下的独特位置[2]，如同桥梁一般衔接着法官与书记员的工作，是整个团队运行的保障。因此，法官助理的选择关系到审判团队合理组建及顺畅运行。团队的成功需要有适合的法官助理参与。如何做到在司法改革过程中，为每位法官搭配适合的法官助理成为当

---

〔1〕 宋兆晴："基于贝尔宾团队角色理论的环境审计人员专业胜任能力研究"，中国海洋大学 2012 年硕士学位论文。

〔2〕 王其见、冯振亚："法官助理的职责'三性'——以基层人民法院为视角"，载《人民司法（应用）》2017 年第 25 期。

下急需解决的问题。

三、他山之石："贝尔宾团队角色理论"的借鉴

笔者认为，解决现有的法官助理与法官的搭配问题，需要合适的工具进行指引，建立较为完善的客观考量法官助理选用机制。贝尔宾团队角色理论是人力资源开发领域中的一种理论，诞生于 20 世纪 60 年代。英国剑桥大学学者梅雷迪思·贝尔宾（R. Meredith Edith Belbin）为了研究团队成功的原因，进行了为期九年的团队实验研究，于 1981 年首次提出贝尔宾团队角色理论。

（一）贝尔宾团队角色定义及特点

贝尔宾将团队角色定义为团队成员为了推动整个团队发展而与其他成员进行交往时所表现出来的特有的行为方式[1]。其应用点在于：最大化员工在团队中的效能、选拔人才、组建高业绩团队、化解工作冲突、新老团队融合等。其理论的主要观点有：①在团队中，每个成员均具有双重角色，即职能角色与团队角色。职能角色是工作任务赋予个体的角色，是由个体专业知识和专业技能决定的；团队角色是个体与其他团队成员相互作用时表现出来的特征模式，是由个体的气质、性格决定的[2]。团队中的每个成员都是通过同时承担这两种角色而对团队目标做出贡献的。②在团队中，不同的成员有着不同的角色偏好，由于智力因素和个性特征等的差异，个体可能更适合某些角色，而不适合其他一些团队角色。③在团队中，包含九种角色：协调者、推进者、创新者、信息者、监督评价者、凝聚者、实干者、完成者和专家，一个成功的团队必须包含这九种角色（角色的划分见表 1）。团队中不同角色承担者的优势互补，组成的团队才是有力的。团队的规模与这九种角色无关，一个团队成员可以承担多种角色，同时，多个成员也可以承担一种角色。④在团队中，每一种角色都有自己独特的行为特征，其影响着团队[3]。

---

〔1〕 李朝波："团队角色理论在团队建设中的应用研究"，南京师范大学 2011 年硕士学位论文。

〔2〕 付立红："基于贝尔宾团队角色理论的和谐团队建设新路径探索"，载《产业与科技论坛》2012 年第 22 期。

〔3〕 张明志："基于团队角色理论的高校辅导员胜任力提升研究"，西南大学 2016 年博士学位论文。

表1

角色	行为特征
协调者 Co-ordination	成熟稳重、条理性强、自信并信任他人；清楚团队成员的优势与劣势，适当地协调安排；能够发现工作中的错误或偏差，并及时采取纠正措施，目标意识性强；能够激发团队成员的忠诚和热情，积极思考且能够作出决策，有信服力；能够领导团队，可客观听取各种意见及建议，但创造力较为一般
推进者 Shaper	性格开朗、精力充沛、好交际、具有煽动性，喜欢推动别人去行动；能够抵抗压力并产生动力、推进团队行动；善于将团队工作具体化，作出行动计划和方案并实施；有好胜心，对赢有强烈的渴望，但是容易冲动、自负，容易造成矛盾和冲突
创新者 Plant	知识渊博、智力超群、想象力丰富、富有创造性；善于提出新观点，为团队带来突破性思维和见解，但人际沟通欠佳，忽略细节和礼节
信息者 Resource Investigator	性格外向、善于与人沟通；好奇心重，求知欲强；喜欢探索新事物、善于发现新机会、具有创新精神，但新鲜感过后容易失去兴趣，不加鉴别
监督评价者 Monitor Evaluator	冷静、谨慎、善于理性分析；理智、公平客观、善于解释、评价并分析复杂问题和情况、善于分析方案利弊；稳重、可靠、善于判断且很少失误，但缺乏热情，不善于参与
凝聚者 Teamworker	温和、喜欢社交、具有灵活性；敏感、善解人意、保证团队内部信息的积极沟通、减少阻滞；团队的黏合剂；活跃气氛，促进团队协作，但缺乏果断决策，易受他人影响
实干者 Implementer	守纪律、有责任感；勤恳，将想法和决策转化为具体任务及执行步骤；组织能力强，有较强的自我控制能力；忠于团队，把工作放在第一位，但保守，缺乏灵活性，墨守成规
完成者 Completer Finisher	尽职、有条理；坚持不懈、善于计划行事、维持工作秩序；坚持高标准，注重细节，但缺乏耐心
专家 Specialist	做事投入且专心，精通某项技术，提出专业意见，解决技术问题，但知识领域具有局限性

（二）贝尔宾团队角色理论与审判团队之契合

之所以选用贝尔宾团队角色理论为工具，是因为依照《若干意见》的规定，基层、中级人民法院可以组建由一名法官与法官助理、书记员以及其他必要的辅助人员组成的审判团队。审判团队究其本质是以团队形式开展工作，具有团队的基本特征，是由众多成员构成的一个共同体，协调合理利用每名成员知识及技能协同工作，达到共同目标。故审判团队属于贝尔宾团队角色理论适用范畴。

1. 审判团队成员之间的互补性契合贝尔宾团队角色理论特点

审判团队由法官、法官助理、书记员三者组成，工作职责相互补充、缺一不可，三者之间共同协作以实现团队目标。贝尔宾团队角色理论特点认为团队中不同角色承担者的优势互补，组成的团队才是有力的。

2. 审判团队人数与贝尔宾团队角色理论要求一致

依照《若干意见》"基层、中级人民法院可以组建由一名法官与法官助理、书记员以及其他必要的辅助人员组成的审判团队"的规定，审判团队至少由法官、法官助理、书记员三人组成。贝尔宾团队角色理论对团队角色划分为九种，团队的规模与这九种角色无关，一个团队成员可以承担多种角色，但九种角色基本划归为三类，分别是行动类、社交类和思考类，不同类别之间角色不可兼容，由此决定了贝尔宾的团队至少也由三名成员组成。

3. 审判团队中成员角色目标与团队目标一致

审判团队中成员的角色影响着团队的成绩，成员角色目标与团队目标一致。贝尔宾博士说过："我不知道什么团队一定成功，但我知道什么团队一定失败，就是没有明确且共同的目标的团队一定失败。"[1]法官助理需要完成法官交办的其他审判辅助性工作，书记员需要完成法官交办的其他事务性工作。故审判团队所有成员的工作均由法官交办，团队工作目标一致。

4. 团队角色评价推进法官助理角色培养

法官助理可以根据团队角色理论框架，评估自身是否具备所要求的专业胜任能力，以及相应的水平。根据法官助理不足之处开展有针对性的培养，

---

〔1〕 付立红："基于贝尔宾团队角色理论的和谐团队建设新路径探索"，载《产业与科技论坛》2012年第22期。

使得法官助理的成长路线更加清晰，也更加贴合审判需求、法官需求。

以上审判团队的特质均符合贝尔宾团队角色理论的特点。综合考虑两者的契合性，本文以贝尔宾团队角色理论为基础，对基层人民法院审判团队构建中的法官助理选用问题进行研究。

（三）贝尔宾团队角色理论与审判团队之差异

当然，司法改革背景下审判团队组建中选择法官助理适用的贝尔宾团队角色理论与人力资源管理中的贝尔宾团队角色理论存在着本质区别，有着自己的特点：一是团队目标的审判性质。审判活动具有惩罚失范行为、解决矛盾纠纷以及确立行为准则的特殊属性[1]。与企业团队追求经济效益最大化的目标不同，审判团队组建中适用贝尔宾团队角色理论的目标是追求司法质效、司法公信力及司法的社会效果。实际上，从贝尔宾团队角色理论适用范围来看，其亦适用于企业管理之外的领域。很多机构也采用此种理论，如联合国、世界银行、欧洲执行委员会、英国国防部等。二是法官助理团队角色的让渡。法官助理作为审判团队中的一员，其必然要承担一种以上的团队角色。然而，法官是审判团队的核心与灵魂[2]，依照《若干意见》中关于法官助理及书记员审判职责均需接受法官的指导，突出法官办案主体地位。故法官应当是团队的领导，是审判的专家。团队角色中的带有领导角色的"协调者"和精通专业的"专家"两种角色必然属于法官而非法官助理。

之所以贝尔宾团队角色理论适用于众多类型的团队，是因为团队中均存在不同的角色，团队的目标实现有赖于成员的角色体现。即使审判团队有其特殊性，适用贝尔宾团队角色理论同样可以发挥积极作用。当然要做到这点就需要立足审判工作将贝尔宾团队角色理论与审判实践相结合。

四、因地制宜：贝尔宾团队角色理论视角下法官助理角色模型的构建

根据贝尔宾团队角色理论，在审判团队中，法官助理同时承担着职能角色和团队角色这两种角色。因此对于团队中法官助理角色的研究应当从这两

---

[1] 张朝阳、黄源泉："论绩效管理视角下基层法官业绩考评机制的困境与出路"，载胡云腾主编：《法院改革与民商事审判问题研究——全国法院第29届学术讨论会获奖论文集》（上），人民法院出版社2018年版。

[2] 常鑫："心理契约理论视野下法官与法官助理关系问题研究"，载《法制与社会》2018年第3期。

种角色出发。

（一）法官助理职能角色

依照贝尔宾团队角色理论，职能角色是工作任务赋予个体的角色，是由个体专业知识、专业技能和专业态度（专业道德）决定的。所以针对法官助理职能角色的考量就从专业知识、专业技能和专业道德与态度三个方面考虑。

1. 专业知识

专业知识是法官助理职能角色的基础，是作出职业判断的依据。《若干意见》规定："法官助理在法官的指导下履行以下职责：（1）审查诉讼材料，协助法官组织庭前证据交换；（2）协助法官组织庭前调解，草拟调解文书；（3）受法官委托或者协助法官依法办理财产保全和证据保全措施等；（4）受法官指派，办理委托鉴定、评估等工作；（5）根据法官的要求，准备与案件审理相关的参考资料，研究案件涉及的相关法律问题；（6）在法官的指导下草拟裁判文书；（7）完成法官交办的其他审判辅助性工作。"

这就要求法官助理应当具备的专业知识有：①法律、法规及相关政策知识。法官助理不仅要掌握面上的法律知识，熟悉法条和诉讼程序，而且要掌握法律规则背后所蕴含的法律精神、价值和理念[1]。这是法官助理专业知识的基础，是职能角色的核心要素。②信息技术知识。信息技术改变了审判模式，提高了审判质效，现代信息技术渗透进诉讼各个环节，囊括送达、鉴定、庭审等多方面，熟练掌握信息技术知识有助于团队目标实现。③社会知识。除前者外，由于法官助理承担了组织证据交换、庭前调解以及接待当事人等工作，履行好这些职责，还需要其他丰富的社会知识。例如，著作权纠纷案件中，关于文学作品的知识。再比如，建筑施工纠纷中关于建筑施工工程的知识。如果没有一定的社会知识背景和地方经验，可能就难以正确判断，更难以在此基础上进行法律评价。

2. 专业技能

法官助理应当具备能够在审判工作中恰当、有效地运用专业知识，并保持职业态度的各类专业技能。一般包括的技能有：①法律运用技能。由于法官助理在案件审理中的职责既包括辅助法官认定案件事实，又包括辅助法官

---

[1] 夏锦文、徐英荣："法官助理制度改革需求与法治人才培养创新"，载《法学》2017年第12期。

适用法律，所以，法律运用技能既包括法律事实判断、法律文本分析、法条规则适用等技能，也包括调查收集证据、组织交换证据、判断运用证据等技能，还包括法律解释、法律推理、法律程序运用、法律漏洞补充、指导性案例识别等法律运用技能和司法方法论[1]。②文书写作技能。起草调解文书、裁判文书是法官助理的职责之一。必须有针对性地训练文书写作技能，包括对各种裁判文书样式的熟练掌握，遣词造句、逻辑论证、法理分析、法律事实叙述和裁判说理等能力。③人际沟通技能。审判辅助工作很多是需要通过人际沟通完成的，如与当事人、律师的沟通，完成好证据交换、保全、鉴定评估、调解等工作。人际沟通技能有助于团队协作，改革后法官助理居中协调法官及书记员的工作需要具备的能力包括：协商共事、解决冲突、理解包容的能力；交流倾听及表达能力；团队协作能力。④其他技能。审判辅助工作需要的技能是多方面的，除以上提及的技能之外，还有一些技能如果法官助理具备，则能更好地实现团队目标。例如：驾驶技能、外语技能等。

3. 专业道德与态度

专业道德与态度是法官助理在工作中的正向引导，其促使法官助理在审判工作中面对双方当事人呈现出独立性，保持中立态度，公平公正地开展工作，包括：①司法良知。司法良知是法律职业共同体的价值伦理要求和基本职业素养，法官助理应当在法律规定权限内行使职责[2]。②法律信仰。作为法律人，理应信仰法律，信赖法治在社会治理中的重要作用。只有信仰法律，才会从内心深处热爱法律职业，自觉守护公平正义，维护法律权威。③法治思维。法治实质上是一种思维方式。法治思维是主体以法治基本内涵为约束和指引，正确运用法律方法想问题、作决策、办事情的思维方式。

总结以上法官助理职能角色构成，构建职能角色框架如表2所示。

---

〔1〕 夏锦文："卓越法律人才教育培养的基本问题探讨"，载《中国大学教学》2013年第12期。

〔2〕 张太洲："现行与展望：我国法官助理制度完善机制研究"，载《海峡法学》2016年第2期。

表2

专业知识	法律、法规及相关政策知识	刑法、民法、行政法等法律法规及相关政策知识
	信息技术知识	信息技术基础知识、审判系统操作知识、基本办公软件操作知识
	社会知识	如医疗知识、保险知识、文学艺术作品知识、建筑工程知识等
专业技能	法律运用技能	法律事实判断、法律文本分析、法条规则适用等技能；调查收集证据、组织交换证据、判断运用证据等技能；法律解释、法律推理、法律程序运用、法律漏洞补充、指导性案例识别等法律运用技能和司法方法论
	文书写作技能	各种裁判文书样式的熟练掌握，遣词造句、逻辑论证、法理分析、法律事实叙述和裁判说理等能力
	人际沟通技能	协商共事、解决冲突、理解包容的能力；交流倾听及表达能力；团队协作能力
	其他技能	驾驶技能、外语技能
专业道德与态度	司法良知；法律信仰；法治思维	

（二）法官助理团队角色

法官助理与法官之间是以法官为主导的合作关系。他们彼此能否实现有效合作，在很大程度上不是决定于法官助理的职责范围是否明确等纸面文件规定，而是他们在脾气、个性、习惯、价值观等内在品性方面是否默契[1]。贝尔宾团队角色理论中认为团队角色是由团队成员所具有的气质、脾气、性格决定的，每种团队角色都有自己独特的行为特征。

---

[1] 刘练军："法官助理制度的法理分析"，载《法律科学（西北政法大学学报）》2017年第4期。

根据贝尔宾团队角色理论，一个成功的团队必须具备九种角色：协调者、推进者、创新者、信息者、监督评价者、凝聚者、实干者、完成者和专家。[1]不同的人有不同的角色偏好，由于个体差异，其可能更适合某些团队角色，而不适合其他一些团队角色。为此，要研究每种角色，就要观察其各自行为表现。同时，团队角色中的带有领导角色的"协调者"和精通专业的"专家"两种角色必然属于法官而非法官助理。故根据贝尔宾团队角色理论，将法官助理团队角色框架总结如表3所示。

表3

角色名称	行为特征	团队角色能力
推进者	性格开朗、精力充沛、好交际、具有煽动性；能够抵抗压力并产生动力、推进团队行动；善于将团队工作具体化，作出行动计划和方案并实施；有好胜心	交际能力 带动能力 抗压能力 推进能力 计划能力 行动能力 自励能力
创新者	知识渊博、智力超群、想象力丰富、富有创造性；善于提出新观点，为团队带来突破性思维和见解	智力能力 创造能力 解决问题能力
信息者	性格外向、善于与人沟通；好奇心重，求知欲强；喜欢探索新事物、善于发现新机会、具有创新精神	沟通能力 采集信息能力 探索能力 发现能力
监督评价者	冷静、谨慎、善于理性分析；理智、公平客观、善于解释、评价并分析复杂问题和情况、善于分析方案利弊；稳重、可靠、善于判断且很少失误	分析能力 解释能力 评价能力 判断能力
凝聚者	温和、喜欢社交、具有灵活性；敏感、善解人意、保证团队内部信息的积极沟通、减少阻滞；团队的黏合剂；活跃气氛，促进团队协作	交际能力 感知能力 沟通能力 凝聚能力

---

[1] 张明志："基于团队角色理论的高校辅导员胜任力提升研究"，西南大学2016年博士学位论文。

角色名称	行为特征	团队角色能力
实干者	守纪律、有责任感；勤恳，将想法和决策转化为具体任务及执行步骤；组织能力强，有较强的自我控制能力；忠于团队，把工作放在第一位	负责能力 执行能力 组织能力 自控能力
完成者	尽职、有条理；坚持不懈、善于计划行事、维持工作秩序；坚持高标准，注重细节	逻辑能力 计划能力 执行能力

以上分别从职能角色和团队角色分析了法官助理的角色，合适的角色匹配对团队成功至关重要，在一个审判团队中法官助理具体担任何种角色取决于其所具有的知识、专长、实务经验、个性倾向等情况。

五、进路探寻：贝尔宾团队角色理论视角下法官助理角色的评价

以上研究搭建了法官助理职能角色和团队角色两方面框架。一个团队的运作效果是每位成员工作的综合叠加，基于团队角色理论的法官助理选择，需要对法官助理角色进行评价。衡量法官助理角色，需要从其职业角色和团队角色两方面进行。在此基础上建立评价体系，评价法官助理角色。

（一）法官助理职能角色评价

对法官助理进行职能角色评价是为了考量法官助理与适合的法官形成互补性的搭配，从而实现组建优良团队的目标。职能角色由专业知识、专业技能、专业道德与态度三部分组成，每部分又包含诸多因素，因此以前文所述的法官助理职能角色框架为基础，用层次分析方法构建"因素分解式"评价体系更为适合。体系如图1所示。

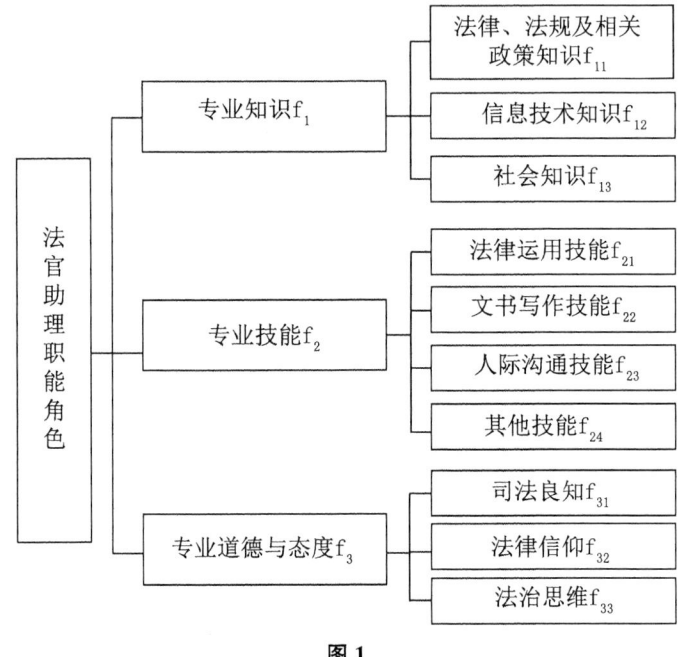

图1

法官助理职能角色评价标准如表4所示。

表4

等级	评价标准
无（0）	完全不具备相关专业知识、专业技能、专业道德与态度
略知（1）	略知相关专业知识、专业技能、专业道德与态度
理解（2）	完全具备相关专业知识、专业技能、专业道德与态度
应用（3）	能够掌握相关专业知识、专业技能并能应用到实际工作或解决问题；具有良好的专业道德与态度
精通（4）	具有丰富的经验，完全掌握并能熟练应用相关专业知识、专业技能；具有高水平的专业道德与态度

按照层次分析法确定法官助理职能角色评价权重，需建立层次结构，即确立法官助理职能角色评价体系中一级指标及二级指标。一级指标得分分别用 f_i（i=1、2、3）表示，二级指标得分分别用 f_{ij}（i=1、2、3；j=1、2、3、4）表示。给法官助理职能角色各考察要素赋予分值 f（x）。定义权重 a 由法

官审判需求而确定比重。

定义一级指标的权重集为 a = （a_1、a_2、a_3）

定义二级指标的权重集为 a_1 = （a_{11}、a_{12}、a_{13}）

$$a_2 = （a_{21}、a_{22}、a_{23}、a_{24}）$$

$$a_3 = （a_{31}、a_{32}、a_{33}）$$

故法官助理职能角色得分 = $\sqrt{\sum_{i=1}^{3}\sum_{j=1}^{4} a_{ij}f_{ij}（x）}$

根据上述分析，假如某法官助理每个二级指标的评分均为 4，那么其职能角色得分为 4，也即最高得分；若某法官助理每个二级指标评分均为 0，那么其职能角色得分也为 0，也即最低分。在最高分和最低分之间有无数种可能的得分，针对具体分数的评判需要与实践工作及相关权威人士观点结合确定，这是一种主观判断，提供大致的能力水平。

（二）法官助理团队角色评价

法官助理是在整个审判团队中工作的，其需要职能角色之外的角色保持其团队地位，这就是其团队角色。团队角色是由团队成员具有的气质、性格决定的。在美国，联邦法官如何挑选法官助理"完全是大法官个人的事"，而大法官在挑选助理时，"性格上是否合得来"则是优先考虑的四个因素之一[1]。影响团队角色的因素也是影响选择法官助理的重要因素。本文以法官助理团队角色框架为基础，构架其评价指标如表 5 所示。

表5

角色名称	能力种类	具备能力
推进者团队角色	7种	交际能力、带动能力、抗压能力、推进能力、计划能力、行动能力、自励能力
创新者团队角色	3种	智力能力、创造能力、解决问题能力
信息者团队角色	4种	沟通能力、采集信息能力、探索能力、发现能力
监督评价者团队角色	4种	分析能力、解释能力、评价能力、判断能力
凝聚者团队角色	3种	交际能力、感知能力、凝聚能力

---

[1]　其他三项因素是"特定的法学院""某些地区"和"先前有无助理经验"，参见［美］戴维·M. 奥布赖恩著，胡晓进译：《风暴眼：美国政治中的最高法院》，上海人民出版社 2010 年版，第114 页。

续表

角色名称	能力种类	具备能力
实干者团队角色	3 种	负责能力、组织能力、自控能力
完成者团队角色	3 种	逻辑能力、计划能力、执行能力

法官助理与其他审判团队成员之间相互依赖、彼此熟悉，从团队成立之初至团队成熟，历经了一个相互认识—相互了解—相互熟悉—相互理解—相互信任—相互凝聚的过程。法官助理与其他成员之间拥有互补的技能、知识与经验，需要相互协调才能完成好工作，所以审判团队成员对彼此工作表现和能力均有相当的认识，另外团队成员彼此之间的满意度在一定程度上也能够影响团队绩效[1]，故团队成员具有发言权。

以推进者团队角色评价为例，编制评分表，如表6所示。

表6

项目	评分				评语
	优秀	良好	一般	欠佳	
交际能力	4	3	2	1	
带动能力	4	3	2	1	
抗压能力	4	3	2	1	
推进能力	4	3	2	1	
计划能力	4	3	2	1	
行动能力	4	3	2	1	
自励能力	4	3	2	1	
总计					

注：每个评分项目中，四个分值选择其中一个，在所选分值上打钩，将所选分值累计相加，计为其评分

对法官助理进行团队角色评价是为了考量法官助理与适合的法官形成互补性的搭配，从而实现团队角色互补的搭配。因团队角色有推进者、创新者、

---

[1] 周莉芬："团队建设绩效评估体系研究"，西南交通大学2007年硕士学位论文。

信息者、监督评价者、凝聚者、实干者、完成者七种角色可能性，每种角色由诸多能力体现，因此以前文所述的法官助理团队角色框架为基础，用层次分析法构建"因素分解式"评价体系如图2所示。

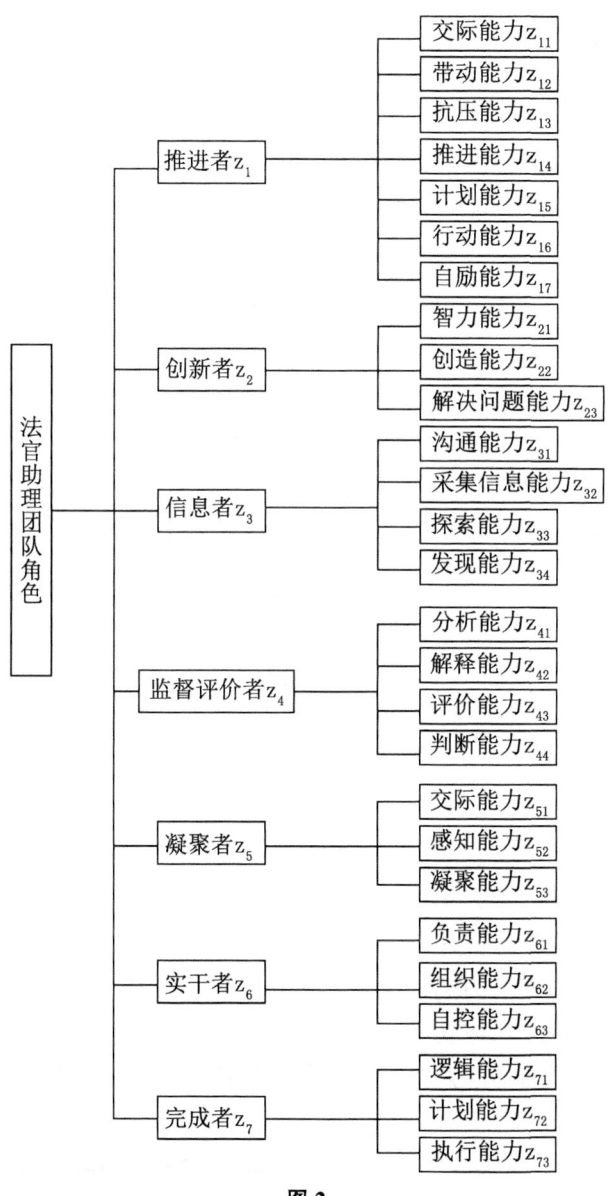

图2

按照层次分析法确定法官助理团队角色评价权重，需建立层次结构，即确立法官助理团队角色评价体系中一级指标及二级指标。另外，依据贝尔宾团队角色理论，成员所具备的角色至少有一种，也可同时兼任多种角色，但是不可能具备所有角色，故 $1 \leqslant m < 7$。一级指标得分分别用 Z_m（$m = 1$、$2 \cdots\cdots$ 6）表示，二级指标得分分别用 Z_{mn}（$m = 1$、$2 \cdots\cdots 6$；$n = 1$、$2 \cdots\cdots 7$）表示。给法官助理团队角色各考察要素赋予分值 $f(x)$。定义权重 b 由法官审判需求而确定比重。

定义一级指标的权重集为 $b = （b_1、b_2、b_3）$

定义二级指标的权重集为 $b_1 = （b_{11}、b_{12}、b_{13}、b_{14}、b_{15}、b_{16}、b_{17}）$
$$b_2 = （b_{21}、b_{22}、b_{23}）$$
$$b_3 = （b_{31}、b_{32}、b_{33}、b_{34}）$$
$$b_4 = （b_{41}、b_{42}、b_{43}、b_{44}）$$
$$b_5 = （b_{51}、b_{52}、b_{53}）$$
$$b_6 = （b_{61}、b_{62}、b_{63}）$$
$$b_7 = （b_{71}、b_{72}、b_{73}）$$

故法官助理团队角色得分 $= \sqrt{\sum_{m=1}^{6} \sum_{n=1}^{7} b_{mn} z_{mn}(x)}$

同上可知，法官助理团队角色最高分为 4 分，最低分为 0 分，两者之间有无数种可能的得分。通过将该表格发放给团队成员、庭室内部其他同事、该庭室领导等相关负责人，并告知其进行匿名评价，使其作出相对客观的评分。之后将评分表收回，计算每个被评价者的评分平均值，即该法官助理的团队角色评价。

（三）法官助理角色的评价

在以法官为核心组建审判团队过程中，一旦法官与法官助理在职业习惯、脾性等方面不协调、有矛盾，那他们的结合就必然会导致不适应和低效率，严重者甚至会在法院里公开发生冲突[1]。因此，在法官助理的配置问题上，应该坚持以法官的需求为选择原则，尤其要尊重法官个人的意见。故对于法官助理角色的评价应当建立于法官需求之上，制定法官助理角色评价指标体系，针对不同法官的不同方面需求赋予指标权重，进而得出每位助理与每位

---

〔1〕 刘练军："法官助理制度的法理分析"，载《法律科学（西北政法大学学报）》2017 年第 4 期。

法官之间的匹配分数，分数高者视为最佳匹配。

根据贝尔宾团队角色理论可知，法官助理职能角色和团队角色共同构成了法官助理角色。根据角色构成分析，对于法官助理角色评价指标体系如图3所示。

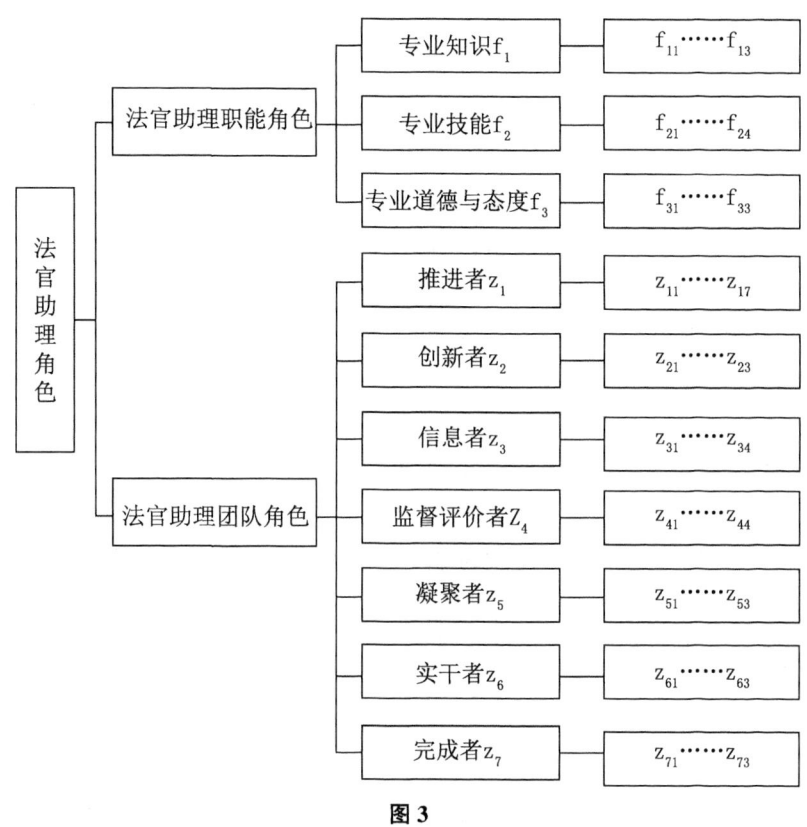

图3

而职能角色和团队角色中各自层次要素的权重 a、b 对于法官助理角色的影响，需要继续使用上文提及的层次分析法进行分析。需要说明的是，权重 a、b 在针对不同法官的时候应当赋予不同的数值，具体比重需要通过先期对法官审判工作进行测评求取。譬如，针对某一方面薄弱的法官配比法官助理的时候，应当更多侧重其薄弱环节赋予更多权重，予以考察适合的法官助理，在众多法官助理中得分最高者即为最适合之人选。而权重 a、b 的赋值需要与实践工作及相关权威人士观点结合确定，通过大量严密测算之后总结得出，其求取过程不在本文探讨范畴内。

故法官助理角色应为：$\sqrt{\sum_{i=1}^{3}\sum_{j=1}^{4}a_{ij}f_{ij}(x)+\sum_{m=1}^{6}\sum_{1n=1}^{7}b_{mn}z_{mn}(x)}$

（四）法官助理角色评价体系之运行

法官助理角色评价体系之运行基于对其在团队中的表现予以考量，故针对法官助理所处的不同阶段，应进行区别对待。对于新入职法院系统的法官助理，应当先经过实习期之后，针对其实习期间进行考察。对于已经在法院系统任职多年的法官助理，应当就其以往的工作表现进行综合评价。具体运行环节是：①针对法官进行测评，评测出每位法官审判工作中所需的职业角色侧重及团队角色侧重，对其侧重方向赋予更多权重，其他方向赋予较少权重。②将不同权重系数代入角色评价体系，组建适合该名法官的法官助理评价体系。③对不同法官助理套用该评价体系，求取出评分，即为该名法官与不同法官助理进行配比的分数，配比分数最高者，即为最佳搭配。④进行人员搭配，将分数最高的法官与助理及书记员搭配以组成审判团队，考虑到人员调整涉及跨部门、跨工作地点，以及性别配比、个人需求等因素，具体实施还需进行微调以期全面协调。⑤审判团队运行及运行考察。笔者考虑到法院考核，即工作开展是以年为单位规划，故认为考察周期为一年较为合适，审判团队在运行一周年后应再次对法官助理角色进行评价，因法官助理无论职能角色或团队角色都有可能变化，故应当再次对其进行评价，依照新的评价，再次作出新的搭配，使得团队搭配更为合理，如图4所示。

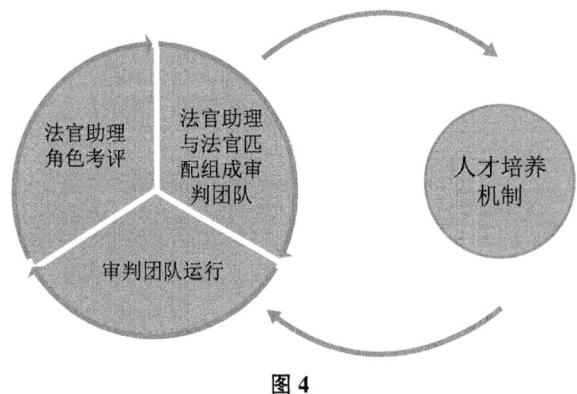

图4

此外，该角色评价体系运行过程中必然与配套的人才培养机制结合，根据每次考评的结果制订相应的培养计划，塑造更加完美的法官助理以辅助法官审判工作。该角色评价体系影响人才培养机制创新，人才培养机制又可以反哺角色评价体系，使得法官助理的成长路线更加清晰，也更加贴合审判需求、法官需求，真正做到以法官为核心组建审判团队、以审判为中心的改革。

六、结语

能否做到法官与法官助理科学合理搭配，从而组建优质的审判团队，直接关系到法官员额制与司法责任制改革的成败。尽管本文是基于基层人民法院审判团队组建中法官助理的选择进行研究，但高级人民法院和中级人民法院除审判程序、审级上的区别之外，对于本文提出的以角色评价体系为工具选择法官助理的理念，可以同样选择性适用。本文着眼于借助人力资源开发领域中的贝尔宾团队角色理论建立选择法官助理的评价体系，至于具体的考评指标及方程中各种变量系数均需在实际操作中对审判实际工作调研、评测之后进一步确定。

《国际商事合同通则》在仲裁中的适用路径探析

张建* 郝梓林**

摘要：《国际商事合同通则》既承继了新商人法的主要内涵，又开创了国际合同统一立法的新时代，由国际统一私法协会结合商业实践的最新发展编纂而成。就其性质而言，该通则既不同于国际统一条约，也与其他的国际商事惯例有所区别，应定位为国际商事法律重述。在国际商事仲裁中，准据法的确定通常遵循意思自治原则的指引，在当事人没有选择法律时，则依据冲突规范的指引或直接优先适用有关国际条约，这为通则的适用提供了灵活的空间。在国际商会仲裁院、俄罗斯及瑞典的国际仲裁实践中，该通则常以不同的方式被仲裁庭适用。在当下中国的涉外仲裁实践中，立法与仲裁规则对法律适用问题的界定不甚清晰，这导致仲裁庭对该通则缺乏准确的定位。为进一步提升中国仲裁的国际化，有必要厘清该通则的法律属性，参考国际通行实践，反思并重构我国的仲裁法律适用规则。

关键词：《国际商事合同通则》；仲裁；当事人意思自治；商人法

一、《国际商事合同通则》的制定动因及其性质厘定

（一）新商人法的复苏

商人法的概念源于拉丁文 *Lex Mercatoria*，英文表述为 Law Merchant，也被译为商人习惯法、商业习惯法，主要表现为国际上反复适用的贸易惯例和贸易做法，以及国际组织或者专业公司或协会为供当事人签订合同而预先准备

---

* 张建（1991—），男，首都经济贸易大学法学院讲师，法学博士，研究方向为国际商事仲裁。
** 郝梓林（1994—），女，中国政法大学国际法学院国际法专业硕士，研究方向为国际私法。

的标准格式合同等。[1]正如施米托夫所总结的,商人法的发展历经三重阶段:第一阶段以中世纪的商人习惯法为载体,商人法特指那些在事实上支配商事交易,且在文明世界的港口、集市之间的国际商业中普遍适用的习惯国际法规则;第二阶段始于主权国家的概念得以采纳之后,商人习惯法被纳入各国的国内法制度;第三阶段始于19世纪,各国开始对夸大的国家主权进行公正的批判,世界社会重新从国际角度思考国际商事交易,联合国和大量的国际专门组织开始有针对性地对商人法进行编纂和整合。[2]随着国际社会的共同努力,国际商法的概念得以恢复,并被称为新商人法(*New Lex Mercatoria*),试图摆脱各国国内法的民族色彩,重获国际生命力。

(二)《国际商事合同通则》的初创与演变

总部位于意大利罗马的国际统一私法协会(The International Institute for the Unification of Private Law,以下简称"UNIDROIT")是重要的政府间国际组织,其在国际商事合同立法统一化方面发挥了重要的推动作用。[3]早在1994年,UNIDROIT就主持制定了《国际商事合同通则》(*Principles of International Commercial Contracts*,以下简称PICC),冀以消弭大陆法系、英美法系、社会主义法系在商事合同方面的法律冲突,并推动全球化法律思维的趋同,在此基础上构建一套系统化的统一合同法国际规则,其内容涵盖合同的解释、效力、履行及谈判等多个方面。[4]随着时代的发展与技术的进步,为了使PICC的内容符合国际商事交易的变动,自1994年之后,UNIDROIT先后于2004、2010、2016年对PICC作了与时俱进的修订和更新。

---

〔1〕 刘晓红、袁发强主编:《国际商事仲裁》,北京大学出版社2010年版,第117页。

〔2〕 [英]施米托夫著,赵秀文选译:《国际贸易法文选》,中国大百科全书出版社1993年版,第4页。

〔3〕 徐冬根:《国际私法趋势论》,北京大学出版社2005年版,第61页。

〔4〕 Gary B. Born, *International Arbitration: Law and Practice*, Kluwer Law International, 2012, p. 255.

表 1　PICC 核心条款及其调整

PICC 版本	适用方式	核心条款及其调整
1994 年版	①当事人选择 PICC 作为准据法或将 PICC 条款并入合同内容；②当事人约定合同受一般法律原则、现代商人法管辖时可视为选择 PICC 作为准据法；③法院或仲裁庭在当事人未选择准据法时将 PICC 确定为裁判依据	合同的订立、合同的效力、合同的解释、合同的内容、合同的履行、合同的不履行
2004 年版		新增关于代理权限、债权让与、债务承担、合同整体概括转移、时效期间、第三人权利、抵销、禁反言等规定
2010 年版		新增关于恢复原状、合同违反强制性规定、附条件合同、多方债权人和债务人的追索权等内容；修改宣告合同无效的理由、合同终止的情形与后果
2016 年版		新增关于长期合同的定义、留有空白内容的合同效力、无固定期限合同的终止等规定；修改定价条款、不可抗力条款、恶意谈判条款、当事人之间的长期合作与相关情势条款等内容

（三）国际合同统一立法路径：《联合国国际货物销售合同公约》与 PICC 关系论析

通常认为，国际条约与国际惯例是国际民商事统一实体法规范的两类主要法律渊源。《联合国国际货物销售合同公约》（The UN Convention on Contracts for the International Sale of Goods，以下简称 CISG）是国际合同法中最主要和最具有影响力的文件，CISG 与 PICC 虽然均可调整国际商事合同当事人的权利与义务关系，但是二者存在显著的差异。首先，就法律属性而言，CISG 是由主权国家缔结的国际条约，PICC 则主要被视为法律重述或对商人习惯法进行编纂的产物，二者在制定主体、制定方式及约束力方面具有实质差异。[1]其次，就适用方式而言，CISG 与 PICC 虽然均具有非强制性，但是 CISG 是排除型（opt-out）任意性，其原则上具有普遍的约束力，当事人可以通过选择法律来排除公约的适用。[2]而 PICC 是选择型（opt-in）任意性，其适用直接依赖于

---

〔1〕　有学者主张，PICC 引入了除国际商事公约和国际商事惯例之外的第三种渊源——法律重述，从根本上解决了商人法零散、不成体系的状态，使新商人法的发展产生质的飞跃。左海聪主编：《国际商法》，法律出版社 2008 年版，第 72 页。

〔2〕　合同当事人双方的营业地分别位于公约的不同缔约国境内，在这种情况下，如果当事人双方选择了其他法律作为合同准据法，则公约不再适用于合同关系。但如果双方当事人仅选择适用国际贸易惯例，如《国际贸易术语解释通则》，则并不排除公约的适用，二者相互补充。谢海霞、金晓晨、宋成斌编著：《国际商法》，对外经济贸易大学出版社 2017 年版，第 92 页。

当事人意思自治原则，供当事人在订立合同时予以约定，其适用的任意性色彩更强。最后，就法律功能而言，CISG 主要是作为有约束力的法律文件而适用于个案的，而 PICC 的法律功能则涵盖了准据法功能、解释法功能、示范法功能三类。就 PICC 的序言来看，其具有多重功能——既可以作为示范法，成为国内立法的蓝本，也能被法院或仲裁庭用作解释立法或合同的辅助工具，还可以发挥填补国内国际立法漏洞的功能，甚至还能用作当事人起草合同的指南或范本。[1]在部分国际商事仲裁案件中，仲裁庭已将 PICC 作为具有说服力的指导性原则适用。[2]

二、国际商事仲裁法律适用的规范逻辑与实践进路

（一）当事人意思自治原则

19 世纪之后，随着国际贸易的逐步发展，各国商人之间的跨国商事与贸易纠纷频发。对于这类纠纷，商人们不愿诉诸国内司法机关，而是更青睐于通过国际商事仲裁方式予以解决。仲裁的广泛运用不但推动了国际商事仲裁程序法的完善，而且也催生了大量国际商事仲裁机构。[3]相比于国内诉讼，国际仲裁无论在管辖权、仲裁员选任、法律适用方面，还是在程序安排等方面，都高度尊重当事人意思自治。就准据法的选择而言，在全球贸易中，双方当事人、仲裁庭组成人员、证人、律师等仲裁程序的参与者往往来自不同的国家。在这种涉及多种法律体系的跨文化背景下，当事人往往不愿意选择某一国家的国内法律作为准据法，而是更倾向于选择不具有国家属性的跨国法律作为准据法。传统上，当事人常选择"国际商法的通用原则""商人法"或类似规范，而 PICC 的出台，逐步成为国际商事当事人的最佳选择之一。[4]就理论而言，国际私法在多大程度上允许当事人将 PICC 这类文件作为他们的合同准据法还有待观察，毕竟非国家法的法律属性及域外效力常常存在争论。但就实践而言，相比于法院诉讼，国际仲裁中的法律适用更为宽容和灵活。[5]

---

〔1〕 吴思颖：《国际商事合同法统一化：原理、目标和路径》，法律出版社 2011 年版，第 121 页。

〔2〕 吴德昌：《〈国际商事合同通则〉法律功能研究》，法律出版社 2011 年版，第 56 页。

〔3〕 谢怀栻：《外国民商法精要》（第 3 版），法律出版社 2014 年版，第 43 页。

〔4〕 郑春贤：《商事合同法国际统一化发展研究》，中国商务出版社 2016 年版，第 33 页。

〔5〕 宋连斌："比照适用抑或特别规定：从国际商事仲裁的法律适用谈起"，载《武汉大学学报（哲学社会科学版）》2004 年第 6 期。

已有大量案例肯定了当事人在合同中对 *PICC* 的选择，但 *PICC* 的约束力并不能突破国际条约和特定国家国内法的强制性规定。

（二）国际条约优先适用

有学者曾对国际民事诉讼与国际商事仲裁中的法律适用进行比较，并指出：一国法院有义务适用法院地国参加或缔结的国际条约，不论其方式如何，而国际商事仲裁庭则没有义务适用仲裁地国家参加或缔结的统一实体法条约。此言不谬，却忽视了国际统一合同法条约在国际商事仲裁中的重要地位。[1]以 *CISG* 为例，国际商事仲裁庭判定条约是否适用的标准并非仲裁地是否加入了条约，而是取决于合同的双方当事人营业地是否位于不同的 *CISG* 缔约国，或者是否根据国际私法规则导致条约的适用。这意味着，如果当事人之间的争议符合国际条约自身的适用范围，则将自动导致国际条约的优先适用，且条约的适用结果对当事人而言具有约束力。然而，*CISG* 的适用并不排除仲裁庭援引或参考 *PICC* 的条款解释国际立法。事实上，*PICC* 的起草过程不仅是借鉴和吸收各国合同立法的过程，也是在各方面对传统国际合同统一法进行突破和创新的过程。例如，关于合同的有效性问题向来是国际统一立法与各国国内立法最为敏感、冲突最为明显的交叉点，这涉及两类相互冲突的利益：一方面，有关合同统一法适用的前提是合同已经推定有效；另一方面，合同无效的法定理由代表了基于公共政策的国内考量，这导致运用国际条约方法统一合同有效性规则极其困难。鉴于此，*CISG* 第 4 条采取了回避的立场，明确排除适用于合同效力问题。但实践中，合同效力问题对当事人保护交易安全的合理预期非常重要，在整个合同法体系中居于关键地位，如不作明确界定，无益于国际商事活动的顺利发展。相比之下，UNIDROIT 并未回避这一问题，*PICC* 第 2.11、2.13、3.9 条作出了明确的规定，试图尽最大可能消解各国在这方面的立法分歧。从这个角度来看，尽管国际条约可以在国际商事仲裁中优先适用，但是对于条约中存在的"立法空白"及任意性规定，容许当事人通过意思自治或仲裁庭依据自由裁量权进行变通和调整，*PICC* 在某些问题上可以对 *CISG* 起到补充、辅助、配合、解释等作用。[2]

---

〔1〕 霍政欣：《国际私法》，中国政法大学出版社 2017 年版，第 338 页。

〔2〕 邓旭："合同法统一化的最新发展——《国际商事合同通则》简介"，载《国际商务研究》1996 年第 3 期。

（三）仲裁地冲突规范指引

通常认为，仲裁地特指国际商事仲裁在法律意义上的所在地，在当事人没有特别约定的情况下，仲裁程序应受该地法律的管辖，并受该地法院的监督以及获取相应的司法支持。[1]就我国法律文件而言，《最高人民法院关于适用〈中华人民共和国仲裁法〉若干问题的解释》（以下简称《仲裁法司法解释》）、《中华人民共和国涉外民事关系法律适用法》均赋予仲裁地以重要意义，但是并未以立法条款规范仲裁地的确定方法。仲裁实践中，主要尊重当事人的约定或者依据案件所适用的仲裁规则来确定仲裁地，再以仲裁地的相关程序法及实体法作出裁决。以瑞士为例，其在 1989 年生效的《瑞士联邦国际私法》第 12 编中系统规定了国际商事仲裁事项，其中第 182 条规定了仲裁程序的法律适用规则，第 187 条规定了仲裁实体的法律适用规则。[2]这种法律适用"双轨制"的规定显示了仲裁有别于诉讼的独特性，从而为 PICC 的适用提供了空间。不过，仲裁地立法中的冲突规范指引并未被各国普遍采纳，在当事人意思自治缺位时，仲裁庭适用冲突规范具有相当大的自由度，可以从下列冲突规范中作出选择：适用仲裁地的冲突规范、适用仲裁员本国的冲突规范、适用仲裁裁决执行地的冲突规范、适用与争议有最密切联系国家的冲突规范、适用仲裁员认为适当的冲突规范等。除此之外，在国际商事仲裁实践中，仲裁庭还可以重叠适用与争议有关的冲突规范、国际私法公约中的冲突规范、交货共同条件中的冲突规范以及国际私法的一般原则。[3]

三、PICC 在国际仲裁中的适用观察

（一）国际商会仲裁院仲裁实践

如 PICC 的序言所言，在当事人未约定其合同所适用的准据法时，裁判机关（包括仲裁庭与法院）可以将 PICC 确定为准据法。即使当事人约定了争议的准据法，但所约定的法律（无论国际法抑或国内法）对某类事项无规定或模糊不清时，裁判机关仍然可以将 PICC 作为解释或补充准据法的参考资料。由于序言中的措辞是"可以"而非"应当"，这就赋予了仲裁庭自由裁量权，

---

〔1〕 姜秋菊："仲裁地的确定及其法律意义"，载《商法》2019 年第 2 期。

〔2〕 丁伟：《中国国际私法和谐发展研究》，上海社会科学院出版社 2009 年版，第 276 页。

〔3〕 韩健：《现代国际商事仲裁法的理论与实践》（修订本），法律出版社 2000 年版，第 145 页。

而此种法律适用方面的自由裁量权将决定 *PICC* 能否在具体案件中得到适用以及在多大程度上加以适用。由于法律文化背景存在差异，不同的裁判者在运用此种自由裁量权、决定法律适用问题上持有不同的态度和立场，他们有的将 *PICC* 作为对当事人有约束力的法律规则加以适用，有的将 *PICC* 作为解释和补充准据法的材料加以适用。这种仲裁实践中的不同做法，促使当事人进行"挑选法院"（forum-shopping）行为。在当事人未就法律选择达成一致意见时，希望适用 *PICC* 的当事人将开展"挑选法院"行为。例如，相比于大多数国家的国内法院及其他的国际仲裁机构，国际商会仲裁院（International Chamber of Commerce Court of International Arbitration，以下简称"ICC"）对 *PICC* 的态度最为友好，据博内尔（Bonell）教授统计，ICC 每年至少有 30 起仲裁案件的裁决是依据 *PICC* 作出的。[1]在一起 ICC 仲裁中，仲裁庭曾明确指出：比起以通则或基本指导原则为依据，PICC 是由按照系统组织排列的、清楚明确且具体的规则组成的。[2]

在 ICC 第 8502 号裁决中，一个越南的卖方与荷兰买方缔结了一批购买大米的合同，合同没有法律选择条款，但规定适用 1990 年《国际贸易术语解释通则》（*International Rules for the Interpretation of Trade Terms*，以下简称 *INCOTERMS*）和《跟单信用证统一惯例》（*Uniform Customs and Practice for Documentary Credits*，以下简称 *UCP*）。仲裁庭认为，约定适用 *INCOTERMS* 和 *UCP* 表明当事人意图是将其合同受贸易惯例和普遍接受的国际商业原则管辖，由于争议与 *INCOTERMS* 和 *UCP* 无关，仲裁庭决定适用 *CISG* 第 76 条和 *PICC* 第 7.4.6 条决定损害赔偿额，理由是这两个文件证明了被广泛接受的国际商业惯常做法。

（二）俄罗斯国际仲裁实践

在俄罗斯联邦工商会国际仲裁院第 229/1996 号裁决中，俄罗斯和保加利亚当事人订立了一份货物买卖合同，约定合同争议适用 *CISG* 解决。但 *CISG* 对本案中所涉的迟延支付罚金问题并无规定，于是仲裁庭决定适用 *PICC* 以填补立法空白。仲裁庭认为，适用 *PICC* 并不仅仅因为通则的序言提及"通则可以用于解释和补充国际法律文件"，而且因为 *PICC* 的有关规定可以被视为

---

〔1〕　刘晓红主编：《国际商事仲裁专题研究》，法律出版社 2009 年版，第 120 页。
〔2〕　Partial Awards in ICC Case No. 7110, 10 (2) ICC Ct. Bull. 39 (1999).

CISG 第 9 条第 2 款所指的为当事人广泛知道并为他们经常遵守的惯例。仲裁庭判定，依据 *PICC*，当事人所约定的每天 0.5% 的罚金过高，最后仲裁庭确定了一个合理的罚金数额。[1]

（三）瑞典国际仲裁实践

瑞典斯德哥尔摩商会仲裁院第 117/1999 号裁决涉及的基本案情是：两家中国公司与一家欧洲公司签订了一份技术交流与合作协议，协议规定了严格的保密义务和竞业禁止条款。欧洲公司指责其中一家中国公司违反了上述义务，根据仲裁条款申请索赔。协议中对法律适用问题没有约定，双方分别主张适用各自所属的本国法。根据 1999 年《瑞典仲裁法》，如当事人未约定实体准据法，有两种途径可供选择：其一，根据可适用的冲突规范确定法律适用；其二，无需仲裁庭通过冲突规范迂回决定准据法即可直接确定法律适用。相比之下，前一种方案更具可预测性，但是部分瑞典学者质疑，即仲裁庭或仲裁机构在确定仲裁地时，瑞典冲突法是否适用并不确定，国际仲裁中倾向于不使仲裁地法对法律适用产生决定性影响。[2]本案中，仲裁庭根据 1999 年实施的《瑞典斯德哥尔摩商会仲裁院仲裁规则》第 24 条第 1 款的规定，在当事人未选择法律的情况下，仲裁庭应适用它认为最适当的法律规则。仲裁庭认为，当事人对其他事宜均作了详尽的约定，唯独对法律适用问题未作规定，如果对于法律适用产生争议，所选择的法律应是正常的商人能够充分且合理保护其利益的法律。考虑到 *PICC* 充分反映了大多数发达国家商业关系的基本原则并且能够对当事人提供保护，仲裁庭决定将主要依据 *PICC* 裁决争议，只有在 *PICC* 未作规定时，才考虑适用国内法，即中立的瑞典法。[3]

四、*PICC* 在中国仲裁中的适用检视

（一）中国国际仲裁法律适用的现行立法

现代商人法在国际商事仲裁中的广泛适用是国际商事仲裁实体法适用的大势所趋。[4]在我国的立法、司法及仲裁实践中，总体上是允许适用商人习

---

〔1〕 左海聪主编：《国际商法》，法律出版社 2008 年版，第 69 页。

〔2〕 ［美］拉斯·休曼著，顾华宁译：《瑞典仲裁法：实践和程序》，法律出版社 2012 年版，第 523 页。

〔3〕 左海聪主编：《国际商法》，法律出版社 2008 年版，第 70 页。

〔4〕 寇丽：《现代国际商事仲裁法律适用问题研究》，知识产权出版社 2013 年版，第 164 页。

惯法的。从宽泛意义上理解，此处可以选择的法律范围既涵盖国际法，也涵盖国内法，既涵盖成文法和有约束力的法律体系，也包括习惯法规则和国际软法，因此能够将 PICC 囊括其中。此外，我国《海商法》《民用航空法》《票据法》也有类似的国际惯例补缺适用条款。

（二）仲裁规则对法律适用的调整与变通

2015 年实施的《中国国际经济贸易仲裁委员会仲裁规则》第 49 条 "裁决的作出"规定："（一）仲裁庭应当根据事实和合同约定，依照法律规定，参考国际惯例，公平合理、独立公正地作出裁决。（二）当事人对于案件实体适用法有约定的，从其约定。当事人没有约定或其约定与法律强制性规定相抵触的，由仲裁庭决定案件实体的法律适用……" 2019 年实施的《北京仲裁委员会仲裁规则》第 69 条 "法律适用"规定："（一）仲裁庭应当根据当事人选择适用的法律对争议作出裁决。除非当事人另有约定，选择适用的法律系指实体法，而非法律冲突法。（二）当事人未选择的，仲裁庭有权根据案件情况确定适用的法律……" 简言之，在中国进行国际商事仲裁时，法律适用的逻辑基本上是当事人意思自治原则与仲裁庭决定相结合的模式，这对 PICC 在中国仲裁中的适用是有益的。一方面，PICC 是对商人之间跨国交往所形成的国际惯例进行的系统编纂和重述，可以理解为国际惯例的范畴而被仲裁庭参考；另一方面，PICC 亦可经由当事人选择或由仲裁庭依裁量权决定而被适用。

（三）典型案例中适用 PICC 的实践

2004 年，一家瑞士贸易公司与一家中国钢铁进口商签订了买卖冷轧不锈钢薄板的供货协议。在合同约定的交货日期到来之前，被申请人告知申请人其将不履行合同义务，因为其不得不按照另一方签订在先的合同将这批货物转售给另外一家中东地区的消费者，双方遂产生纠纷。申请人对此提出了仲裁请求，要求被申请人向申请人赔偿违约行为所造成的损失。关于本案合同争议所适用的准据法，当事人并未明确约定。仲裁庭认定，由于双方当事人的营业地分别处于 CISG 的不同缔约国，案件应属于公约的适用范围。然而，由于公约并非一个无所不包的完美法典，公约条款必须结合其他可适用的国内法规定方可准确适用，而双方当事人在合同中约定了以中国作为仲裁地，这可以视为当事人默示选择了中国法作为准据法。在答辩中，被申请人指出，合同中存在一条关于违约金的条款，该条规定：如果卖方撤销了合同或者非因不可抗力而未能根据合同交货，则卖方应当按每公吨 2 美元的比例向买方支付罚金，且卖方除此之外不需要再支付额外的赔偿金额。据此，卖方认为双方当事人约定的这一违约金条款已经确定了违约索赔的固定金额，申请人无权再提出额外的索赔主张。简言之，依据卖方的观点，尽管 *CISG* 第 74 条规定违约方有义务支付对另一方造成的全部损失，但是因为双方当事人在合同中对违约金的支付比例已经作出了明确的规定，所以申请人可索赔的金额仅限于合同中的约定，而不管其实际遭受的损失究竟高于或低于约定的赔偿金额。对此，仲裁庭并未支持被申请人的这一抗辩理由，仲裁庭引述了齐格·艾瑟伦（Sieg Eiselen）教授关于这一问题的意见，他指出：鉴于各国国内立法中关于这一问题的差异和分歧巨大，*CISG* 的起草者是有意不对违约金条款及罚金条款作出规定的，这一漏洞不能通过 *PICC* 第 7.4.13 条进行填补，而只能求助于其他可适用的国内法规则。继而，仲裁庭援引了当时的《中华人民共和国合同法》第 114 条第 2 款（现《中华人民共和国民法典》第 585 条第 2 款），依据该条款，如果当事人约定的违约金低于造成的损失的，当事人可以请求人民法院或者仲裁机构予以增加。在本案中，申请人所实际遭受的损失要远远高于当事人在合同中约定的违约金支付标准，因此有必要对赔偿金额予以适当增加。[1]

值得一提的是，本案中仲裁庭拒绝适用 *PICC* 的理由并非无懈可击：一方面，默示选择理论难以令人信服，在现代国际仲裁中，选择仲裁地并不等于默示地选择仲裁地国内法作为准据法，如果仲裁庭坚持适用中国国内法作为准据法，似乎通过仲裁规则的法律适用条款援引最密切联系原则是更为妥当的路径；另一方面，漏洞填补理论极具迷惑性，*PICC* 的存在本身就是为了调和各个法域国内立法的差异，而仲裁庭却指出 *PICC* 在漏洞填补方面不及国内法，这实在令人费解。

2007 年，在一起由中国当事人与韩国当事人签订的国际货物买卖合同而引发的国际商事纠纷中，一方当事人根据合同中的仲裁条款向中国国际经济贸易仲裁委员会提起了仲裁申请。在仲裁庭审程序中，申请人援引了 2004 年 *PICC* 第 7.4.2 条，试图据此向对方主张完全的损害赔偿。由于本案双方当事

---

〔1〕 UNILEX, "Instruments, Cases and Bibliography", available at http://www.unilex.info/case.cfm?id=1355, last visited on 2019-5-6.

人并未运用意思自治原则选定合同准据法，且韩国并非 *CISG* 的缔约国，*CISG* 不予适用，仲裁庭根据最密切联系原则确定中国法应作为实体争议的准据法予以适用。此外，仲裁庭还在裁决中将 *PICC* 界定为国际惯例，并指出只有在案件所适用的国内法没有相关规定的情况下，才能补缺适用国际惯例裁判案件。由于本案中所涉的争议焦点在准据法中已经有非常明确的规定，仲裁庭认定 *PICC* 不具有可适用性。[1]换言之，仲裁庭拒绝适用 *PICC* 的理由是可适用的国内法应当优先于国际惯例，而 *PICC* 属于国际惯例，因此中国法应予以优先适用，不存在适用 *PICC* 的空间。笔者认为，一方面，本案仲裁庭对 *PICC* 的定性存在偏差；另一方面，即便案件准据法为中国国内法，*PICC* 仍然具有解释国内法的功能。换言之，本案仲裁庭似乎并未意识到 *PICC* 兼具准据法、解释法、示范法等多重功能。

在一起法国当事人与中国当事人的纠纷中，双方未选择准据法，但双方的营业地分别位于不同的 *CISG* 缔约国，鉴于此，仲裁庭认定应适用 *CISG*。在案涉延期支付引发的利息计算问题上，法国当事人主张适用 *PICC*，而仲裁庭拒绝了这种主张，理由是：*PICC* 既不是国际公约，当事人也没有在合同中选择适用 *PICC*，仲裁庭缺乏适用 *PICC* 的法律或合同理由。然而，令人匪夷所思的是，仲裁庭虽然否决了法国当事人的主张，却事实上适用了公约的条款，并称此种适用为"参考性适用"。[2]详查此案，不难发现，仲裁庭试图证明其并不受 *PICC* 的约束，却事实上适用了 *PICC*，这产生了难以克服的矛盾，于是便只得求诸"参考"与"适用"二者的措辞差异。但从长远来看，本案仲裁庭并没有授予自身适用跨国法律规范（如 *PICC*）的充分自由，反倒束缚了自身在法律适用方面的权限。

五、结论

事实上，仲裁员通过在个案中适用 *PICC*，不仅赋予了 *PICC* 准据法的效力，而且从规范发展的角度审视，也有助于将 *PICC* 从"软法"转变为有拘束

---

〔1〕 UNILEX，"Instruments，Cases and Bibliography"，available at http://www.unilex.info/case.cfm? id=1355，last visited on 2019-5-6.

〔2〕 Manjiao Chi，"Application of the UNIDROIT Principles in China：Successes，Shortcomings and Implications"，*Uniform Law Review*，Vol.15，2011，p.29.

力的"硬法",并且可以促进国际合同法统一化的不断升级。相比之下,ICC仲裁庭在大量案件中积极适用了 *PICC*,而根据 UNILEX 的统计,目前以中国国际经济贸易仲裁委员会为代表的中国仲裁机构及中国仲裁庭仅在上述三起案件中提及了 *PICC*,可见 *PICC* 并没有引起中国仲裁界的足够重视。[1] 从适用的效果来看,中国国际经济贸易仲裁委员会的仲裁庭在上文引述的三起案件中对 *PICC* 秉持了相当保守的态度,有时甚至是相互对立的态度,尽管按照现行的中国国内法律体系不能判定这些裁判是否偏离立法,但这些案件的确与 ICC 为代表的国际仲裁庭存在一定的差距。为了提升中国仲裁的国际化水平,在仲裁立法及仲裁规则修订的过程中,有必要进一步探索 *PICC* 在中国涉外仲裁中适用的一般规律,尽量使该领域变幻不定的状况朝着稳定和可预见的方向发展。

---

[1] Manjiao Chi, "Application of the UNIDROIT Principles in China: Successes, Shortcomings and Implications", *Uniform Law Review*, Vol. 15, 2011, p. 10.

扬长避短：附加条款型民事调解协议适用的实践考察和路径改进

舒翔*　徐舒扬**

摘要： 近年来，对于如何提高调解协议的自动履行率从而提升调解质效，成为法院工作的重要议题。在各地法院的积极探索下，对民事调解协议的内容进行创新，即通过对民事调解协议附加条款来保障履行，成为多地法院采用的形式。但在制度施行中，却出现了两极分化的运行效果：一方面促进了调解的达成与自动履行，另一方面也在一定程度上造成了执行困局。本文对该制度进行深入剖析，指出其运行中存在内容不明、适用矛盾、机制缺失等多重问题，认为该制度需从"扬长"与"避短"两个方面进一步深化，提出要件的合法性标准、适用的开放性维度以及审查的有限性原则，并对制度运行的细节与配套机制进行了细化，以提升附加条款型民事调解协议的运行效果。

关键词： 民事调解；扬长避短

一、引言

"案结事了"作为纠纷化解的理想状态，一直是我国司法制度运行所孜孜追求的目标之一。通常认为，调解较之判决，在纠纷的彻底化解上具有更大的优势。如何提高调解率，进而提高调解的自动履行率和执行效果，成为我

---

* 舒翔（1984—），女，2009 年毕业于中国政法大学民商经济法学院，民商法学硕士，同年进入北京市丰台区人民法院工作，现任立案庭（诉讼服务中心）审判员。

** 徐舒扬（1991—），女，2016 年毕业于中国政法大学法学院，宪法学与行政法学硕士，同年进入北京市丰台区人民法院工作，现任立案庭（诉讼服务中心）法官助理。

国法院积极努力的方向所在。近年来，最高人民法院密集出台多项推进调解工作的司法解释和司法意见，各地法院也基于辖区特点开展了诸多提高调解质效的探索。在这个探索的过程中，对民事调解协议[1]内容进行创新，成为多地法院普遍采用的一种形式。主要改革内容为，在传统的民事调解协议中约定的单一给付义务的基础上，附加了履行条件和履行担保条款。对此，笔者称其为附加条款型民事调解协议。舆论对这种"给调解协议上保险，让权利人吃定心丸"的调解协议新形式，给予了高度的评价。这种新型的调解协议形式在司法实践中的运用情况如何？是否真正实现了预期价值？有没有带来新的适用问题？有何需要优化和改进的地方？在提炼实践经验、梳理实践问题的基础上，完善优化相关制度，通过扬长避短、趋利避害的制度改进，发扬和扩充调执效果，让该种方式真正成为促进调解、提升执行效果的行之有效的手段，颇为必要。

二、适用依据

2004 年，最高人民法院出台《最高人民法院关于人民法院民事调解工作若干问题的规定》（以下简称《调解规定》）首次在司法解释层面明确规定了附加条款型民事调解协议。在此之前，司法实践探索的依据来源是 1986 年发布的《中华人民共和国民法通则》第 62 条。之后，《最高人民法院关于进一步贯彻"调解优先、调判结合"工作原则的若干意见》（以下简称《调解优先意见》）进一步细化了相关内容，各地法院在司法实践中也出台了相关的地方规定（详见表 1）。

---

[1] 一般认为，诉讼调解程序和人民调解的司法确认程序有着较大的区别。最突出的表现是，司法确认程序中的调解协议，其达成是在系属法院之前，调解过程并没有法院的参与，而诉讼调解程序中调解协议的达成是在系属法院之后，调解的过程往往有法院的参与。其实两者在本质上也有很大相似性，比如：二者都建立在当事人合意的基础上，最终的法律文书实质上都是对当事人合意进行审查的结果，等等。近年来，各地法院普遍推行的诉前调解、委托调解、诉调衔接等，实际上在很大程度上就是一种司法确认，只不过最终的文书形式是以调解书体现出来的。本文中的民事调解协议是指最终通过法院裁判文书形式确认的民事调解协议，除特殊说明外，既包括法院诉讼调解中达成的调解协议，也包括确认的人民调解协议。

表1 附加条款型民事调解协议相关规定

规范层级	名称	涉及条款	具体内容
法律	《中华人民共和国民法典》(2021年1月1日起实施)	第158、159条	规定民事法律行为的效力和拟制效力
司法解释	《调解规定》(2021年1月1日起实施)	第6—10条	明确了当事人及主持调解的人员可作为调解方案的提出主体、调解协议内容可超出诉讼请求、人民法院准许调解协议约定一方不履行协议承担民事责任、准许调解协议约定一方提供担保或者案外人为当事人提供担保等多项内容,并明确对侵犯国家利益、社会公共利益、案外人利益以及违背当事人真实意思、违反法律与行政法规禁止性规定的调解协议不予确认
司法意见	《调解优先意见》(2010年6月7日起实施)	第20条	进一步规范调解协议督促条款、担保履行条款的适用,提出要制定规范性的表述方式,明确条款的生效条件,防止调解结案后双方当事人对协议条款内容的理解产生歧义
地方规范性文件〔1〕	《浙江省高级人民法院关于在民事调解书中引导当事人设立督促履行、担保履行条款的指导意见》(2010年7月1日通过)	第1—9条	对在民事调解书中设立督促履行、担保履行条款进行引导与规范
	《山东省高级人民法院立案调解工作规定(试行)》(2009年10月21日起实施)	第12条	当事人可以在调解协议中另行约定担保,担保协议可以在调解协议中列明

〔1〕 各地方高级人民法院普遍对于推进调解工作都出台了相关的指导意见,但对于附加条款型民事调解协议的内容多直接嵌于框架性的意见中或散见于多个工作文件中。浙江省、山东省两高级人民法院对于该类型调解协议的规定较为集中和典型,故笔者选择二者作为地方规定内容梳理的对象。

从制度依据上看，既有全国范围内的制度支持，也有地方特色性的具体规定；从内容上看，适用于全国范围的法律、司法解释和司法意见的规定相对比较宽泛，而地方的规定更趋于契合实际需要。总体呈现出地方探索—立法吸纳—地方突破—立法改进的发展态势。

三、实践检视

（一）适用比例：逐年攀升

由于最高人民法院在裁判文书网上公布的规定中并未将调解书纳入公开范围，在全国裁判文书网上对于民事调解书的查询结果甚少。笔者通过 B 市审判系统对 2013—2017 年 5 个统计年度上传至系统内的民事调解书进行查询和分析，以"民事调解书"为关键词进行搜索，2013—2017 年调解书数量分别为 54 134、54 817、66 830、98 142、92 367 件，调解的绝对数量增长明显（如图 1），占全部结案方式的比例分别为 25.9%、24.9%、22.1%、25.3%、21.3%，稳定在 20%—30% 的区间内（如图 2）。其中，通过设置"未履行、则加付、担保、如未、则按、逾期未付"等关键词对附加条款型民事调解书进行搜索，排除内容空白、上传内容错误、名字重复等，检索到附加条款型民事调解书的数量分别为 2217、4443、8802、13 811、23 522 件，在全部民事调解书中的占比呈现明显的攀升趋势，所占比例分别为 4.1%、8.1%、13.2%、14.1%、25.5%。

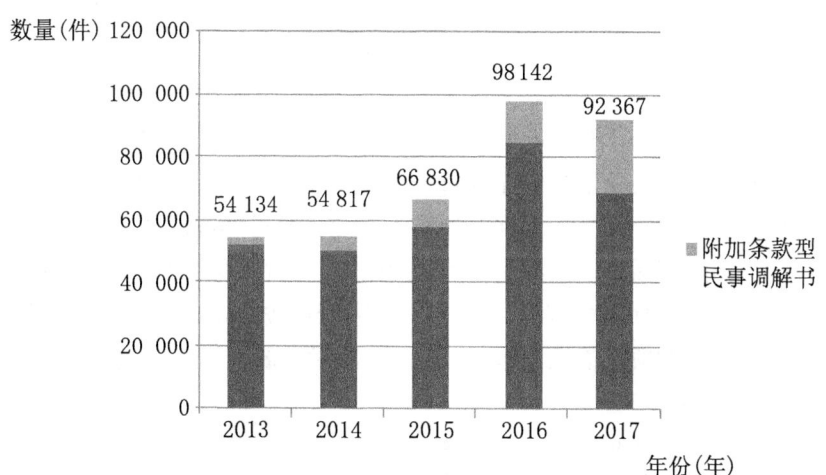

图 1　2013—2017 年附加条款型民事调解书适用数量对比

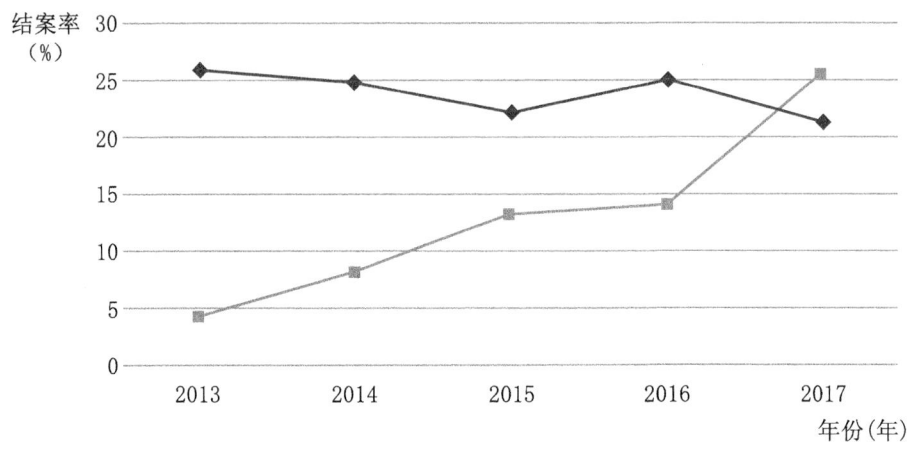

图2　调解结案率与附加条款型民事调解书适用率变化对比图

（二）适用情形：五种类型

以当事人合意为基础的民事调解协议，在附加条款的约定上充分体现了当事人自治的因素，附加条款的样态呈现出多样化的特征。在对 B 市人民法院附加条款型民事调解协议内容进行分类梳理后，笔者发现主要有以下五种类型：

第一，增加给付型。该种情形通常存在于金钱给付类调解协议中，若被告不在特定期限前完成给付义务，则需要额外履行给付义务。增加给付义务又可分为两种情况：其一，确定型增加给付义务，即约定固定金额的增加给付义务，通常表述为"如被告未按上述约定履行义务，则应当加付原告违约金……元"；[1]其二，不确定型增加给付义务，即约定了增加给付的计算方法，自不履行约定义务之日起至实际履行之日止连续计算，通常表述为"如被告未按上述约定履行义务，则应加倍支付延迟履行期间的债务利息"。[2]

第二，消除期限型。该种情形存在于金钱给付义务的分期履行调解协议中。通常表述为"如被告有任一期未按上述约定按期足额付清款项，则原告有权就剩余全部款项申请强制执行"，[3]消除对于履行期限的延后约定，以防

---

〔1〕（2016）京0106民初1494号民事调解书。
〔2〕（2014）大民初字第4684号民事调解书。
〔3〕（2017）京0112民初3669号民事调解书。

止义务人拖延给付。

第三，替代义务型。该种情形是义务方出现违反调解协议的行为时，则约定采用替代性方案确定应履行的义务。在一审程序中，该条件通常表述为"如未按上述约定履行义务，则按原诉讼请求标的额/……（另行约定的金额）履行"。[1]而在二审或再审程序中，该条件通常表述为"如未按上述约定履行义务，则按一审/原审判决内容执行"。[2]

第四，先行履行型。该情形通常存在于当事人双方都有履行义务的调解协议中。一方当事人履行义务的前提为另一方当事人履行特定义务，通常表述为"一方当事人在另一方当事人做出……行为当日/……日内，履行……义务"。[3]

第五，担保履行型。该种类型调解协议以提供担保的主体不同可分为三种情况：其一，具有履行义务的当事人以自有权益设立担保，通常表述为"当事人以自有财产……作为抵押/质押担保，在未履行上述给付义务时以该物向对方优先清偿"；其二，案件中其他无履行义务的当事人为具有履行义务的当事人提供担保，通常表述为"当事人 A 对当事人 B 的上述给付义务承担连带/一般保证责任或以……财产提供抵押/质押担保"；其三，案外人为具有履行义务的当事人提供担保，通常表述为"担保人对当事人上述给付义务承担连带/一般保证责任或以……财产提供抵押/质押担保"。[4]

（三）适用效果：两极分化

1. 积极效果

附加条款型民事调解协议的出现与适用，打开了民事调解工作的新思路，在促成调解、及时履行、化解争端等方面产生了积极效果。

首先，最大限度促成调解。民事调解的过程实质上是当事人双方博弈的过程。无条件的放弃权利达成和解的情况在调解实践中较少出现，而在一方当事人做出让步后再对另一方当事人做出一定条件限制时，双方博弈则较易达到平衡状态。如法院无法对达成这种平衡状态的附加条件进行确认，当事人就失去了达成和解的支点，进而转向继续诉讼。因此，允许当事人双方达成附加条件的民事调解协议，是增加调解结案的利好因素（如图3所示）。

[1] （2015）三中民终字第 14096 号民事调解书。
[2] （2016）京 03 民终 10471 号民事调解书、（2016）京 03 民终 3827 号民事调解书。
[3] （2015）西民（商）初字第 27498 号民事调解书。
[4] （2014）朝民初字第 10593 号民事调解书。

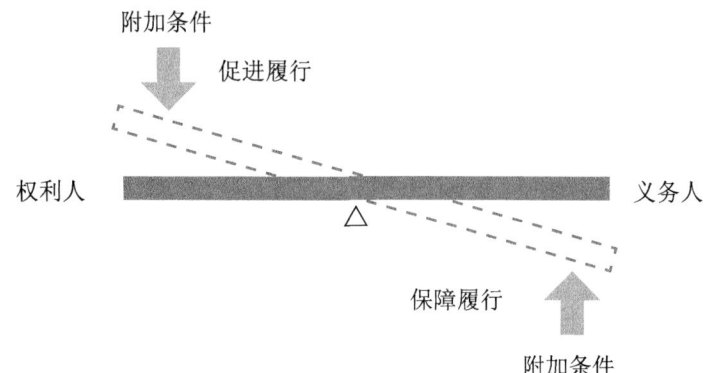

图3　附加条款对于促进双方达成调解协议的作用明示

其次，提高调解协议自动履行率。当在调解协议中明确不履行义务一方将被课以惩罚性义务时，当事人在进行利益衡量后，更大概率会选择履行惩罚条件未成就之前的义务，有效遏制了"空调"现象的产生。[1]有法官表示，义务人为了不承担履行延迟的附加责任，部分案件的当事人"在履行期限届满前特意从外地赶来履行义务"[2]。

最后，保护当事人合法权益。对于义务人能否按照调解协议履行的疑虑是阻碍当事人达成调解的重要因素。而在调解案件进入强制执行阶段后，如调解协议未附加其他条件，则权利人在调解过程中放弃的部分实体权利无法得到救济与实现，也难以追究对方不履行调解协议的责任，造成实质上的不公正，也将加大当事人在强制执行程序中对抗与信访的风险。而附加条款型民事调解协议则为当事人履行风险设置了安全阀，如对方未按约履行，当事人仍可依据条件成就后的协议申请强制执行，以弥补因对方未按约履行造成的损失，真正实现"保护诚信者，惩戒失信人"。

2. 消极影响

笔者针对所在法院2013—2017年5年间调解协议的执行情况进行调研发

---

〔1〕 甘肃省张掖市的两级法院在民事调解书中适用履行条款后成效显著，在调解书约定履行期限到期的253件案件中，自觉履行211件，未自觉履行42件，自觉履行率达到83.4%，同比上升50.4%。参见："张掖中院调解书中增设督促履行条款履行率同比上升50.4%"，载人民网，http://gs. people. com. cn/GB/183341/16422165. html，最后访问日期：2018年5月26日。

〔2〕 "涧溪法庭采取三项措施提高调解案件自动履行率"，载明光市人民法院网，http://www. mgsfy. gov. cn/html/2014-03/1283. html，最后访问日期：2018年5月26日。

现，附加条款型民事调解协议的年均自动履行率为 83.6%，年均申请执行率为 16.3%，远低于普通调解书 32.56%的申执率，显示出该类型调解协议在促进义务人自动履行调解协议上有突出的优势。但值得注意的是，在对 5 年内执行不能的调解协议的案件进行分析时，笔者发现附加条款型民事调解协议的比例高达 23.8%。从某种程度上说，附加条款型民事调解协议成为影响执行效果的一把双刃剑。一方面，它对调解协议自动履行的促进作用显而易见；另一方面，它又在某种程度上加大了执行不能的风险。为此，笔者随机挑选 20 件附加条款型民事调解协议案件，对其执行不能的原因进行分析，发现主要具有如下情形：

20 件案件中，条件无法成就有 2 件，占比 10%；条件约定不明有 17 件，占比 85%；其他原因（包括当事人主体变更、涉及其他程序等）1 件，占比 5%。总的来看，15 起案件的执行不能原因均直接来自"条件"本身的缺陷。

表 2　附加条款型民事调解协议执行不能的原因分类

条件缺陷	原因分类	典型案例
条件无法成就	条件自始无法成就	调解协议约定被告将改变自有房屋房门位置作为原告给付被告款项的条件，但因房门转轴位于房屋承重墙而无法实现
	条件嗣后无法成就	调解协议约定被告向原告交付房屋后，原告于交付当日给付被告价款，但因房屋失火灭失而无法履行
条件约定不明	履行对象指向不明	在涉及财产分割的离婚调解协议中，约定一方返还戒指一枚、手镯一对，由于当事人有数量较多的同类物品，无法确认具体应当交付的对象
	履行对象状态不明	买卖合同的调解协议中约定原告返还货物后，被告返还合同价款，但未对货物返还时的状态做出约定，原告交付货物时货物包装存在破损影响再次销售，导致双方出现争议

续表

条件缺陷	原因分类	典型案例
	履行方式不明	调解协议约定被告将围墙墙体向东移动 5 米后，原告向被告支付一定数额的赔偿金，但未约定如何移动墙体，原告认为应当以拆除方式实现，被告认为协议只要求移动但未说要拆除，只同意在不损坏的基础上整体移动
	履行效果不明	相邻关系纠纷中，原被告由于被告空调外机的放置位置产生争议，并因此产生言语与肢体冲突，在双方达成的调解协议中约定原告应向被告承认冲突中其存在过错并向被告道歉，双方达成谅解后被告重设外机位置，原告口头道歉后被告认为原告的行为并未体现出其已真正认识到错误，因此拒绝履行其义务
	金钱给付数额不明	某民间借贷纠纷中，双方达成调解协议要求被告在两年内分十期偿还共 56 万元的借款，否则将支付一定数额的违约金，被告在履行第一笔还款义务时，仅支付了 10 元，原告认为被告的行为属于未履行还款义务，被告认为调解协议没有约定每期必须给付多少金额，因此每期还款数额由被告自行确定即可
	违约责任标准不明	调解协议中双方约定如被告未按约定期限支付款项，可以中国人民银行同期贷款利率为标准计算利息，由于短期贷款分两档实行不同利率，长期贷款分三档实行不同利率，在逾期支付后，当事人对于逾期利息应适用何种利率产生争议

四、归因探究

如前所述，附加条款型民事调解协议在司法实践中呈现出分化明显的实施效果，对于其优势，普遍认为源于其最大程度凸显出了当事人自治、体现了利益引导和权责相适应等原则。[1]自治带来自由，亦带来风险。探究该制

---

[1] 相关内容见唐力："诉讼调解合意诱导机制研究"，载《法商研究》2016 年第 4 期；梁平："实证视角下契合民意与法治的诉讼调解"，载《法学杂志》2016 年第 7 期。

度消极影响成因，对于更好地扬长避短、趋利避害，显得更有意义和价值。笔者认为，该制度的消极效果由多方面原因导致。

（一）法院管理方面

在现有的审判评价指标中，调撤率仍然是考核审判质效尤其是审理效果的重要数据。[1]附加条款型民事调解协议作为平衡双方当事人利益、促成和解的有效手段，成为法官促成调解的重要方式。但对于调解协议后续的履行情况并没有有效的监督与评价机制，对于经审判法官确认的附加条款型民事调解协议在执行过程中存在执行问题的，没有相应的反馈机制，对于法官存在职责过失的，没有对应的警示和惩戒措施。

（二）参与主体方面

一方面，部分法官审执衔接理念欠缺。法院内部审判与执行的分立使得法官的结案思维存在一定偏差，对于案件审结的关注超过了实现纠纷的实质化解。一些法官在对调解协议附加条款进行审查时，其逻辑起点依然是促成调解、审结案件，忽视了条件设置不明或条件设置不当可能引发的执行不能风险。

另一方面，当事人调解意向不对应。包括两种情况：一是当事人恶意调解。部分当事人选择调解，是为了拖延义务履行时间，或者规避更多的法律义务。在附加条款型民事调解协议的达成中，这种恶意调解的行为更为隐蔽。在调解协议中附加条款的情况下，权利人更易接受放弃部分权利达成调解，且权利让步相较未附加条件时空间更大。二是权利方对履行风险考量不足。对于条件是否可达成以及条件达成后结果可执行性的预估不足，缺乏风险意识与操作性的考量，设置了难以执行的条件，制约附加条件的"保险杠"作用的实现。

（三）制度规定方面

关于附加条款型民事调解协议的专门规定主要来源于2004年《调解规定》。该规定首次出台距今已有17年，针对实践中不断出现的新情况和调解中的新趋势，有明显粗疏之处。

---

〔1〕 以笔者所在的北京市丰台区人民法院为例。调撤率作为最高人民法院确定的31项指标和地方高级人民法院设定的重点工作指标，在审判质效考核中的地位举足轻重。

1. 内容不明

"条件"范围不明。2004 年《调解规定》规定了"承担民事责任的条件"和"担保条款条件"两种条件形式，但是对条件的具体范围和判断标准都不明确。虽然 2004 年《调解规定》以"一方不履行协议"作为承担民事责任的条件，但是并未限制当事人另行增加履行前置条件。民法上对于民事法律行为所附条件依据不同标准存在多种分类。[1]到底哪些条件可约定，没有明确范围。

2. 机制缺失

第一，抗辩权规定沉默。根据相关法律的规定，合同当事人在符合法律规定的情况下享有解除权、撤销权、同时履行抗辩权、先履行抗辩权等。既然附加条款型民事调解协议本质上是一份民事合同，而且当事人承担的也是一种违约责任，那么当时合同法规定的权利[2]当事人是否也同样享有呢？如果当事人享有解除权，则可能与法院调解书的司法性冲突，如果当事人不享有解除权，则由一方的过错行为甚至是故意行为造成违约如何处理呢？

第二，"条件"判断困局。很多时候，附加条款型民事调解协议中条件是否成就是判断该调解协议可否执行、如何执行的先决条件，但部分调解协议对前提条件是否成就或如何执行履行担保条件未约定清晰且可操作的标准，导致难以从通识出发做出准确判断。

第三，再争议处理机制缺失。附加条款型民事调解协议很多时候实际上附加了新的实体权利义务，这使得其天然可能再次产生争议，如张卫平教授曾言"使'原纠纷'的解决复杂化"。对于当事人或者担保人就附加条款型民事调解协议的履行发生争议，应当如何处理并无定论。

3. 适用矛盾

第一，关于案外担保人的地位。案外担保人是为促进当事人纠纷的解决，为达成当事人之间的调解协议，经过法院允许而参与调解过程的。从 2004 年《调解规定》[3]的具体规定看，调解书是"送交"案外担保人，而不是"送

---

〔1〕 民事法律行为按效力作用有生效条件与失效条件之分；按内容有积极条件和消极条件之分；按条件成就是否受当事人意思左右为标准，可分为随意条件、偶成条件、混合条件。

〔2〕 以合同解除权为例。根据 1999 年《中华人民共和国合同法》第 94 条的规定，在不可抗力、预期违约、迟延履行等情况下当事人享有法定合同解除权。

〔3〕 浙江省高级人民法院规定亦如此。

达"，且案外担保人不签收调解书的，不影响调解书生效。对于案外担保人是否具有诉讼主体地位，实践中做法不一。有法院认为规定的是担保人，就应该直接用担保人的称谓；[1]有法院认为规定的是列明担保人，但并不是说担保人就是需要写明的身份，所以用案外人等说法[2]；有的法院认为文书中写明的就应当有诉讼主体地位，在非本案被告提供履行担保的情况下，案外担保人的诉讼地位应当是第三人。[3]

第二，关于担保条款的生效问题。2004 年《调解规定》第 11 条第 3 款规定："当事人或者案外人提供的担保符合担保法规定的条件时生效。" 实践中，附担保条款的调解协议的效力状态可能出现两种情况：一是达成调解协议时其中的担保条款尚不符合 1999 年《中华人民共和国合同法》规定的生效条件，担保调解条款未生效；二是达成调解协议时担保条款已经符合 1999 年《中华人民共和国合同法》规定的条件，整个调解协议已经生效。在第一种情况下，由于担保调解条款本身尚未生效，调解协议的其他条款是否生效呢？按照 2004 年《调解规定》，案外人不签收不影响调解书生效，那么调解协议的其他条款已经生效。这种结果显然违背当事人的意志，因为当事人达成调解的前提是附担保条件。在第二种情况下，如果案外人不签收调解书，或者虽然签收但是未履行法定的登记等，则仍然存在该调解书无法履行的可能。[4]

五、路径改进

（一）考量基础：附加条款型民事调解协议的特性

对于附加条款型民事调解协议的制度构建和改进的思考，或许首先应回到对其性质的本源考察。

首先，附加条款型民事调解协议是民事合同，是以设立、变更、终止民事权利义务关系为目的的民事法律行为。[5]其次，附加条款型民事调解协议

---

〔1〕 （2016）京 0108 民初 24230 号民事调解书、（2015）西民（商）初字第 326 号民事调解书、（2012）丰民初字第 02942 号民事调解书、（2015）延民（商）初字第 07425 号民事调解书。

〔2〕 （2013）晋民再字第 18-2 号民事调解书。

〔3〕 （2015）海民（商）初字第 10989 号民事调解书。

〔4〕 2007 年《中华人民共和国物权法》第 9 条和第 24 条规定了，不动产抵押实行登记生效主义，特殊动产抵押实行登记对抗主义。在调解协议中如果签订了关于船舶、航空器和机动车的担保条款，但未进行相关登记，在存在善意第三人的情况下，调解协议中权利人的利益仍然难以得到保障。

〔5〕 韩世远：《合同法总论》（第三版），法律出版社 2011 年版，第 6 页。

具有诉讼契约性质。当事人在诉讼过程之中，对可以自主处分的事项，达成合意以直接产生诉讼法上的效果。[1]最后，附加条款型民事调解协议中约定的条件成就与否不确定。调解协议中附加的前置条件或者担保条件在调解协议达成时履行情况待定，其最终能否真正全部实现具有或然性。

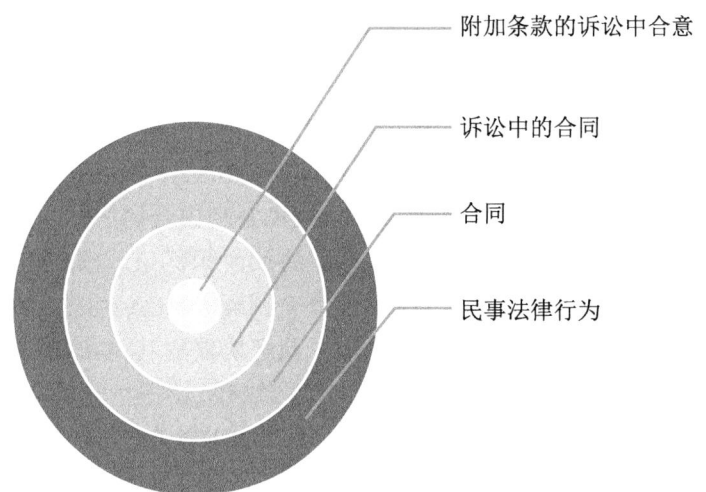

附加条款的诉讼中合意

诉讼中的合同

合同

民事法律行为

图4　附加条款型民事调解协议的性质示明图

（二）扬长：规范构成要件和审查范围

笔者认为，应当规范附加条款型民事调解协议的构成要件，严格限制法院的审查范围，以更充分发挥其在尊重当事人意思自治、提高纠纷化解效果、促进自动履行上的优势。

1. 构成要件：合法性标准

因民事合同和诉讼契约的双重性质，附加条款型民事调解协议在构成要件方面必须同时符合实体法要件和诉讼法要件。在实体法要件方面，应当符合原《中华人民共和国民法总则》、原《中华人民共和国合同法》等法律中关于民事法律行为尤其是附条件的法律行为的有效要件的规定；在诉讼法要

---

〔1〕　英美法系视诉讼和解协议为纯民事合同。"真正的合意裁定是以当事人之间的合同为依据。合同的成立是经过当事人的讨价还价……来实现的"。相关内容见沈达明、冀宗儒编著：《1999年英国〈民事诉讼规则〉诠释》，中国法制出版社2005年版。德国法学界观点为诉讼和解具有双重性质。相关内容见［德］奥特马·尧厄尼希著，周翠译：《民事诉讼法》（第27版），法律出版社2003年版。我国法学界主流观点倾向于德国的双重性质说。

件上，要求当事人双方具有诉讼行为能力、法院对案件有管辖权、符合法律规定的相关程序等。

关于"条款"的范围。笔者认为，应充分尊重当事人意思自治，对于条件的范围，不宜多做限制性规定。例外的是，所附条款不能是生效条件。原因有：①如果允许当事人另行约定调解协议生效的时间，则与民事调解协议生效的法定时间相悖。[1]②生效条件成就之前，诉讼调解协议则效力待定，不符合诉讼文书内容具有确定性的基本要求。③调解协议另行生效会直接导致审限制度的适用困难。如果法院以当事人签收时间报结，则结案时间并非纠纷实际解决的时间，如果法院以调解协议生效时间报结，则可能导致案件长期在系统中"未结"。

2. 适用条件：开放性维度

对于附加条款的适用上应当抱以开放的态度。在内容设置上，根据2004年《调解规定》第9条的规定，调解协议内容可以超出诉讼请求。因此附加条款的内容限制性较小。对于履行前置条款及履行附随义务的设置，应当充分尊重当事人意思自治，不设定可适用的案件类型及案件情况。对于督促履行及担保履行条款的设置，除在存在金钱给付义务的案件中适用外，也可将适用范围延伸至以做出一定行为为履行义务的案件中，在当事人迟延做出一定行为时，对其附加给付金钱的履行义务，督促当事人自动履行。

3. 审查范围：有限性原则

附加条款型民事调解协议是当事人通过和解契约解决纠纷的自治权的体现。故对其确认，应坚持审判权审查的必要性、有限性原则。一方面，做好释明和提示。针对当事人在协商条件时容易忽视的条件设置的规范性与可操作性问题，要做好权利义务释明和可预见的风险提示。尤其注意避免条件设置时，只设立正面条款，不设定反面条款；多种情形下，只约定部分情形，不约定全部情形。尽量引导设立内容真实充分、履行可靠可行的条款。另一方面，审查范围以形式审查为主，重点在于调解是否体现当事人真实意思，

---

〔1〕《中华人民共和国民事诉讼法》第97条规定："调解达成协议，人民法院应当制作调解书。调解书应当写明诉讼请求、案件的事实和调解结果。调解书由审判人员、书记员署名，加盖人民法院印章，送达双方当事人。调解书经双方当事人签收后，即具有法律效力。"第98条第2款规定："对不需要制作调解书的协议，应当记入笔录，由双方当事人、审判人员、书记员签名或者盖章后，即具有法律效力。"

是否内容合法。实践中常出现当事人约定某事项发生则改变法定程序，如不能申诉或申请再审等，对此类约定，应不予确认。

（三）避短：明确具体适用规则，修正制度设计缺陷

1. 强化附加条款明确性的审查

附加条款型民事调解协议产生履行争议，极大程度上是由于条件约定不明。因此在放宽当事人设置条件的内容及适用范围的前提下，应当强化法官对附加条款明确性的审查义务。应根据各法院审判实践情况，发布调解协议审查规范与指引等规范性文件，并动态更新在执行过程中发现的导致执行不能的风险点，指导法官对附加条款适用的对象、方式、标准、效果等因素进行全面审查，保障附加条款的可执行性。此外，在执行过程中，对于因法官审查过失而造成调解协议无法履行的，应当设置反馈与追责机制，并纳入法官年度考核指标。

2. 增加法官调解质效的考核

在制度施行过程中，考核因素对于推动制度深化与完善的作用不可忽视。为规范法官对于调解的引导与对调解协议的审查，应当将调解质效纳入法官工作评价标准，对于因法官审查过失而造成调解协议无法履行的，应当启动案件反馈与追责机制，设置调解错误率作为法官审判工作的考核指标，纳入考核范围。

3. 明晰制度运行细节的设定

（1）案外担保人的诉讼主体地位

针对实践中担保人的三种身份模式，笔者认为应将担保人列为无独立请求权的第三人，理由是：其一，不应写成案外人。担保人在调解协议中有相应的权利义务，案外人则是与本案无关的人，内容并不契合。其二，不宜写作担保人。一方面，"担保人"是实体法中的称谓，非程序法中的专门称谓。在普通非特别民事诉讼程序中，一般认为，当事人称谓仅包括原告、被告、第三人三种。另一方面，从规定上看，2004年《调解规定》中要求"列明担保人"，但不是列为担保人，故不能做机械地理解，仍然应根据担保人的性质进行选择。其三，案外担保人符合无独立请求权第三人的特征。被告型无独立请求权第三人不是本诉任何一方当事人的共同诉讼人，与他人之间没有同一的诉讼标的，其之所以承担责任，往往是因为本诉被告民事责任的转移。设立被告型无独立请求权第三人的目的是一次性解决纠纷，以提高纠纷解决

的效率，是将两个不同的诉讼纳入同一诉讼之中。调解担保人介入诉讼后，基于调解担保法律关系而与案件处理结果具有了法律上的利害关系，将担保人列为无独立请求权的第三人较为合理。

（2）调解担保的生效

为了防止因担保未生效而损害接受担保的当事人利益的情况发生，应对调解书与调解担保的生效时间的关系予以协调。只有在先让调解担保生效，接受担保的当事人的权利有了充分保障时，调解书的生效才具有意义，才能真正发挥调解担保的作用。因此，应当做出补充规定："当事人或者案外人提供抵押担保或者质押担保的，应先行依法办理抵押或者质押登记。调解书应当载明抵押或者质押的登记情况。"

（3）再争议的处理

对于再争议的处理，有三种建议的处理模式：其一，在执行程序中处理。这也是目前实践中较为常见的模式，通过执行和解或者执行异议等程序，直接对争议问题进行处理。但问题在于，目前多数法院实行审执分离的架构设置，执行裁决人员在执行部门中所占比例并不高。[1]考虑到执行案件本身数量已经极其庞大，再给执行部门"揽"活，实操效果难以保证。其二，在原审程序中继续处理。这种做法可能与案件的结案问题产生矛盾。一个案件调解结案之后，法官会及时报结。再争议的处理如果发生在案件结案之后，无法再重启审判程序。其三，当事人或案外人另行起诉。笔者同意该观点。对这种处理模式的质疑，主要是认为其违反了一事不再理的原则和增加了当事人的诉讼成本。对此，笔者认为，一方面，一事不再理的前提应当是法院对于该诉讼已经进行了确定的裁判处理，其文书内容应当具有明确的指向性。而附加条款型民事调解协议中的部分内容尤其是关于条件是否成就，在调解协议达成之时是不确定的，而事后才能确定条件不能成就或者存在其他情况。条件从不确定到确定，本身就是一种情势的变更，实质上是一种新争议。故不应拘泥于当事人相同、前期案情相同等以一事不再理限制其起诉。关于当事人精力财力的另行消耗问题，附加条款型民事调解协议是双方当事人合意的结果，在法院已经充分释明的情况下，当事人对于可能得到利益，也可能

---

[1]　以笔者所在的法院为例，执行庭共有干警51人，共计20余个审判团队，只有1个审判团队负责执行裁决。

承担不利益的风险应当是明知的。自主决定的应有之义就是自担其责，故对于后续诉讼成本的消耗，当事人承担是合理的。另外，如果是因对方当事人的原因导致约定条款中的条件不成就或协议未履行，当事人亦可根据调解协议的约定或者法律的规定要求对方承担责任。

附件:

F 法院关于规范附加条款型民事调解适用的意见

为进一步深化民事案件调解工作，促进民事调解书的自动履行，根据有关法律和司法解释的规定，结合我院实际，制定本意见。

第 1 条 ［适用情形］法院在主持调解过程中，发现有下列情形的，可鼓励、引导当事人在民事调解书中设立督促履行、担保履行等条款，促使当事人自动履行调解书确定的义务：

①义务人履行能力不强的；

②义务人有利用调解拖延履行可能的；

③义务人信用较差，不按照调解协议履行可能性较大的；

④权利人在调解过程中做出较大让步后，担心义务人不能按调解协议履行的；

⑤义务人不按调解协议履行，可能对权利人正常生产、生活造成较大影响的；

⑥分期履行或者履行期限较长的；

⑦当事人双方对违约金、利息金额无法达成一致意见的；

⑧其他需要设立督促履行、担保履行条款的情形。

当事人要求双方互负一定履行义务的，法院可引导当事人约定履行顺序，设定履行条件。履行条件依照当事人约定进行确定，人民法院应对履行条件的合法性、明确性进行审查。

第 2 条 ［条款类型］履行条件，是指一方当事人在履行义务前或完成履行义务后要求对方为一定行为的条件。

督促履行条款，是指经当事人协商，约定义务人如果不按照调解书确定的内容履行时将加重其义务的条款。

担保履行条款，是指经协商，约定由义务人或者他人为调解书的履行提供担保的条款。

履行条件的设置超出诉讼请求或对原告方课以义务的，可视案件情况予以准许。

履行条件、督促履行条款和担保履行条款可以单独适用，也可以同时适用。在同时适用的情况下，他人提供担保的，担保范围一般不及于督促履行条款，但是另有约定的除外。

第3条 ［督促履行条款］督促履行条款可以参照以下内容设立：

①调解协议约定分期付款，义务人不按协议履行的，权利人可以就剩余未到期部分款项一并申请强制执行；

②调解协议约定权利人放弃部分本金、违约金、利息及其他损失，义务人不按协议履行的，权利人可以按原来的请求标的额或者另行约定的金额申请强制执行；

③义务人不按协议履行的，权利人可以依照《中华人民共和国民事诉讼法》第253条的规定要求支付迟延履行期间的债务利息或迟延履行金，也可以要求另外支付合理数额的违约金或者赔偿金；

④二审调解结案的义务人不按调解协议履行的，权利人可以要求按一审判决执行；

⑤再审调解结案的义务人不按调解协议履行的，权利人可以要求按原生效判决执行；

⑥其他可以督促义务人履行的内容。

第4条 ［担保履行条款］担保履行条款可以参照以下方式设立：

①义务人以自有权益设立抵押或者质押；

②本案其他当事人为义务人履行调解书确定的义务提供担保；

③案外人为义务人履行调解书确定的义务提供担保。

第5条 ［案外担保人］案外人提供担保的，应当在调解协议上签名或者盖章。

调解书应将担保人列为第三人，并将调解书送交担保人。

担保人不签收调解书的，不影响调解书生效。

第6条 ［担保登记和追偿］当事人或者案外人提供抵押担保或者质押担保的，应先行依法办理抵押或者质押登记。调解书应当载明抵押或者质押的登记情况。

当事人或者案外人以特定物提供抵押或者质押担保，该抵押或者质押权生效前该物上已经存在的第三人的物权和优先权不受影响。第三人在执行过程中对执行标的物提出异议的，应当按照《中华人民共和国民事诉讼法》第227条规定处理。

其他当事人或案外人为义务人承担担保责任后，在已承担担保责任的范围内，有权向义务人进行追偿。

第7条 ［审查范围］法院对调解协议进行审查，如该调解协议不存在无效或可变更、可撤销情形的，应当及时制作民事调解书予以确认。

附加条款型民事调解协议具有下列情形的，人民法院不予确认：

①侵害国家利益、社会公共利益的；

②侵害案外人利益的；

③违背当事人真实意思的；

④违反法律、行政法规禁止性规定的；

⑤履行条件自始无法成就的；

⑥其他应不予确认的情形。

第8条 ［再争议处理］当事人向人民法院起诉请求变更、撤销附加条款型民事调解协议，或者请求确认调解协议无效的，人民法院不予受理，但因约定条件不成就，调解协议无法履行等情形除外。

第9条 ［条款效力］调解书确定的督促履行、担保履行条款条件成就时，权利人申请执行的，人民法院应予准许。权利人同时要求义务人承担《中华人民共和国民事诉讼法》第253条规定的迟延履行责任的，人民法院不予支持。

权利人违反诚实信用原则，导致督促履行、担保履行条款条件成就并请求履行的，人民法院不予支持。

因权利人的原因导致履行条件不能成就、义务人不能履行调解协议的，义务人可将相应款项或者其他标的物交到法院或向提存机构办理提存。由此给义务人产生的损失由权利人承担。权利人请求按照督促履行、担保履行条款履行的，人民法院不予支持。

因义务人的原因导致履行条件无法成就、调解协议无法履行，权利人可请求义务人承担违约责任，人民法院应予支持。

第 10 条 ［法院释明］调解协议应当明确义务方承担义务的方式、地点、时间、内容、权利人的联系方式等内容。调解协议内容存在不明确的情形，人民法院应当进行释明。经释明后，当事人仍然坚持调解协议的，应当详细记入笔录，由双方当事人签字或者盖章。

第 11 条 ［使用范围］法院立案后委托他人调解达成的协议，当事人要求法院出具调解书的，按照本规定办理。

经人民法院建立的调解员名册中的调解员调解达成协议后，当事人申请司法确认的，参照本规定办理。

中新联进出口公司诉辽宁墨林书艺文化传媒有限公司、上海泰瓯物资供应有限公司抵押合同纠纷案[1]

——因抵押人违约导致抵押权未设立，在债权人未先行向债务人主张主债务时，债权人不得直接要求抵押人承担赔偿责任

徐冲*

摘要： 本案涉及的是抵押人违反抵押合同约定未办理登记导致抵押权未设立时的责任性质和范围问题。关于这一问题，法律未有明确规定，理论和实践中亦存在不同意见。本案一、二审法官对上述问题明确了以下意见：抵押人违反抵押合同致抵押权未设立时责任性质为违约责任而非担保责任；抵押人违反抵押合同致抵押权未设立时违约责任范围为抵押物价值范围内承担清偿责任；抵押人承担违约责任应当以主债权合法有效且清晰明确为前提，且为补充性质的赔偿责任；抵押人赔偿后的救济途径为赋予其追偿权。

关键词： 抵押人违约；抵押权未登记；违约责任；补充性质的赔偿责任

[裁判要点]

抵押人和抵押权人签订抵押合同后，抵押人违反合同约定拒绝办理抵押登记致使债权人受到损失的，抵押人应当承担赔偿责任。本案中，经中新联进出口公司（以下简称"中新联公司"）书面催告后，辽宁墨林书艺文化传

---

〔1〕 注：第二审法院合议庭成员：葛红、钱丽红、李丽。

* 徐冲，北京市丰台区人民法院立案庭法官。审稿人：毕凯丽，北京市丰台区人民法院民事第四审判庭法官助理。

媒有限公司（以下简称"墨林公司"）仍未办理抵押登记，已经构成违约，应当承担违约赔偿责任。

在上海泰瓯物资供应有限公司（以下简称"泰瓯公司"）是否具有清偿能力等事实未予确定的情况下，中新联公司的实际损失亦不能确定。无法直接判决墨林公司承担违约赔偿责任。法院判决驳回中新联公司的诉讼请求。

[相关法条]

《中华人民共和国民事诉讼法》（2012 年修正）第 64 条；2007 年《中华人民共和国物权法》第 187 条；1999 年《中华人民共和国合同法》第 113 条。

[案件索引]

一审：北京市丰台区人民法院（2014）丰民（商）初字第 17970 号民事判决书（2016 年 5 月 17 日）。

二审：北京市第二中级人民法院（2016）京 02 民终 7780 号民事判决书（2016 年 11 月 30 日）。

[基本案情]

原告中新联公司诉称：2014 年 9 月 29 日，债务人泰瓯公司与原告签订了购销合同，约定原告向泰瓯公司采购标准天然胶并支付人民币 5000 万元的预付款。如泰瓯公司未按时交货，则应向原告返还全部预付款并赔偿损失。原告已按购销合同的约定支付了预付款人民币 5000 万元，泰瓯公司未按约定交货，并拒绝返还预付款及赔偿损失。2014 年 9 月 29 日，原告与被告墨林公司签署了最高额抵押合同，约定被告墨林公司为泰瓯公司在购销合同项下的义务和责任向原告提供最高额为人民币 4000 万元的抵押担保。且双方约定于最高额抵押合同签署之日起 5 个工作日内办理抵押登记。最高额抵押合同签署后，经原告多次催告，被告墨林公司拒绝依约办理抵押登记。为保护原告自身合法权益，故向法院起诉，请求判令被告墨林公司就泰瓯公司对原告的债务、利息及由此给原告造成的其他损失承担人民币 4000 万元的赔偿责任，并承担本案诉讼费用。

被告墨林公司辩称：在墨林公司拒绝办理抵押登记的情况下，中新联公司理应停止付款，但其仍坚持提前付款，严重违背了正常的合同交易习惯，这表明中新联公司放任相应法律风险的发生，故意欺骗墨林公司承担担保责任。中新联公司提前支付货款后，至交货时间到期前，中新联公司仅发函要求墨林公司办理抵押登记，并未发函要求泰瓯公司履行供货义务，且中新联公司交货时间到期的次日即向法院提起本案诉讼，但中新联公司至今未起诉泰瓯公司要求供货或返还货款。

被告泰瓯公司辩称：本案实质不是购销合同，购销合同没有履行，因此不应该由墨林公司承担担保责任。

法院经审理查明：2014 年 9 月 29 日，中新联公司（需方）与泰瓯公司（供方）签订购销合同，约定需方向供方采购标准天然胶 13 020 吨，单价为 3847 元，总价款 50 087 940 元；供方应该于合同签署之日起 20 日内将全部货物送至交货地点；交货地点为中储发展股份有限公司上海大场分公司仓库，出库费及运费、转库费等由需方承担；结算方式及期限：需方应在合同签署之日起 15 日内支付预付款人民币 5000 万元。如供方未在约定的交货时间内将全部货物送至交货地点的，供方应向需方返还全部已收的预付款并赔偿需方的全部损失（包括但不限于需方的利息损失，按每日相当于合同资金额千分之一点五计算，自需方支付预付款之日起计算至供方返还全部预付款之日止），并且需方有权要求单方面解除合同。在本合同项下，如一方违约，除依法依约应承担违约责任外，还应承担守约方为实现债权而支付的费用，该费用包括但不限于律师费用、诉讼费用、差旅费、通信费。

同日，中新联公司（抵押权人）与墨林公司（抵押人）签订最高额抵押合同，约定：鉴于泰瓯公司与中新联公司于 2014 年 9 月 29 日签署了购销合同（以下简称"主合同"），现抵押人同意为泰瓯公司在主合同项下的全部义务和责任向抵押权人提供最高额为人民币 4000 万元的抵押担保；本合同项下的抵押财产为抵押人以合法方式取得的×京房权证西字第 143817 号房屋所有权证项下的第 1、2、3 层以及 4 层房屋。本合同项下的抵押期间为 2014 年 9 月 30 日至 2015 年 3 月 31 日，若上述期限届满，本合同抵押担保范围内的债务未全部清偿的，本合同项下的抵押期间为本合同生效之日起，至本合同抵押担保范围内的应付款项全部清偿并且抵押登记注销之日止。本合同签署之日起 5 个工作日内，抵押人、抵押权人双方应当到抵押物所在地的有关登记机构，办理房地产抵押登记，抵押权自登记时设立。

上述合同签订后，中新联公司于 2014 年 10 月 9 日和 10 月 10 日向泰瓯公司共支付货款 5000 万元。因墨林公司未协助中新联公司办理涉案房屋的抵押登记，中新联公司于 2014 年 10 月 11 日向墨林公司发出书面通知，要求其尽快与中新联公司共同前往抵押物所在地登记机关办理相关抵押登记事宜，但墨林公司未予协助办理。因中新联公司认为泰瓯公司及墨林公司违约，故其诉至该院。

庭审中，经该院释明，中新联公司明确表示不向泰瓯公司主张主债权，另案解决。

另查，工商登记资料显示，中新联公司的一般经营项目为：自营和代理各类商品及技术的进出口业务，国家限定公司经营或禁止进出口的商品及技术除外，经营进料加工和"三来一补"业务，经营对销贸易和转口贸易。公司规定：法律、法规禁止的，不得经营；应经审批的，未获批准前不得经营；法律、法规未规定审批的，自主选择经营项目，开展经营活动。没有证据显示中新联公司的主营业务为放贷，且以此为公司主要利润来源。

[裁判结果]

北京市丰台区人民法院于 2016 年 5 月 17 日作出 （2014） 丰民 （商） 初字第 17970 号民事判决：驳回中新联公司的诉讼请求。宣判后，中新联公司向北京市第二中级人民法院提起上诉。北京市第二中级人民法院于 2016 年 11 月 30 日以同样的事实作出 （2016） 京 02 民终 7780 号民事判决，驳回上诉，维持原判。

[裁判理由]

法院生效裁判认为：

第一，关于墨林公司是否应当向中新联公司承担责任以及责任的性质和范围问题。

根据我国相关法律规定，抵押人和抵押权人签订抵押合同后，抵押人违反合同约定拒绝办理抵押登记致使债权人受到损失的，抵押人应当承担赔偿责任。本案中，中新联公司与墨林公司明确约定了办理抵押登记的时间，墨林公司未在约定的期限内主动办理抵押登记，经中新联公司书面催告后，墨林公司仍未办理抵押登记。墨林公司的上述行为已经构成违约，应当承担违约赔偿责任。因墨林公司未办理抵押登记，导致抵押权不能设立，所以，墨林公司承担的并非抵押担保责任。

在判断墨林公司应当承担的违约赔偿责任的具体性质时，根据合同法遵循当事人意思自治的基本原则，应当首先考察合同双方是否就此作出约定，有约定的从其约定。根据本案查明的事实，双方在所签的最高额抵押合同中并未对墨林公司不办理抵押登记所应承担的违约责任方式和性质作出明确约定。

中新联公司在本案中仅根据最高额抵押合同，要求墨林公司直接承担4000万元的违约赔偿责任，但是最高额抵押合同是主合同的从合同，墨林公司的违约赔偿责任必须以泰瓯公司的违约赔偿责任为前提。如果泰瓯公司不存在违约行为，不产生违约赔偿责任，墨林公司即使违约不办理抵押登记，也不会产生违约赔偿责任，中新联公司在本案中试图只讨论墨林公司的违约赔偿责任，不讨论泰瓯公司的违约赔偿责任，亦不讨论墨林公司的违约赔偿责任与泰瓯公司的违约赔偿责任之间的法律关系，这在法律逻辑上是不够周严的。法院已经将主债务人泰瓯公司追加为本案被告，泰瓯公司亦到庭应诉，中新联公司向主债务人直接主张违约赔偿责任并无任何障碍，而中新联公司在经过法院释明的情况下，仍然坚持不在本案中向主债务人提出诉讼请求，而坚持只向抵押人墨林公司主张违约赔偿责任，这种做法在违反诉讼经济原则、有悖正常认知的同时，亦在一定程度上影响了墨林公司的利益。

第二，关于中新联公司的损失是否已经明确及其是否有权要求墨林公司依照其担保债权数额予以赔偿问题。

本案中中新联公司虽然仅向抵押人主张违约赔偿责任，但是要想确定抵押人承担违约赔偿责任的数额需要首先判断主债务的清偿情况。根据目前证据，可以认定主合同项下的债务尚未被清偿，中新联公司在主合同项下的损失为5000万元货款及相应利息。鉴于墨林公司在签订最高额抵押合同时，对于其办理抵押登记后债权人行使抵押权时可以将其抵押物变现以其中的4000万元实现债权是能够预见的，这也是中新联公司对于墨林公司履行最高额抵押合同义务预期可以获得的利益，即墨林公司应当承担的违约责任范围应当是最高额抵押合同中限定的最高额4000万元以内。鉴于本案确定墨林公司应当承担的是在主债务人泰瓯公司履行不能的范围内承担违约赔偿责任，在中新联公司明确表示其未以诉讼方式向主债务人泰瓯公司主张过债权，亦在本案中不对其提出诉讼请求的情况下，法院无法确定主债务人履行不能的范围，故法院驳回中新联公司的诉讼请求。

[案例注解]

本案涉及的是抵押人违反抵押合同约定未办理登记导致抵押权未设立时的责任性质和范围问题。关于这一问题，如果抵押人与债务人是同一人，则相对简单，当债务人未办理登记导致抵押权未设立，债务人未按约定清偿债务时，债权人可以要求其承担主合同债务，也可以追究其未办理登记导致抵押权未设立的赔偿责任，此时赔偿责任以主合同债务为限，因此无论要求债务人承担合同主债务或是基于抵押人身份承担赔偿责任，都属于面向同一人主张的债权请求权，换言之，未办理抵押登记的损害赔偿责任被主合同债务清偿责任吸收，均由主债务人的全部责任财产承担责任。但当抵押人身份与债务人分离时，在第三人以特定财产为债务人设定抵押担保时，若抵押权未设立，抵押人应承担的责任问题则值得探讨。对此，法律未有明确规定，理论上对责任性质的分歧很大。有观点认为，只要抵押合同有效，债权人就可以依据抵押合同要求抵押人承担抵押合同上的担保义务，通过行使抵押合同上的债权担保权来保障其债权实现，即不通过抵押登记将要求抵押人承担担保义务的债权请求权转化为抵押权，将担保停留在债权担保状态，以一个债权担保另一个债权。因为当事人之间订立抵押合同的意思就表明，抵押人同意以抵押权的实现方式来清偿债权，也就是说，只要主债务人未依约向债权人清偿债务，债权人就可以就该标的物变价来实现其债权，这是介乎保证与抵押权之间的不规则担保，属于非典型担保[1]。反对意见则认为，以发生物权变动为目的的原因行为，自合法成立时生效。在不能发生物权变动的结果时，有过错的当事人应当承担违约责任[2]。司法实践中，对此类案件的处理

---

　　[1] 刘延杰、王明华："未办理抵押权登记时抵押人应承担何种责任"，载《人民司法》2013年第3期。

　　[2] 梁慧星：《中国物权法草案建议稿：条文、说明、理由与参考立法例》，社会科学文献出版社2000年版，第112页。

结果大相径庭。[1]在审理本案过程中，因本案案情与相关判例事实存在差异，难以参照适用。一、二审法官从法律规定的立法本意出发，结合理论观点和司法实践认识，同时根据本案具体情况，对争议焦点问题明确了如下四项处理意见，对丰富司法实践适用和提供类案参考具有一定价值。

一、抵押人违反抵押合同致抵押权未设立时责任性质为违约责任而非担保责任

首先，根据 2007 年《中华人民共和国物权法》第 187 条及 2000 年《最高人民法院关于适用〈中华人民共和国担保法〉若干问题的解释》第 56 条的规定，以建筑物和其他土地附着物抵押的，应当办理抵押登记。抵押权自登记时设立。抵押人和抵押权人签订抵押合同后，抵押人违反合同约定拒绝办理抵押登记致使债权人受到损失的，抵押人应当承担赔偿责任。因此从法律条文本身的含义和立法本意而言，抵押人违约所应承担的是违约赔偿责任。从理论上看，抵押合同是当事人就特定财产设定抵押权的债权合意，此种合意产生抵押人办理抵押权登记以使抵押权成立的义务。抵押人违反此项合同义务，应承担的是违约责任。

其次，在抵押人依约履行抵押合同义务、完成抵押权登记使抵押权成立场合，抵押人尚仅以特定财产承担担保责任，在抵押权未成立时，抵押人反而以自己的全部责任财产对债务人的债务承担担保责任，显然扩大了抵押人的责任范围，于理不合，也违背了抵押合同订立时抵押人仅以特定财产为债务人债务提供担保的意思表示。本案中，在双方所签最高额抵押合同未对抵押人不办理抵押登记所应承担的违约责任方式和范围作出明确约定的情况下，原告直接向抵押人要求承担担保债权额的损失赔偿，即是将抵押人违约责任直接转化为了连带保证责任，混淆了违约赔偿责任和担保责任的区别，扩大了抵押人的责任范围。

最后，将抵押人的责任确定为违约责任，既符合我国法律所确立的物权

---

[1]　在（2009）民二终字第 112 号、（2014）民申字第 2189 号、（2015）民申字第 3285 号等案件中，最高人民法院认为，抵押人虽承诺以房屋为债务人偿还借款本金及利息提供抵押担保，但始终未办理抵押登记，导致债权人未能行使抵押权已经构成违约，应承担相应的违约责任；在武汉人和房地产开发有限公司与王某、中电科技（南京）电子信息发展有限公司、湖北中南投资集团股份有限公司债务纠纷案中，最高人民法院则认为抵押人应依照抵押担保合同的约定承担担保责任。

变动的区分原则，也有利于在司法实践中对复杂情况作出统一处理。如果将抵押权不成立的法律后果解释为债权担保债权，同时将该担保的效力解释为债权人有权就该标的物变价来实现债权，与抵押权成立后的法律其实是殊途同归。并且，债权人的权利系针对特定物的权利，是否具有排他性、追及性，在与其他权利发生冲突时如何处理等问题，都会涉及该权利系物权还是债权的问题，不仅会增加理论上的不确定性还会造成实践认定上的混乱。而如果认定为违约责任，则不仅可以避免简单问题复杂化，还可以较好地解决在债权人违约时，抵押人是否仍应承担担保责任，以及可否向债权人主张违约责任等其他复杂问题。

二、抵押人违反抵押合同致抵押权未设立时违约责任范围为抵押物价值范围内承担清偿责任

根据 1999 年《中华人民共和国合同法》第 113 条第 1 款规定，当事人一方不履行合同义务或者履行合同义务不符合约定，给对方造成损失的，损失赔偿额应当相当于因违约所造成的损失，包括合同履行后可以获得的利益，但不得超过违反合同一方订立合同时预见到或者应当预见到的因违反合同可能造成的损失。即恢复到合同被履行时债权人所处的状态[1]。但存在争议的是，此时赔偿范围是否应以抵押物价值为限。对此存在三种不同意见：第一种意见认为，抵押人所承担的责任应为具有补充性质的违约赔偿责任，赔偿的范围应为债务人因未清偿主债务且其财产不足以清偿时所给债权人造成损失的部分。这是本案一审法院所持意见。第二种意见则认为抵押人应以其全部财产承担担保范围内全部责任，因为在未办理抵押登记的情况下，抵押人承担责任的财产未得到有效特定化，即未设定抵押权，抵押人应以其全部财产作为责任财产[2]。第三种意见则认为，抵押人承担的赔偿责任范围不应超过其在抵押合同中承诺的最高担保数额，亦不应超过合同签订时抵押物本身所具有的实际价值，否则，抵押人所承担的责任将超出其在订立合同时对于其违约责任的合理预期，对其而言是不公平的。这是本案二审法院所持意见。

---

〔1〕 韩世远：《合同法总论》（第三版），法律出版社 2011 年版，第 621 页。

〔2〕 姚敏旭、梁展欣："谈未办理房屋抵押登记的抵押合同的效力——析原告钟晓阳诉被告何艳晖、何国新借款合同、抵押合同纠纷案"，转引自范小华："未办抵押登记的不动产抵押合同中抵押人责任研究"，载《法律适用》2015 年第 4 期。

笔者认为，第一、二种意见在主债权清晰明确、抵押物无在先权利情况下，其实质都是相同的，即在抵押财产未得到特定化时将责任扩大至抵押人全部财产。但这一责任后果与要求抵押人承担保证责任无异，而抵押人订立的合同只包含以特定物承担担保责任的意思表示，将其解释为全部责任财产不符合当事人的真实意思，有违意思自治原则。此外，根据合同法关于赔偿损失中合理预见规则的规定，抵押人在订立合同时预见到的责任后果仅是以抵押物担保主债务，因抵押人原因未办理登记导致抵押权未设定的情况下，抵押人的赔偿责任亦应以抵押物价值为限。在抵押物涉及被其他债权人在先查封或者存在其他在先权利的情况下，应当以抵押物剩余价值为赔偿限额，抵押人存在恶意的情况除外。故笔者认为本案二审意见更为妥当。

三、抵押人承担违约赔偿责任应当以主债权合法有效且清晰明确为前提，且为补充性质的赔偿责任

这一问题涉及抵押人有无先诉抗辩权问题。对此，理论与实践存在不同看法。认为抵押人无先诉抗辩权的意见认为，因抵押人赔偿的是债权人的履行利益，即通过损害赔偿使债权人恢复到抵押权设立时的状态。在抵押权成立时，债务人逾期未清偿债务，债权人既可以要求主债务人承担责任，也可以直接以实现抵押权的方式使债权受偿；在抵押人违约导致抵押权未设立的情况下，债权人应既可以向债务人提出债务清偿，也可以径直追究抵押人违反合同导致抵押权未设立的违约损害赔偿责任，请求抵押人在抵押物价值范围内承担责任。[1]但反对意见认为，抵押合同与一般的合同不同，其为主债权合同的从合同，抵押人的违约赔偿责任是由债务人的违约赔偿责任引发的，必须以债务人的违约赔偿责任为前提。如果债务人不存在违约行为，不产生违约赔偿责任，抵押人即使违约不办理抵押登记，也不会产生违约赔偿责任，因此，这两种违约赔偿责任之间具有法律上的密切联系。如果简单地不赋予抵押人先诉抗辩权，则在主合同是否有效、主债权是否清偿等问题尚未查清的情况下，即判令抵押人承担在抵押物价值范围内的连带责任，则忽视了抵

---

〔1〕 张帆："签订抵押合同但未办理抵押登记时债权人利益保护——中国建设银行股份有限公司满洲里分行与满洲里中欧化工有限公司、北京伊尔库科贸有限公司信用证纠纷案"，转引自奚晓明主编：《担保案件审判指导》，法律出版社 2014 年版，第 236 页。

押合同作为主债权合同的从合同性质，不仅会过分加大抵押人的责任，而且极可能诱发债权人与债务人之间串通损害抵押人的道德风险。

本案一、二审均采用了第二种观点，原因除基于上述考虑外，债权人能够直接向抵押人主张违约赔偿责任的理论基础，在于抵押人不履行抵押合同义务而产生的违约赔偿责任，与主债务人不履行其主合同项下的义务而产生的违约赔偿责任之间具有连带关系。抵押人不履行抵押合同义务产生的违约赔偿责任与主债务人不履行其主合同项下的义务而产生的违约赔偿责任之间，即使能够形成连带关系，也应当是主债务人的违约赔偿责任为主，抵押人的违约赔偿责任为辅，在此基础上二者形成连带关系。本案中，一个较为特殊的事实是，在一审法院已经将主债务人追加为本案被告，债务人亦到庭应诉，债权人向其直接主张违约赔偿责任并无任何程序和实体障碍的情况下，债权人仍然在经过法院释明后，坚持不在本案中向主债务人提出诉讼请求，而坚持只向抵押人主张违约赔偿责任，这种做法在违反诉讼经济原则、有悖正常认知的同时，亦可能损害抵押人的利益。同时，考虑到双方当事人对于涉案主合同的性质（名为买卖实为借贷）、效力（虽不能认定无效但可能影响担保人责任范围）、履行（循环借贷中债务是否清偿、清偿数额很难查清）等均具有较大争议，结合本案的具体情况，一、二审法官认为应当由抵押人对债权人的债务在债务人履行不能的范围内承担违约赔偿责任，亦即赋予抵押人先诉抗辩权，抵押人承担具有补充性质的违约赔偿责任，更加合理。

四、延伸探讨——抵押人赔偿后的救济途径为赋予其追偿权

本案中，终审判决驳回了原告诉讼请求，因此并未对抵押人赔偿后是否赋予其追偿权问题进行进一步探讨。但司法实践中，该问题乃是不可回避且颇具争议的焦点。一种观点认为，抵押人赔偿后直接赋予其追偿权，存在理论上的障碍。理由为：既然抵押人承担的是违约赔偿责任，那从违约责任的基础上来看，其为无过错责任，法律亦无违约方承担违约责任后可以向第三方直接行使追偿权的规定，而仅有追究第三方违约责任或者侵权责任的规定。但笔者结合本案情况，认为抵押人赔偿后的救济途径为赋予其追偿权。理由有三点：

第一，如前文所述，抵押人不履行抵押合同义务产生的违约赔偿责任与

主债务人不履行其主合同项下的义务而产生的违约赔偿责任之间，无论主次，其性质仍为连带关系。理论普遍认为，连带责任要求数个责任人作为整体对外负全部赔偿义务，而追偿权是为了兼顾对债权人的优越保护和债务人的内部均衡，在内部寻求法律上利益平衡的工具。只要承认对外承担连带责任，就一定要承认追偿权，追偿权的范围和程度不同，也会对应于不同的连带责任（包括不真正连带、补充责任）。"任何一个债务人清偿债务超出其份额的，必然存在一个对内的补偿请求权，这才体现出连带债务的'真正本质'"〔1〕。我国法律认定追偿权是连带责任的题中之义，属于当然追偿模式。〔2〕赋予抵押人追偿权具有理论基础和法律依据。

第二，从追偿权的构成要件角度来看，一般认为，追偿权的构成要件包括：责任人履行了义务并导致共同免责、需该责任人履行的义务超过其应分担的部分。〔3〕对于前一要件自无异议，对于后一要件，需要探讨的是在抵押人违约情况下，抵押人承担的赔偿义务是否超出其应分担部分？结合本案事实来看，无论从抵押人违约责任的性质还是后果而言，均不能认定其违约行为的损害后果足以导致其承担全部抵押责任。因此，抵押人行使追偿权的生效条件或行使条件已然具备。

第三，从实质公平角度而言，在抵押合同关系中，抵押人与债务人之间通常都是单务、无偿合同关系，通常都不可能会有抵押人与债务人之间关于抵押人违约的责任约定。因此，在缺乏合同约定和法律关于追偿权的规定情况下，如果判令抵押人承担赔偿责任，抵押人仅有向债务人主张侵权责任的救济途径，但债务人是否存在侵权行为、是否具有过错等侵权责任的构成要件，抵押人的举证责任较大，司法实践中支持的可能性较小。因此，如果不

---

〔1〕 张定军：《连带债务研究——以德国法为主要考察对象》，中国社会科学出版社 2010 年版，第 163—164 页。

〔2〕 2009 年《中华人民共和国民法通则》第 87 条规定："……负有连带义务的每个债务人，都负有清偿全部债务的义务，履行了义务的人，有权要求其他负有连带义务的人偿付他应当承担的份额。" 2009 年发布的《中华人民共和国侵权责任法》第 14 条规定："连带责任人根据各自责任大小确定相应的赔偿数额；难以确定责任大小的，平均承担赔偿责任。支付超出自己赔偿数额的连带责任人，有权向其他连带责任人追偿。"

〔3〕 史尚宽：《债法总论》，中国政法大学出版社 2000 年版，第 666 页；〔日〕我妻荣著，王燚译：《新订债权总论》，中国法制出版社 2008 年版，第 383—384 页；张广兴：《债法总论》，法律出版社 1997 年版，第 154 页。

赋予抵押人以追偿权，则可能会造成抵押人很难再向债务人主张相应金额的主债务，形成实质上由债务人获益的不公平结果。至于法律依据，可以借鉴2000年《最高人民法院关于适用〈中华人民共和国担保法〉若干问题的解释》第42条第1款的规定："人民法院判决保证人承担保证责任或者赔偿责任的，应当在判决书主文中明确保证人享有担保法第三十一条规定的权利。判决书中未予明确追偿权的，保证人只能按照承担责任的事实，另行提起诉讼。"根据这一规定做扩大解释，在抵押权未设立，抵押人负有过错应承担赔偿责任时，同时可以判决其享有追偿权或者另行起诉的权利。

刘甲诉北京市丰台区城市管理综合行政执法监察局不履行强制拆除的法定职责一并要求行政赔偿案

——不履行拆除违法建设职责案件的审查要点[1]

王悦*　王培松**

摘要：在不履行拆除违法建设职责案件中，不履行法定职责的情形主要集中于不当履行法定职责，该类案件要进入诉讼程序，首先应当判定原告是否具有主体资格，在此基础上，重点从被告是否具有相应法定职责、是否知晓相关事实、是否具有履行职责的可能性等角度进行实体审查。在裁判方式的选择上，若作出履行职责判决，需根据案情选择履责判决的类型。

关键词：不履行法定职责；原告主体资格；审查要点；裁判方式

[裁判要点]

不履行拆除违法建设职责案件，在判定原告具有诉讼资格的基础上，应当从被告是否具有相应法定职责、是否知晓相关事实、是否具有履行职责的可能性、是否有不履行职责的表现等角度进行实体审查。若作出履行职责判决，需根据案情选择履责判决的类型。

　·〔1〕　注：第一审法院合议庭成员：郑文静、胡亮、乔国晴，第二审法院合议庭成员：徐宁、杨波、王元。

　* 王悦：北京市丰台区人民法院行政庭法官助理。

　** 王培松：北京市丰台区人民法院行政庭法官助理。审稿人：毕凯丽，北京市丰台区人民法院民事第四审判庭法官助理。

[相关法律法规]

《中华人民共和国行政诉讼法》（2014 年修正）第 12 条第 1 款第 6 项

人民法院受理公民、法人或者其他组织提起的下列诉讼：

⑥申请行政机关履行保护人身权、财产权等合法权益的法定职责，行政机关拒绝履行或者不予答复的。

第 25 条第 1 款 行政行为的相对人以及其他与行政行为有利害关系的公民、法人或者其他组织，有权提起诉讼。

第 49 条第 1 项 提起诉讼应当符合下列条件：

①原告是符合本法第 25 条规定的公民、法人或者其他组织。

第 72 条 人民法院经过审理，查明被告不履行法定职责的，判决被告在一定期限内履行。

《中华人民共和国城乡规划法》（2015 年修正）

第 9 条第 2 款 任何单位和个人都有权向城乡规划主管部门或者其他有关部门举报或者控告违反城乡规划的行为。城乡规划主管部门或者其他有关部门对举报或者控告，应当及时受理并组织核查、处理。

第 68 条 城乡规划主管部门作出责令停止建设或者限期拆除的决定后，当事人不停止建设或者逾期不拆除的，建设工程所在地县级以上地方人民政府可以责成有关部门采取查封施工现场、强制拆除等措施。

《最高人民法院关于执行〈中华人民共和国行政诉讼法〉若干问题的解释》（2000 年发布）

第 60 条第 2 款 人民法院判决被告履行法定职责，应当指定履行的期限，因情况特殊难于确定期限的除外。

《北京市禁止违法建设若干规定》（2011 年发布）

第 6 条 任何单位和个人都有权举报违法建设行为。规划行政主管部门、城市管理综合行政执法机关和乡镇人民政府应当建立举报制度，对举报及时调查、处理，并为举报人保密。违法建设经查证属实的，对举报人予以表彰、奖励。

第 13 条 城镇违法建设当事人逾期不拆除的，负有查处职责的机关应当在期限届满后 5 个工作日内，将限期拆除决定及逾期未拆除的情况报告违法建设所在地的区县人民政府。区县人民政府应当责成区县城市管理综合行政执法等机关实施强制拆除。实施强制拆除前，应当制定工作方案、应急预案，并确定公安机关、街道办事处、市政公用服务单位等配合单位的职责。

《北京市市容环境卫生条例》（2006 年修正）

第 27 条第 1 款 对未经批准建设的影响市容的建筑物、构筑物或者其他设施，由城市管理综合执法部门责令限期拆除；逾期未拆除的，经市或者区、县人民政府批准后，予以强制拆除，并可对建筑物按照建筑面积处每平方米 300 元以上 3000 元以下罚款，可对构筑物、其他设施处工程造价 1 倍的罚款。

［案件索引］

一审：北京市丰台区人民法院（2015）丰行初字第 47 号行政判决书（2015 年 12 月 18 日）。

二审：北京市第二中级人民法院（2016）京 02 行终 331 号行政判决书（2016 年 3 月 31 日）。

［基本案情］

原告刘甲诉称：原告是北京市丰台区长辛店车店口 41 号院（以下简称"41 号院"）的住户，2010 年 11 月，刘乙在该院内进行违法建设，原告向被告北京市丰台区城市管理综合行政执法监察局（以下简称"丰台城管执法局"）进行举报，后被告向刘乙送达《限期拆除通知书》《拆除决定书》。刘乙对拆除决定不服，向北京市人民政府提起行政复议，北京市人民政府作出维持拆除决定。刘乙仍不服，将被告诉至北京市丰台区人民法院，要求撤销《拆除决定书》，北京市丰台区人民法院判决驳回刘乙诉讼请求，一审判决后，刘乙提起上诉，北京市第二中级人民法院判决维持一审判决。终审判决后，被告仍未拆除违法建设。故原告提起行政诉讼，请求判决被告对违法建设立即进行彻底强制拆除；判令被告赔偿原告经济损失并进行精神损害赔偿；追究被告相关违法人员的法律责任。

被告丰台城管执法局辩称：2011年3月7日，被告接群众举报后检查发现刘乙未经规划部门批准在41号院内进行违法建设。后被告依法向刘乙送达《限期拆除通知书》《拆除决定书》。《拆除决定书》经行政复议、行政诉讼后已发生法律效力。被告多次与北京市丰台区人民政府长辛店街道办事处协商刘乙的违法建设拆除问题。因涉案违法建设所处环境复杂，暂不符合拆除条件，且刘乙容易情绪激动，有自残自杀倾向，不宜立即实施强制拆除措施。综上所述，被告不存在不履行职责的情形，请求法院驳回原告的诉讼请求。

第三人刘乙述称：原告的举报是错误的，第三人所建房屋并非违法建设，是依照老宅基地房屋面积翻建的，根本不存在违法建设问题。

法院经审理查明：刘甲、刘乙均系41号院内住户，刘甲因在院内建房问题与刘乙产生矛盾。2011年3月7日，北京市丰台区城市管理监察大队（以下简称"丰台城管大队"，其相关职能后由丰台城管执法局承担）根据刘甲的举报，到41号院进行检查。检查中发现，刘乙未经规划批准，在该址院内建设砖混结构房屋。2011年3月10日，经北京市规划委员会认定，刘乙所建房屋未取得建设工程规划许可证。2011年3月16日，丰台城管大队作出《限期拆除通知书》，责令刘乙于2011年3月23日9时前自行拆除违法建设并接受复查。后丰台城管大队复查发现刘乙未在规定期限内拆除违法建设。2011年6月29日，经北京市丰台区人民政府批准，丰台城管大队依法向刘乙作出京丰城管拆字〔2011〕020012号《拆除决定书》，决定于2011年7月5日9时依法对违法建筑进行强制拆除。刘乙对该拆除决定不服，于2011年7月14日向北京市人民政府申请行政复议，后北京市人民政府作出复议决定书，维持拆除决定。刘乙仍不服，于2011年9月6日向北京市丰台区人民法院提起行政诉讼，北京市丰台区人民法院作出（2011）丰行初字第239号行政判决书，驳回刘乙的诉讼请求。刘乙对该判决不服提起上诉，北京市第二中级人民法院作出（2012）二中行终字第6号行政判决书，维持一审判决。2014年11月5日，丰台城管执法局对强制拆除41号院违法建设进行风险评估，评估认为刘乙容易情绪激动，有自残自杀倾向，不宜立即实施强制拆除措施。丰台城管执法局与北京市丰台区人民政府长辛店街道办事处多次就刘乙违法建设拆除问题召开会议，并多次就涉案矛盾进行化解工作，均未果。刘甲认为丰台城管执法局不履行强制拆除违法建设的法定职责，遂向北京市丰台区人民法院提起行政诉讼。

[裁判结果]

北京市丰台区人民法院于 2015 年 12 月 18 日作出（2015）丰行初字第 47 号行政判决：①责令被告丰台城管执法局于本判决生效之日起两个月内对刘乙位于 41 号院的违法建设进行拆除；②驳回原告刘甲其他诉讼请求。宣判后，刘甲、丰台城管执法局及刘乙向北京市第二中级人民法院提起上诉。北京市第二中级人民法院于 2016 年 3 月 31 日以同样的事实作出（2016）京 02 行终 331 号行政判决，判决驳回上诉，维持原判。

[裁判理由]

法院生效裁判认为：丰台城管大队接到举报后对举报事项进行了立案、调查，并作出《限期拆除通知书》，刘乙未自行拆除违法建设，后经北京市丰台区人民政府批准，丰台城管大队已作出《拆除决定书》。该《拆除决定书》经过行政复议、行政诉讼，已发生法律效力。在法律法规未对强制拆除违法建设时限作出明确规定的情况下，丰台城管执法局应在合理期限内履行其法定职责，对涉案违法建设做出实质处理。至本案诉讼期间，丰台城管执法局在多次对涉案矛盾化解未果的情况下，仅进行风险评估而未对案件作进一步实质处理，其行为显然不当，已经构成怠于履行法定职责，应予纠正。鉴于本案违法建设由邻里矛盾引发且违法建设人具有不稳定因素，丰台城管执法局应采取妥善的方式履行职责。刘甲要求丰台城管执法局进行行政赔偿及追究相关人员法律责任的诉讼请求无法律依据，不予支持。综上所述，判决责令丰台城管执法局于判决生效之日起两个月内对刘乙位于 41 号院的违法建设进行拆除，并驳回刘甲其他诉讼请求。

[案例注解]

一、本案被诉行政行为属于不当履行法定职责

不履行法定职责是指行政机关及其工作人员在行政管理活动中，对法律、法规规定由其处理的事项拒绝处理或拖延处理。法定职责是指法律、法规明确规定行政机关及其工作人员在行政管理活动中，负有处理某类事务的责任。

法定职责具有双重属性，既是行政机关的职权，也是行政机关应履行的义务。

1989 年发布的《中华人民共和国行政诉讼法》第 11 条第 1 款第 5 项规定，申请行政机关履行保护人身权、财产权的法定职责，行政机关拒绝履行或者不予答复的，属于行政诉讼的受案范围。根据该规定，行政机关不履行法定职责的情形分为以下三种：明确拒绝履行法定职责、默示拒绝履行法定职责和不当履行法定职责。明确拒绝履行法定职责是指行政机关及其工作人员对行政相对人要求其履行法定职责的请求，作出明确拒绝答复，答复可以直接口头告知，也可以以书面形式告知。默示拒绝履行法定职责是指行政机关及其工作人员对行政相对人要求其履行法定职责的请求，采取置之不理、不予答复等消极的方式拖延履行其应当履行的法定职责。不当履行法定职责是指行政机关及其工作人员对行政相对人要求其履行法定职责的请求，作出了一定的行为，但行政机关已作出的行为只部分满足申请人的请求。不当履行法定职责主要表现为未按要求履行或履行不到位，此类情形最常出现在行政相对人要求行政机关履行某项监督、管理职责无果而起诉的案件中。

随着依法行政的推进和公民权利意识的加强，明确拒绝履行法定职责和默示拒绝履行法定职责的情形逐渐减少。目前司法实践中的不履行法定职责主要集中于不当履行法定职责，具体有两种情形：一是程序不当。行政机关对申请人的申请事项未完全履行法律法规规定的程序，主要体现在行政机关作出行政行为属于阶段性程序，或只履行部分程序。例如，消费者举报假冒伪劣产品，工商行政管理机关受理后，进行了相关调查，却始终不作出处理结论。二是实体不当。实体不当相对于程序不当，行政机关对申请人的申请事项已按相关法律法规规定程序，作出了行政行为，但行政机关作出的行政行为并未能满足申请人请求或行政机关受理后作出的行为只部分满足了申请人的请求，如果未满足的部分也是行政机关应当履行的法定职责，则属于实体不当。典型表现为从轻处理，即行政机关在履行法定职责中选择处理方式难以满足申请人的请求，如在行政处罚中对违法行为就轻处理。

本案中，被告丰台城管执法局的行为属于不当履行法定职责。刘甲向丰台城管执法局举报刘乙的违法建设，要求丰台城管执法局履行拆除违法建设职责。丰台城管大队接到举报后，依照有关法律法规，对举报事项进行了立案、调查，并作出《限期拆除通知书》。因刘乙未自行拆除违法建设，经北京市丰台区人民政府批准，丰台城管执法局作出拟组织强制拆除的行政决定，但多年仍未对违法建设作出实质处理。上述事实表明，丰台城管执法局虽然依法履行了各项程序，但并未在实体上满足申请人拆除违法建设的要求，且拆除违法建设属于其法定职责，其行为属于不当履行法定职责中的实体不当。

二、不履行拆除违法建设法定职责案件中举报人的原告主体资格

行政诉讼中的原告主体资格指的是在行政诉讼中，公民、法人或者其他组织必须具备什么条件才可以以自己的名义提起诉讼。原告主体资格是对起诉人可以成为原告的限制。《中华人民共和国行政诉讼法》（2014 年修正）第 2 条第 1 款规定："公民、法人或者其他组织认为行政机关和行政机关工作人员的行政行为侵犯其合法权益，有权依照本法向人民法院提起诉讼。"第 25 条第 1 款规定："行政行为的相对人以及其他与行政行为有利害关系的公民、法人或者其他组织，有权提起诉讼。"第 49 条规定："提起诉讼应当符合下列条件：（一）原告是符合本法第二十五条规定的公民、法人或者其他组织……"由此可见，我国法律对行政诉讼原告的要求是适格，即构成原告资格的条件是：其一，起诉人认为其合法权益受到行政行为侵害；其二，起诉人与行政行为之间存在利害关系。与行政行为有利害关系，是指行政机关的行政行为对公民、法人或其他组织的权利义务已经或将会产生实际影响。公民、法人或者其他组织只要认为其合法权益受到损害，即具有了原告主体资格，可以起诉，目的是让公民、法人或者其他组织认为自己遇到侵权时，有寻找法律救济的途径，至于其权益是否真的受到损害则需由法院审理才能明确。法院在接受诉状后，对于起诉人的资格审查的主要内容之一是依据《中华人民共和国行政诉讼法》（2014 年修正）第 25、49 条之规定是否适格。审查的标准便是与行政行为是否有利害关系。如果没有利害关系，裁定驳回起诉。

不履行拆除违法建设法定职责案件中举报人的原告主体资格的审查应落脚于举报人与被诉行政行为之间是否具有利害关系。《中华人民共和国城乡规划法》（2015 年修正）第 9 条第 2 款规定："任何单位和个人都有权向城乡规划主管部门或者其他有关部门举报或者控告违反城乡规划的行为。城乡规划主管部门或者其他有关部门对举报或者控告，应当及时受理并组织核查、处理。"《北京市禁止违法建设若干规定》（2011 年发布）第 6 条第 1 款规定："任何单位和个人都有权举报违法建设行为。"但这并不意味着任何单位和个

人都可以对行政机关的违法建设查处行为及不履行查处职责行为提起行政诉讼。2000 年发布的《最高人民法院关于执行〈中华人民共和国行政诉讼法〉若干问题的解释》第 13 条规定，被诉的具体行政行为涉及其相邻权或者公平竞争权的公民、法人或者其他组织可以依法提起行政诉讼。在不履行拆除违法建设法定职责案件中只有能够提供证据证明相邻权、土地使用权或其他合法权益受到违建实际影响的违建举报人才具有行政诉讼原告主体资格。其中，相邻权是指不动产的占有人在行使其物权时，对与其相邻的他人不动产所享有的特定的支配权，涉及截水、排水、通行、通风、采光等方面。由于相邻关系的特殊性，行政相对人的建筑对行政相关人或多或少都会有一定的影响。对此，法官在审判时应当根据案件实际情况，运用逻辑推理和生活经验，并结合有关法律规定，进行全面、客观和公正的分析判断，对相邻关系作出准确认定。

本案中，原告刘甲诉称，其与第三人刘乙均为 41 号院住户，刘乙在原进出院落的共用道路和共同空地上进行违法建设，既改变了原有院门的位置，也堵死了刘甲进屋的路，对刘甲相邻权造成损害，刘甲遂向被告丰台城管执法局举报刘乙违法建设行为，被告经立案、调查，认定刘乙存在违法建设行为，在刘乙未自行拆除违法建设的情况下，经北京市丰台区人民政府批准，被告作出拟组织强制拆除的行政决定，但拖延多年仍未对违法建设做出实质处理，刘甲认为被告不履行强制拆除违法建设的法定职责，提起诉讼，应认可其具有原告主体资格。

三、不履行拆除违法建设法定职责案件的审查内容

根据合法性审查原则，人民法院审理不履行法定职责案件，应当围绕被告明确拒绝履行法定职责、默示拒绝履行法定职责、不当履行法定职责是否合法进行审查，从而判断被告的行为是否属于不履行法定职责的性质。

（一）被告是否具有相应的法定职责

原告的诉讼请求是否属于行政机关的法定职责，是不履行法定职责案件实体审查的首要内容。法定职责可以源于法律、法规、规章、其他规范性文件的规定，也可以源于行政合同的约定和行政机关承诺的自我约束。法律法规对行政机关的职责通常只作出概括性或抽象性规定，缺乏具体规定，而使

得行政机关负有法定职责难以确定。司法实践中，实际案情具有复杂性，对原告的诉讼请求是否属于行政机关法定职责范畴既是争议焦点，也是法院审查的重点。认定诉讼请求是否属于行政机关法定职责，主要审查以下几点：

第一，明确诉讼请求。在司法实践中，原告的法律素养有限，有的原告希望通过一个申请、一个诉讼解决申请人面临的所有相关问题，一并提出数十项不同请求，有的原告则是申请请求过于笼统，行政机关难以确定应履行何种职责。此外，对于依申请行政行为原告提出申请，对于依职权行政行为原告进行举报，在诉讼中要区分原告向行政机关申请请求或举报内容与诉讼请求的差异，特别是在不当履行法定职责案件中，行政机关对原告的申请或举报已做出行政行为，但申请人认为行政机关履行法定职责不完全或不适当，其应向法院明确提出需要法院判决履行的内容，具有明确诉讼标的。

第二，根据原告诉求，行政机关是否具有相应的法定职责。行政机关的法定职责来源于法律法规规定，对于行政机关法定职责有法律法规明确规定的，行政机关只需要提交相关具体条文即可。如果行政机关的法定职责来源于授权性规定，行政机关应承担证明其履行法定职责符合授权性规定的责任。

本案中，刘甲举报要求丰台城管执法局履行拆除刘乙所建违法建设职责，其举报内容是明确的。刘甲的诉讼请求主要为请求法院判决被告执行拆除决定，对刘乙所建违法建设立即进行彻底强制拆除，诉讼请求与举报内容基本一致，诉讼标的明确。

关于被告的行政管理职责，《中华人民共和国城乡规划法》（2015年修正）第68条规定："城乡规划主管部门作出责令停止建设或者限期拆除的决定后，当事人不停止建设或者逾期不拆除的，建设工程所在地县级以上地方人民政府可以责成有关部门采取查封施工现场、强制拆除等措施。"《北京市市容环境卫生条例》（2006年修正）第27条第1款规定："对未经批准建设的影响市容的建筑物、构筑物或者其他设施，由城市管理综合执法部门责令限期拆除；逾期未拆除的，经市或者区、县人民政府批准后，予以强制拆除，并可对建筑物按照建筑面积处每平方米300元以上3000元以下罚款，可对构筑物、其他设施处工程造价1倍的罚款。"《北京市禁止违法建设若干规定》（2011年发布）第13条规定："城镇违法建设当事人逾期不拆除的，负有查处职责的机关应当在期限届满后5个工作日内，将限期拆除决定及逾期未拆除的情况报告违法建设所在地的区县人民政府。区县人民政府应当责成区县城市管理综合行政执法等机关实施强制拆除。实施强制拆除前，应当制定工作方案、应急预案，并确定公安机关、街道办事处、市政公用服务单位等配合单位的职责。"上述法律法规对被告授权，表明丰台城管执法局作为本行政区域的城市管理综合行政执法机关，在经过北京市丰台区人民政府批准后，有对本区域内的违法建设予以强制拆除的法定职责。

（二）被告是否知晓引发其履行法定职责的事实

法律法规的授权只是对行政机关管理职责的抽象规定。当被告行政管理职责范围内发生相应的事实，被告知晓该事实才能将法律上抽象的行政管理职责转化为现实的作为义务。对于依申请行政行为，被告知晓依靠申请人提出履行法定职责申请，如向房屋管理部门申请房屋所有权转移登记；对于依职权行政行为，被告知晓可能通过主动检查，也可能通过举报等途径知晓相关事实，如环保部门接到举报有建筑土方未采用密闭式防尘网遮盖。

本案中，经刘甲举报，丰台城管执法局通过现场检查发现，刘乙未经规划批准，在该址院内建设砖混结构房屋，符合知晓其行政管理范围内违法事实的条件。

（三）被告是否具有履行法定职责的可能性

在确定前述两项审查内容的前提下，司法实践中需要审查是否存在不可抗力等因素阻碍被告履行法定职责，即被告是否有履行法定职责的可能性。因此，对行政机关提出的不履行法定职责的理由要重点审查，法律法规通常对不履行法定职责的条件不作规定，审查缺乏明确法律依据，因此对于不履行法定职责的理由不仅要审查其合法性，还要审查其合理性。对行政行为合理性审查较为复杂，行政机关的自由裁量权应受到行政合法性原则和行政合理性原则的限制。本案主要涉及行政机关未进行强制拆除的理由和期限是否合理。

1. 不履行拆除违法建设法定职责的理由审查

本案被告不进行强制拆除的理由可以归结为两方面：一是拆除行为将引发冲突、影响稳定；二是将拆除违法建设寄希望于未来的改造项目。笔者认为，这两个理由均不能作为行政机关拒绝履行拆除违法建设法定职责的合理理由。

法治政府是职权法定的政府，行政机关权力的取得和存在必须有法律依据，必须在法律规定的实体和程序范围内行使职权。同时，法治政府也是责任政府，是权责统一的政府。行政机关必须采取积极的行动和措施履行法定职责，不得放弃、推诿、转嫁他人，否则就要承担相应的法律责任。

本案中，在合法性层面，《中华人民共和国城乡规划法》（2015 年修正）及《北京市禁止违法建设若干规定》（2011 年发布）等法律法规赋予城管部门拆除违法建设的职权，城管部门也就承担了相应的职责，且法律法规没有设置任何可以不履行该职责的事由，因此被告的理由不合法。在合理性层面，任何违法建筑拆除行为都可能引发矛盾，被告以影响和谐稳定为由过于牵强，且违法建设人虽然有不稳定因素，但并不涉及群体性矛盾，行政机关可以采取措施控制风险，而不是逃避责任。本案被告以影响和谐稳定和棚户区改造为由，不强制拆除违法建设，既缺乏合法依据，又不具有合理性，属于通过推诿、转嫁他人的方式拒不履行法定职责，法院应不予支持。

2. 履行拆除违法建设法定职责的合理期限如何界定

法律法规没有对拆除违法建设的具体期限作出明确规定。内容相对具体的如《北京市禁止违法建设若干规定》（2011 年发布）第 13 条规定："城镇违法建设当事人逾期不拆除的，负有查处职责的机关应当在期限届满后 5 个工作日内，将限期拆除决定及逾期未拆除的情况报告违法建设所在地的区县人民政府。区县人民政府应当责成区县城市管理综合行政执法等机关实施强制拆除……"由此可以推断，在区县人民政府责成城管部门实施强制拆除后，何时拆除就由城管部门自行决定，这就导致城管部门可能无限期拖延履行拆除法定职责。

笔者认为，拆除违法建设的合理期限应当依照行政诉讼法确定。《中华人民共和国行政诉讼法》（2014 年修正）第 47 条第 1 款规定："公民、法人或者其他组织申请行政机关履行保护其人身权、财产权等合法权益的法定职责，行政机关在接到申请之日起两个月内不履行的，公民、法人或者其他组织可以向人民法院提起诉讼。法律、法规对行政机关履行职责的期限另有规定的，从其规定。"该条款可以理解为，对于没有特别履行职责期限规定的情况，行政机关应当在接到申请之日起两个月内履行职责。具体到拆除违法建设领域，由于城管部门在区县人民政府责成其实施强制拆除后才能进行强制拆除，笔者认为，履行职责的合理期限应当是区县人民政府批准拆除之日起的两个月内；如果涉及诉讼等合理事由，应在该事由结束后两个月之内履行职责。本案中，2011 年 6 月 29 日，经北京市丰台区人民政府批准，被告已作出拟组织强制拆除的行政决定。违法建设人对拆除决定不服，于2011年7月14日提起复议，复议维持了拆除决定。之后违法建设人提起诉讼，二审法院于2012年1月17日作出终审判决。本案的《拆除决定书》虽经复议、诉讼，北京市丰台区人民政府批准由被告对涉案违法建设实施强制拆除的效力并没有丧失，被告应在诉讼结束后两个月内履行职责，但时至本案原告2015年起诉，被告仍未履行拆除违法建设的法定职责，远远超出了两个月的合理期限。

（四）行政机关是否有不履行法定职责的表现

1. 程序审查

行政程序是指行政主体在行使职权中与行政相对人发生的有关方式、步骤、形式、时限和顺序等方面的相互关系。不履行法定职责的程序审查主要审查行政机关履行职责步骤是否完全。每个行政行为都要经过若干必经阶段，如治安管理处罚法规定传唤、讯问、调查取证、裁决、送达、执行等若干程序。如果相对人报警请求公安机关保护其人身权、财产权，要求对侵害其权益的违法行为人进行治安处罚，公安机关对违法行为人进行传唤、讯问和调查取证后，未作出处理结果则属于程序不当，构成不履行法定职责。

2. 实体审查

实体审查主要针对行政机关已执行法定程序，审查申请人的申请请求是否未得到满足或部分未得到满足。对不当履行法定职责的实体审查主要审查以下方面：一是审查行政机关作出行政行为的内容、数量是否足以对相对人实施保护；二是审查行政机关作出的行政行为是否全部满足申请人申请请求。

本案中，丰台城管大队接到举报后对举报事项进行了立案、调查，并作出《限期拆除通知书》，刘乙未自行拆除违法建设，经北京市丰台区人民政府批准，已作出拟组织强制拆除的行政决定。丰台城管执法局已依法履行了拆除违法建设所必需的程序，但未在合理期限内履行其法定职责，未对涉案违法建设作出实质处理。致使刘甲拆除违法建设的申请未能满足，属于实体不当，丰台城管执法局仍构成不履行法定职责。

四、不履行拆除违法建设法定职责案件的履责判决

根据案件的不同情况，履责之诉判决主文的形式可能包括撤销判决、确认违法判决、重新处理判决、履责判决等。《中华人民共和国行政诉讼法》

（2014年修正）第72条规定："人民法院经过审理，查明被告不履行法定职责的，判决被告在一定期限内履行。"2000年《最高人民法院关于执行〈中华人民共和国行政诉讼法〉若干问题的解释》第60条第2款规定："人民法院判决被告履行法定职责，应当指定履行的期限，因情况特殊难于确定期限的除外。"在履责判决文书中明确规定履行期限已经得到行政法学界和司法实务界的普遍认同，因为这种对履行期限的规定可以督促行政机关及时履行自己的法定职责。但对于在判决书中能否对履行的具体内容予以规定仍有争议。在审判实务中，履行判决主要有两种呈现方式：一是答复判决，即判令行政机关限期做出答复或处理。至于履行的具体内容，不作指定，通常适用于行政机关具有裁量权或事实有待于进一步查清的情形。二是实体性履行判决，如判令行政机关限期履行查处职责、对申请受理、颁发证照等，主要适用于"裁判时机成熟"的情形。[1]"裁判时机成熟"是德国行政诉讼法上的理论，该理论认为，法院在对不履责之诉进行实体审理之后，发现被诉行为确实违法，且已经侵害原告的权利，此时能否作出课以具体义务的履行判决，须视案件是否已达到"裁判时机成熟"的程度。"裁判时机成熟"是指案件所有事实和法律上的要件均已具备，法院应当判决被告做出原告所申请的行政行为。其核心要素有两个：一是案件事实已审理查清；二是原告所申请做出的行为必须属于羁束性行为，或者虽为裁量性行为，但行政主体的裁量权此时已经缩减为零。与此相反，如果行政主体仍然具有裁量判断的余地，则法院只能在判决中陈述自身的法律意见，并要求行政主体遵照其意见重新做出决定。关于案件事实清楚的判断，应当首先确定履责行为所对应的法定要件事实，如果该事实在审理过程中业已查明，则法院可以以此为基础进行实体性履行判决。关于裁量问题的判断，不仅要通过分析法律规范发现裁量存在的空间，还要根据具体的情境考察裁量收缩、转化为履责义务的情形，需要法官在个案审判中，综合考量法律规定、公众期待、行政执法能力、客观条件等因素，最终对判决中能否明确具体的履行内容作出合乎个案实情的准确判断。[2]

---

〔1〕 参见［德］弗里德赫尔穆·胡芬著，莫光华译：《行政诉讼法》（第5版），法律出版社2003年版，第443—447页。

〔2〕 参见杨万明主编：《全面推进司法改革的探索与实践——北京法院第二十八届学术讨论会议文集》（上），人民法院出版社2017年版，第696页。

本案中，人民法院经审理，查明刘甲向丰台城管执法局举报刘乙在 41 号院内进行违法建设，丰台城管执法局经立案、调查，认定存在违法建设，并作出《限期拆除通知书》，刘乙收到该通知书后并未自行拆除，经北京市丰台区人民政府批准，被告已作出拟组织强制拆除的行政决定，但在合理期限内，并未实施拆除行为，丰台城管执法局已构成不履行法定职责。针对丰台城管执法局是否对刘甲申请事项仍有裁量空间的问题，笔者认为，涉案强制拆除行为是对《拆除决定书》的执行，该《拆除决定书》经过行政复议、行政诉讼，北京市丰台区人民政府批准由丰台城管执法局对刘乙违法建设实施强制拆除的效力并没有丧失，故负有强制拆除职责的丰台城管执法局已无自由裁量空间，同时，考虑到丰台城管执法局以多种理由拖延履行法定职责，且拖延时间长达多年，执法态度严重消极，为维护法律权威、避免丰台城管执法局在判决作出后仍变相拒绝履行法定职责，也应直接判决其在可采取妥善处理措施的限定期限内对涉案违法建设进行拆除。据此，一审法院直接判决责令被告丰台城管执法局于判决生效之日起两个月内对涉案违法建设进行拆除，二审法院作出维持判决后，被告依照判决拆除了涉案违法建设。本案实现了法律效果和社会效果的有机统一，这种判决方式对行政机关依法履行法定职责形成了更为有力的司法监督，值得肯定和借鉴。

广州市白云南粤防火门有限公司诉周某武劳动争议案[1]

——涉承包类案件中劳动关系的认定

李晓慧 *

摘要：我国劳动法和劳动合同法未明确规定劳动关系的认定标准，审判实践中认定事实劳动关系主要依据《劳动和社会保障部关于确立劳动关系有关事项的通知》（劳社部发〔2005〕12号）。根据该通知可知，事实劳动关系的认定应具备主体要件、劳动管理要件、劳动报酬要件、业务组成部分要件。该通知未明确指出劳动关系认定的实质标准，且规定所有要素必须齐备，存在法律适用的漏洞。劳动法理公认劳动关系认定的实质标准是从属性，据此可以解决大部分劳动关系认定问题。但是，仅依靠从属性标准难以对超短期劳动关系予以认定，此时必须引入合意标准。在涉承包类案件中，可以根据"合意+从属性"综合标准，结合案情具体认定法律关系性质。在此基础上，结合民、行交叉背景探讨劳务提供人员的权益救济途径。

关键词：劳动关系认定；从属性；合意；承包

[裁判要点]

事实劳动关系的认定应根据劳动者是否实际接受用人单位的管理、指挥或监督，劳动者提供的劳动是否是用人单位的业务组成部分，用人单位是否向劳动者提供基本劳动条件，以及向劳动者支付劳动报酬等因素综合确定。

---

〔1〕 注：第一审法院独任制成员：审判员李晓慧。第二审法院合议庭成员：审判长张洁，审判员庞妍、史伟。

* 李晓慧（1986—），女，研究生学位，北京市丰台区人民法院民三庭法官，研究方向为民商法。审稿人：毕凯丽，北京市丰台区人民法院民事第四审判庭法官助理。

在涉承包类案件中，如果劳务人员系承包人雇用、管理，与承包人约定劳动报酬，劳务人员不与发包公司进行直接接触，不受发包公司管理，则难以认定劳务人员和发包公司存在劳动关系。

[相关规定]

《劳动和社会保障部关于确立劳动关系有关事项的通知》（劳社部发〔2005〕12号）。

[案件索引]

一审：北京市丰台区人民法院（2016）京0106民初21478号民事判决书（2016年11月23日）。

二审：北京市第二中级人民法院（2017）京02民终873号民事判决书（2017年4月24日）。

[基本案情]

原告广州市白云南粤防火门有限公司（以下简称"南粤公司"）诉称：我公司与毛某军的关系为劳务转包关系，而不是工程转包。工程转包即将与工程施工的所有事项转包给承包方，从我公司出具的承包协议书的性质及内容来看，我公司只是把工程中的劳务部分分包给毛某军，所有材料及大型机器等仍由我公司提供，所以，我公司与毛某军是劳务转包关系，周某武系毛某军找来的工人，而非我公司雇用的员工，故周某武与我公司不存在劳动关系。我公司与北京北国建筑工程有限责任公司签订的是买卖加安装合同，合同内容只涉及产品买卖及安装，合同的工期仅为两个月，时间短，在这么短的时间内，我公司不可能与周某武签订劳动合同，只是与劳务承包人毛某军签订临时劳务用工协议。从周某武获得报酬的方式来看，周某武的劳动报酬自毛某军处取得，毛某军根据计件的方式给周某武计算报酬，施工件数多报酬就多，没有施工就没有报酬，并以平时借款最终结算形式而非工资形式发放。周某武并非我公司员工，我公司从未给其发放过工资。综上所述，我公司与周某武不存在劳动关系。要求：判决原告与被告周某武不存在劳动关系。

被告周某武辩称：仲裁裁决我和南粤公司存在劳动关系，裁决合法合理。

我同意仲裁裁决结果，不同意原告诉讼请求。

法院经审理查明：南粤公司与北京北国建筑工程有限责任公司签订有防火门买卖合同，由南粤公司为中直机关洋桥职工住宅工程项目提供防火门供货、安装等服务。2015年12月20日至2016年1月12日期间周某武在上述工程中负责安装防火门，并于2016年1月12日在工作过程中受伤。周某武于2016年4月14日向北京市丰台区劳动人事争议仲裁委员会申请仲裁，要求：①确认其与南粤公司自2015年12月20日起至2016年8月31日期间存在劳动关系。2016年9月19日，该仲裁委员会作出京丰劳人仲字〔2016〕第2218号裁决书，裁决：周某武与南粤公司自2015年12月20日起至2016年1月12日期间存在劳动关系。南粤公司不服仲裁裁决结果，提起本次诉讼。

周某武主张因南粤公司将工程违法承包给个人毛某军，为了申请工伤，要求确认其与南粤公司存在劳动关系。南粤公司主张其将上述工程中防火门的安装工作劳务转包给毛某军，双方签订有承包协议书，南粤公司向毛某军支付劳务款，而周某武是毛某军雇用的人，周某武与其没有劳动关系，并申请证人毛某军出庭。毛某军出庭作证称认可其与南粤公司的承包关系，周某武是其他老乡找来跟着他干活的。周某武不认可毛某军证人证言，认可其系毛某军找来干活的，称之前其一直跟着毛某军干活，时间长达10年左右，其不管毛某军从哪里包活，就认毛某军，在上述工程工作过程中受毛某军管理指挥，知道活是毛某军承包的，报酬是毛某军和其约定的，周某武与南粤公司人员不进行接触，不知道公司管理制度。

[裁判结果]

北京市丰台区人民法院于2016年11月23日作出（2016）京0106民初21478号民事判决：2015年12月20日至2016年1月12日期间南粤公司与周某武不存在劳动关系。宣判后，南粤公司提出上诉。北京市第二中级人民法院于2017年4月24日作出（2017）京02民终873号民事判决，驳回上诉，维持原判。

[裁判理由]

法院生效裁判认为：事实劳动关系的认定应根据劳动者是否实际接受用

人单位的管理、指挥或监督，劳动者提供的劳动是否是用人单位的业务组成部分，用人单位是否向劳动者提供基本劳动条件，以及向劳动者支付劳动报酬等因素综合确定。根据查明的事实，南粤公司提供了承包协议书、付款记录，以及证人毛某军出庭作证，证实周某武系毛某军雇用的劳务人员，南粤公司不对周某武进行劳动管理。同时，周某武亦认可其系与毛某军约定劳务报酬，由毛某军组织、受毛某军管理在工地从事防火门安装劳务，其并不与南粤公司进行直接接触，不受南粤公司制度管理。周某武主张南粤公司将工程违法转包给毛某军并要求确认其与南粤公司存在劳动关系，缺乏依据，故法院对南粤公司要求确认 2015 年 12 月 20 日至 2016 年 1 月 12 日与周某武不存在劳动关系，予以支持。

[案例注解]

由于我国劳动法律层面未对劳动关系认定标准加以界定，审判实践中主要援引《劳动和社会保障部关于确立劳动关系有关事项的通知》（劳社部发〔2005〕12 号）对没有劳动合同的事实劳动关系进行判断和认定。但是该通知未规定"受劳动管理"等重要概念的内涵和外延，且要求各要素必须齐备的全面审查标准与审判实践存在差距，仅根据该通知难以解决劳动关系认定标准的审判难点。借助劳动法理上公认的"从属性"标准，可以解决大部分劳动关系认定问题。但是，仅凭该标准难以判断时间极短（比如几天）的用工性质，此时，需要结合"合意"标准，综合认定劳动关系，并以此为基础进一步探讨涉承包类案件中劳务提供者的权益保护问题。

一、审视：现有劳动关系认定标准的缺失和不足

作为劳动法调整对象的劳动关系，是指劳动力所有者（劳动者）与劳动力使用者（用人单位）之间在劳动过程中发生的，一方提供劳动力、另一方提供劳动报酬的社会关系。[1]确立劳动关系认定标准是劳动法规范需要解决的首要根本问题，也是劳动法理研究的基础性问题。然而，通过对我国劳动法规范和劳动法理的审视分析发现，其中均存在一定问题和不足。

---

〔1〕 参见林嘉主编：《劳动法和社会保障法》（第 4 版），中国人民大学出版社 2014 年版，第 15 页。

（一）我国劳动法律未明确提出认定劳动关系的实质标准

我国劳动法律层面规范劳动关系的主要依据是《中华人民共和国劳动法》（以下简称《劳动法》）和《中华人民共和国劳动合同法》（以下简称《劳动合同法》）。[1]我国劳动法律主要以存在书面劳动合同或存在用工事实作为劳动关系认定的标准，可以总结为"劳动合同标准"和"用工标准"，但是仅限于提出了有关概念，未再进一步解释概念内涵和外延，未提出认定劳动关系的实质标准，难以有效指导审判实践。一方面，由于劳动法领域改革的特殊历史背景，为了强化和约束用人单位订立劳动合同的义务，有关部门出台了一系列规定强调劳动合同的订立。特别是《劳动合同法》巩固和强化了订立书面劳动合同的重要性，然而过分强调书面形式劳动合同，逐渐使劳动合同成了辨别劳动关系的主要标准，甚至有矫枉过正之嫌，使人产生只要有书面劳动合同即应认定为劳动关系的错误认识。审判实务中已有法院判决受到形式标准的束缚。[2]另一方面，在司法实务中，没有书面劳动合同的情况比比皆是，针对事实劳动关系，劳动合同法未明确规定"用工"概念的性质和含义，使得劳动关系认定标准模糊不清。缺少了书面形式标准，劳动关系的认定成为难点，而过分强调书面形式标准，容易导致劳动关系认定的实质标准被忽略。

（二）《劳动和社会保障部关于确立劳动关系有关事项的通知》存在法律适用漏洞

为了弥补形式认定标准的不足，《劳动和社会保障部关于确立劳动关系有关事项的通知》对事实劳动关系认定标准进行了规范，即"用人单位招用劳动者未订立书面劳动合同，但同时具备下列情形的，劳动关系成立。（一）用人单位和劳动者符合法律、法规规定的主体资格；（二）用人单位依法制定的各项劳动规章制度适用于劳动者，劳动者受用人单位的劳动管理，从事用人单位安排的有报酬的劳动；（三）劳动者提供的劳动是用人单位业务的组成部

---

[1]《劳动法》（2009年修正）第16条规定："劳动合同是劳动者与用人单位确立劳动关系、明确双方权利和义务的协议。建立劳动关系应当订立劳动合同。"第19条第1款规定："劳动合同应当以书面形式订立……"《劳动合同法》（2012年修正）第7条规定："用人单位自用工之日起即与劳动者建立劳动关系……"第10条第1款规定："建立劳动关系，应当订立书面劳动合同。"第3款规定："用人单位与劳动者在用工前订立劳动合同的，劳动关系自用工之日起建立。"

[2] 参见（2010）宁民终字第2238号民事判决书、（2014）南市民四终字第23号民事判决书。

分。"这一规定成为法院认定劳动关系时援引的主要法律规范。根据其中内容可以将劳动关系要件总结为：主体要件+劳动管理要件+劳动报酬要件+业务组成部分要件，并且上述要件必须全部具备。但是，该规定存在一些漏洞：其一，审判实践中认定劳动关系时多采用综合考量方法，并非严格要求具备所有要件，有时在部分要件不具备时仍然认定劳动关系。比如，用人单位和劳动者未明确约定劳动报酬，亦未支付劳动报酬，不存在劳动报酬要件，但是存在用工事实，可能会被认定为劳动关系。其二，上述通知规定"用人单位依法制定的各项劳动规章制度适用于劳动者，劳动者受用人单位的劳动管理"标准不明确，核心概念"受劳动管理"的含义存在模糊性，因此，具体判断标准成为司法审判实践中的困惑之处。其三，该通知要求劳动应是用人单位业务组成部分，但是未说明是主要业务组成部分，还是辅助业务组成部分，容易导致法律适用困难。比如，劳动者在用人单位筹备阶段提供劳动，用人单位成立后没有实际开展经营业务，但不影响认定双方的劳动关系。

（三）仅凭"从属性"标准难以认定超短期劳动关系[1]

依据劳动法理，劳动者区别于其他法律主体的独有特征是"从属性"，是劳动者在用人单位指挥监督下给付劳务状态的法律提炼，此乃学界和司法实务均公认的劳动关系认定之实质标准。[2]学界一般将从属性构成标准归纳为人格从属性、经济从属性、组织从属性等。所谓人格从属性，是指实行劳动的过程中，劳动者处于服从使用者支配的地位，同时劳动时间、地点、内容等由使用者单方决定。[3]在概念具体阐释上，黄越钦教授指出：人格上之从属性除指示服从关系外，尚包括秩序上的惩戒权问题，由于惩戒权之存在，雇主对于劳工内心活动过程均能达成某种程度的干涉与强制，此为人格上从属性效果最强之处，亦最根本之处。经济从属性之重点在于受雇人并不是为自己之营业劳动，而是从属于他人，为他人之目的而劳动。[4]组织从属性由部分日本学者提出，我国亦有学者表示支持，主张是劳动者被纳入雇主的生

---

[1] 审判实践中，存在劳动者工作一两个月甚至几天即要求确认劳动关系的案例。为了突出用工时间之短，本文将其称为超短期劳动关系。

[2] 王天玉："经理雇佣合同与委任合同之分辨"，载《中国法学》2016年第3期。

[3] 田思路、贾秀芬：《契约劳动的研究——日本的理论与实践》，法律出版社2007年版，第77页。

[4] 黄越钦：《劳动法新论》，中国政法大学出版社2003年版，第94页。

产组织内，成为企业从业人员，同时与其他从业人员之劳动者共同成为有机的组织。[1]

虽然从属性标准作为认定劳动关系的权威标准得到了普遍认同，但是从属性主要是针对行为的判断，而当行为持续时间相当短暂，尚未表现为一定特征时，则仅依据该标准难以认定劳动关系。比如，劳动者工作仅几天，尚未到领取劳动报酬时间即发生安全事故并停工[2]，此时双方用工状态尚未稳定，用工特征尚未形成，故难以从劳动管理、支付报酬、业务内容等行为层面判断是否具备从属性，仅依据从属性标准判断劳动关系明显力不从心。此时，需要引入"合意"标准，考察用工方和劳动者在建立用工关系之初的相关约定和细节特征，如招聘面试主体，双方对用工时间、地点、方式、报酬标准和支付情况的约定等，进一步判断双方是否存在建立劳动关系的意思表示合意。理论界对此合意标准亦有研究。有学者指出，通说认为，劳动契约关系成立，除客观上必须有从属关系存在外，还不可欠缺当事人意思表示合意，理论上，有事实劳动关系契约说、默示劳动关系契约说、强化的默示劳动关系契约说。在界定劳动者主体身份时，如果仅为求劳动者保护之目的，而忽略法理架构严谨的需求，则未免有失偏颇。[3]但是，合意标准不是在从属性标准之外另起炉灶，而是与从属性标准相辅相成。从属性侧重的是行为，合意着重考察内心意思表示。当行为的从属性足够明显时，可以认定双方已达成合意。当行为持续时间过短，难以判断行为特征、难以界定从属性时，可以引入合意作为补充，从当事人做出行为的意思出发，判断双方意思表示是否达成合意及其性质。

除此之外，有人指出，单纯以从属性作为判定标准易将那些具有从属性但不能归类于劳动关系的其他社会关系不当认定为劳动关系。如将家政服务关系、公务人事关系等缺乏劳动关系应有的经营目的性的从属性关系划入劳动关系的范畴。这会不可避免地导致劳动法的越界，同样也是现代劳动法治

---

〔1〕 王天玉："基于互联网平台提供劳务的劳动关系认定——以'e代驾'在京、沪、穗三地法院的判决为切入点"，载《法学》2016年第6期。

〔2〕 参见（2014）丰民初字第10056号民事判决书、（2015）二中民终字第05393号民事判决书。该案中，劳动者于2011年2月28日入职某建筑公司，于2011年3月3日下班从工地回宿舍途中被车撞伤，后死亡，该劳动者家属要求确认与某建筑公司存在劳动关系等。

〔3〕 吕琳："论'劳动者'主体界定之标准"，载《法商研究》2005年第3期。

不能认可的判断误区和法律滥用。[1]

二、构建以"合意+从属性"综合标准认定涉承包类案件中的劳动关系

劳动合同法属于社会法，兼有私法性质和公法性质，劳动关系自主化、合同化是私法性质的体现，劳动基准方面的强行规范则是公法性质的集中展现。[2]私法的核心是意思自治，据此，判断劳动关系不能忽视主体的意思表示。国家强制力介入调整劳动关系是为了调整劳动者和用人单位双方的不平等地位，此种不平等主要体现为劳动的从属性。因此，从私法和公法两方面出发，运用"合意+从属性"综合标准有利于准确认定涉承包类案件中的劳动关系。

（一）根据"合意"判断劳动关系

涉承包类案件中的主体关系可以描述为：发包方—承包方—劳务提供人员（其中承包方可能有多个、多层，可能表现为层层转包），由于涉及发包方、承包方和劳务提供人员的三方关系，法律关系性质交织、复杂。根据发包方和承包方之间的意思表示，可以判断出双方基于承包合同履行各自权利义务，一般情况下是承包关系。承包方和劳务提供人员存在劳务关系、雇佣关系、承揽关系、劳动关系等多种可能，发包方和劳务提供人员之间也存在建立劳动关系的可能性。关于承包方和劳务提供人员之间的法律关系，首先需根据承包方是个人还是单位进行区分。我国劳动法规定劳动关系中一方是个人，一方是单位，因而，如果承包方是个人，则其不具备建立劳动关系的主体资格，其和劳务提供人员不能建立劳动关系；如果承包方是单位，则需要通过合意标准判断劳务提供人员意思表示的指向对象，此时需要结合用工主体的披露情况、劳务提供人员对用工主体的知情情况进行判断。如果承包方以发包方名义招募人员，由发包方进行管理，劳务提供人员知晓承包情况和发包方，一般可以认定劳务提供人员和发包方存在建立劳动关系的合意。如果承包方以自己的名义招募、管理劳务提供人员，承包方未向劳务提供人员告知承包情况及发包方情况，劳务提供人员不知晓发包方，则难以认定劳务提供人员和发包方存在建立劳动关系的合意，因此难以认定双方存在劳动关系。这种情况在建设工程领域比较普遍。如果没有签订劳动合同，从事劳

---

[1] 冯彦君、张颖慧："'劳动关系'判定标准的反思与重构"，载《当代法学》2011年第6期。
[2] 李国光主编：《劳动合同法理解与适用2》，人民法院出版社2007年版，第129页。

务的农民工可能根本不知道也不关心自己为哪个公司干活。如果发生工伤事故，农民工可能会要求确认和发包方存在劳动关系，此种情况下，农民工和发包方是否存在合意是认定劳动关系的关键。

（二）结合"从属性"标准判断劳动关系

如果承包案件中掺杂挂靠、关联公司情况，那么名义上的发包方和承包方可能与真实用工情况不符，此时，即便用工主体向劳务提供人员披露了发包方、承包方主体情况，劳务提供人员对此知晓，仅依据合意标准亦难以正确认定劳动关系。此时，必须根据从属性标准，判断劳务提供人员提供劳动力的从属关系。下面举例说明：

案例1：A公司是发包方，B公司是名义承包方，C公司是实际承包方（C公司通过挂靠B公司，具体负责施工工作），甲是劳务提供人员，乙是现场管理人员，甲认可是乙负责记考勤、现场管理、发工资等，但是说不清楚乙的身份。甲要求确认和B公司（或A公司、C公司）存在劳动关系。本案中，甲可能不清楚用工主体，仅知晓管理人员是谁，因此，仅根据合意难以认定劳动关系主体。必须结合劳动中具体行为加以认定，如项目负责主体、劳务管理主体、工资支付主体、乙的职务身份等。

案例2：A公司是发包方，B公司是承包方，两者是关联公司，甲是劳务提供人员，乙是现场管理人员，甲认可是乙负责记考勤、现场管理、发工资等。甲知晓A、B公司的承包关系，要求确认和A公司（或B公司）存在劳动关系（乙的身份可能存在双重性，既是A公司员工，又在B公司任职；甲的工资支付方有时是A公司，有时是B公司）。本案中，虽然甲知晓承包情况和相关主体，但是难以根据意思表示认定劳动关系。由于用工过程中A、B公司的行为存在交叉混同，需要结合从属性标准加以具体认定。

（三）"合意+从属性"标准在审判实践中的具体表现形式

劳动关系成立的标志应是劳动者与用人单位达成了建立劳动关系的合意。这种合意的建立也要经过要约和承诺阶段，并贯彻自愿、平等原则。[1]对合意标准的判断，可以通过双方在缔约阶段表现出的信息和约定内容加以认定。

---

　　〔1〕　施杨、朱瑞："个人承包经营招用的劳动者与发包人身份关系之辨——万洲旅馆诉熊忠武确认劳动关系纠纷上诉案"，载《法律适用》2012年第3期。

比如：招聘信息发布主体、面试主体，双方对岗位、地点、业务内容、报酬支付方式、金额的约定等。

从属性标准是对劳动关系中劳动行为性质的高度提炼和概括，是内在的，从属性在现实案例中必须通过外在形式予以表现。因此，总结和梳理从属性的具体表现形式，有利于对从属性标准的归纳和判断。在审判实践中，总体上可以将从属性标准分为五项考察要点，即拘束控制度、生产条件提供方、报酬对价性、风险承担度、组织归属和认知度，进而找出各自对应的外在表现形式，详见表1。

表1 从属性标准的具体表现形式

从属性构成	考察要点	表现形式
人格从属性	拘束控制度	给付劳务过程是否受指挥监督；是否有权拒绝执行工作指示；是否受规章制度约束；工作地点是否自由；如何记考勤；劳动可否交由他人替代；惩戒处罚措施等
经济从属性	生产条件提供方	生产条件、工具、设备、原材料提供方
	报酬对价性	工资报酬计算方式、计薪周期、结算时间、支付方式、社会保险和个人所得税缴纳情况等
	风险承担度	是否为了他人目的而劳动、是否承担经营风险等
组织从属性	组织归属和认知度	劳动是否属于用人单位的一般业务组成范围；对同事、领导等人事组织结构方面的认知度；是否在组织中有聘用或解雇他人的权限；对未来一定时间内仍接受组织约束有无意愿等

三、民、行交叉视野下个人承包经营中劳务提供人员的权利救济途径

在承包类案件中，如果承包方是单位，则可以通过寻求劳动关系途径，进而得到权利救济。但是现实中承包方是个人的情况屡见不鲜，此时由于承包方不具备用工主体资格，劳务提供人员难以通过认定劳动关系途径得到相应权利救济。此时，劳务提供人员可以通过民事、行政两条途径得到权利救济。

（一）要求发包组织和个人承包经营者承担连带赔偿责任

《劳动合同法》（2012 年修正）第 94 条规定："个人承包经营违反本法规定招用劳动者，给劳动者造成损害的，发包的组织与个人承包经营者承担连带赔偿责任。"此处连带赔偿责任并非劳动法意义上的责任，而是一般民事赔偿责任。如果个人承包经营者不是发包方的代表，也没有发包方的授权，以自己名义招用劳动者，并对劳动者进行管理、监督，则因个人承包经营者的行为不能代表或代理发包方，无法认定发包方和劳动者之间存在用工合意，故难以认定两者存在劳动关系。因我国劳动法中用人主体只能是单位，不包括个人，故个人承包经营者因为用人主体资格的缺失，不能和劳动者之间建立劳动关系，双方之间的关系应当适用 2003 年发布的《最高人民法院关于审理人身损害赔偿案件适用法律若干问题的解释》第 11 条第 1 款的规定[1]，由个人承包经营者承担雇主责任。根据该条第 3 款规定[2]可知，该责任不同于劳动法上的责任，而是普通民事赔偿责任。基于此，发包组织承担的连带赔偿责任，亦应是民事赔偿责任。根据《劳动合同法》（2012 年修正）第 94 条规定可知，对于发包方的责任认定，无需考虑发包方对个人承包经营者资质问题的审查义务。与 2003 年发布的《最高人民法院关于审理人身损害赔偿案件适用法律若干问题的解释》第 11 条第 2 款规定[3]相比，《劳动合同法》（2012 年修正）第 94 条规定扩大了发包方的连带赔偿责任，更有利于保护劳务提供人员的权利。按照特别法优于一般法的原则，应当优先适用《劳动合同法》（2012 年修正）第 94 条的规定，给予劳务提供人员更大保护。

（二）要求建筑施工、矿山企业等特殊行业的发包方承担用工主体责任

《劳动和社会保障部关于确立劳动关系有关事项的通知》第 4 条规定："建筑施工、矿山企业等用人单位将工程（业务）或经营权发包给不具备用工主体资格的组织或自然人，对该组织或自然人招用的劳动者，由具备用工主体资格的发包方承担用工主体责任。"由于建筑施工和矿山开采等领域存在极

---

[1]《最高人民法院关于审理人身损害赔偿案件适用法律若干问题的解释》（2003 年发布）第 11 条第 1 款中规定："雇员在从事雇佣活动中遭受人身损害，雇主应当承担赔偿责任。"

[2]《最高人民法院关于审理人身损害赔偿案件适用法律若干问题的解释》（2003 年发布）第 11 条第 3 款规定："属于《工伤保险条例》调整的劳动关系和工伤保险范围的，不适用本条规定。"

[3]《最高人民法院关于审理人身损害赔偿案件适用法律若干问题的解释》（2003 年发布）第 11 条第 2 款规定："雇员在从事雇佣活动中因安全生产事故遭受人身损害，发包人、分包人知道或者应当知道接受发包或者分包业务的雇主没有相应资质或者安全生产条件的，应当与雇主承担连带赔偿责任。"

大危险性，且用工量大，一旦发生安全事故后果不堪设想，法律规定承包方必须具有相应的资质。然而现实中，仍存在违法发包现象，如由"包工头"承包上述工程业务，并招用大量农民工实施具体劳务工作，由于"包工头"没有相应施工资质，在施工条件和操作规范方面不达标，容易发生安全事故，而"包工头"的赔偿能力相对发包方而言极为有限，为了保护劳务施工人员的利益，法律规定由发包方承担用工主体责任。笔者认为，此处的用工主体责任应限于支付劳务报酬和工伤保险待遇。一方面，劳动合同法将劳动关系中与劳动者相对应的单位一方称为"用人单位"，其需要按照劳动法律规范对劳动者承担责任，如未签订劳动合同二倍工资差额、最低工资待遇、加班费、解除劳动关系经济补偿金或赔偿金、未休年假工资、社会保险责任等。此处的"用工主体责任"并非确立发包方系用人单位，并非承认劳务提供人员与发包方的劳动关系，因为两者之间缺乏从属性和合意，不符合劳动关系的本质特征。从另一方面来讲，假如确立劳务提供人员与发包方的劳动关系，则意味着由发包方承担劳动法上的用人单位责任，没有用工主体资格的承包方反而得到解脱。但是，有用工主体资格的承包方因不符合该条规定也不能免除责任。由此假设会得出荒唐的不正当结论，故假设无法成立。由于和施工人员不存在劳动关系，发包方承担的用工主体责任应有别于劳动法上用人单位的责任，应限于承担实际用工的劳务报酬支付责任和工伤保险责任。

（三）要求发包方承担工伤保险责任

个人承包经营者招用的人员在生产经营过程中发生安全事故，遭受人身损害时，因无法确认和发包方或承包方存在劳动关系，故无法得到劳动法上劳动者的权益保障。但是，无法确认劳动关系不代表得不到工伤保险待遇的权利救济。根据《最高人民法院关于审理工伤保险行政案件若干问题的规定》第3条第1款第4项的规定，用工单位违反法律、法规规定将承包业务转包给不具备用工主体资格的组织或者自然人，该组织或者自然人聘用的职工从事承包业务时因工伤亡的，用工单位为承担工伤保险责任的单位。虽然民事、行政诉讼中关于承担工伤保险责任单位是否等同于劳动关系中用人单位存在不同意见，但是可以确定的是，个人承包经营者招用的人员，可以直接要求发包单位承担工伤保险责任。

在发生工伤时，如果工伤职工无法通过确认劳动关系进而主张工伤保险待遇，则其权益将受到很大损害。因此，为了保护工伤职工，法律作出上述规定，不认定劳动关系主体但认定承担工伤保险责任主体。审判实践中，如果工伤职工是为了认定工伤而要求认定与某公司存在劳动关系，则法院可以向其释明将"确认劳动关系"的诉讼请求变更为"确认工伤保险责任单位"，这样既不违反劳动关系认定标准，又使工伤保险责任有了承担主体，保护了工伤职工的权益。

被告人杨某故意伤害案[1]

——被害人过错的准确认定与适用

吴超 *

摘要：当前的刑事审判实践中，因债务纠纷而非法拘禁债务人，甚至将债务人殴打致伤亡的案例屡见不鲜。在此类案件中，认定被害人是否具有过错，应查明被告人与被害人之间是否存在合法债务，如能够明确认定被告人系因索要合法债务而实施非法拘禁犯罪，则依据相关量刑指导意见可直接认定被害人具有过错，作为从轻情节考虑。对于被告人在非法拘禁过程中又实施故意伤害等转化犯罪行为的，原则上引发被告人实施非法拘禁犯罪的被害人过错不应溯及被告人实施的转化犯罪行为。另外，因法律尚未明确规定被害人过错，即便认定被害人具有重大过错，对被告人也不能减轻处罚，只能酌予从轻处罚。但被害人过错影响量刑存在着法理上和制度上的依据，其酌定量刑情节的定位影响了其效用发挥，应将被害人过错法定化、明确化，并依据过错的严重程度将被害人过错分为重大过错、一般过错和轻微过错而做不同处理。

关键词：被害人过错；故意伤害；非法拘禁；法定化

[裁判要点]

债务纠纷引发的非法拘禁案件中认定被害人是否具有过错，应查明被害人所欠债务是否为合法债务，且即便是合法债务，被害人也不是必然具有过

---

　〔1〕　注：案号：(2016) 京 0106 刑初 461 号。一审合议庭成员：吴超、卢桂萍、赵世梅。

　* 吴超，北京市丰台区人民法院刑一庭助理审判员。审稿人：毕凯丽，北京市丰台区人民法院民事第四审判庭法官助理。

错，还应结合案情综合考虑。对于非法拘禁过程中被告人因实施暴力殴打等行为转化为其他犯罪的，应准确认定被害人行为与转化犯罪行为的关系，以确定被害人是否具有过错及过错程度，进而准确定罪量刑。

[相关法条]

《中华人民共和国刑法》（2015 年修正）

第 234 条 故意伤害他人身体的，处 3 年以下有期徒刑、拘役或者管制。

犯前款罪，致人重伤的，处 3 年以上 10 年以下有期徒刑；致人死亡或者以特别残忍手段致人重伤造成严重残疾的，处 10 年以上有期徒刑、无期徒刑或者死刑。本法另有规定的，依照规定。

第 238 条 非法拘禁他人或者以其他方法非法剥夺他人人身自由的，处 3 年以下有期徒刑、拘役、管制或者剥夺政治权利。具有殴打、侮辱情节的，从重处罚。

犯前款罪，致人重伤的，处 3 年以上 10 年以下有期徒刑；致人死亡的，处 10 年以上有期徒刑。使用暴力致人伤残、死亡的，依照本法第 234 条、第 232 条的规定定罪处罚。

为索取债务非法扣押、拘禁他人的，依照前两款的规定处罚。

国家机关工作人员利用职权犯前三款罪的，依照前三款的规定从重处罚。

[案件索引]

一审：北京市丰台区人民法院 （2016） 京 0106 刑初 461 号刑事判决书 （2016 年 10 月 31 日）。

[基本案情]

公诉机关北京市丰台区人民检察院指控：2015 年 10 月 30 日 20 时许，被告人杨某纠集韩某龙（另案处理）为索要债务，驾车在北京市丰台区看丹桥将被害人胡某亮带至北京市大兴区团河路附近，并对被害人胡某亮进行殴打。后将被害人胡某亮强行带至北京市门头沟区何各庄村一工地内，再次进行殴打。当日 23 时许，被告人杨某、韩某龙将被害人胡某亮带回其暂住地北京市丰台区高立庄村惠馨公寓时被查获。经鉴定，被害人胡某亮所受损伤为重伤二级。被告人杨某于 2015 年 10 月 30 日被北京市公安局丰台分局四合庄派出所查获。

被告人杨某对起诉书指控的犯罪事实及罪名均无异议。

被告人杨某的辩护人任某民提出：①被告人杨某系初犯、偶犯，且具有自动投案的情节，构成自首，认罪态度较好；②被告人杨某能够积极赔偿被害人的经济损失，与被害人达成和解，得到被害人的谅解；③被害人拒不退还所欠被告人杨某债务，使纠纷升级而诱发本案，被害人存在重大过错，被告人杨某主观恶性较小。综上，辩护人请求法庭对被告人杨某从轻、减轻处罚。

法院经审理查明：2015 年 10 月 30 日 20 时许，被告人杨某纠集韩某龙（另案处理）为索要债务，驾车在北京市丰台区看丹桥将被害人胡某亮带至北京市大兴区团河路附近，并对被害人胡某亮进行殴打。后将被害人胡某亮强行带至北京市门头沟区何各庄村一工地内，再次进行殴打。当日 23 时许，被告人杨某、韩某龙将被害人胡某亮带回其暂住地北京市丰台区高立庄村惠馨公寓时被查获。经鉴定，被害人胡某亮身体所受损伤程度为重伤二级，伤残等级为十级。

被告人杨某于 2015 年 10 月 30 日被北京市公安局丰台分局四合庄派出所查获。后于 2015 年 11 月 3 日经民警电话联系后，主动到北京市公安局丰台分局四合庄派出所投案。

本案刑事附带民事诉讼已和解解决，被告人杨某与另案被告人韩某龙共同一次性赔偿被害人暨附带民事诉讼原告人胡某亮经济损失人民币 20 万元，并已实际履行，其中被告人杨某赔偿人民币 10 万元，胡某亮对被告人杨某表示谅解，请求法院对被告人杨某从轻处罚，并已自愿撤回刑事附带民事诉讼。

[裁判结果]

北京市丰台区人民法院于 2016 年 10 月 31 日作出（2016）京 0106 刑初 461 号刑事判决：被告人杨某犯故意伤害罪，判处有期徒刑 1 年零 9 个月。

[裁判理由]

法院生效裁判认为：被告人杨某不能正确处理矛盾，无视国家法律，为索要债务，伙同他人非法拘禁被害人，过程中使用暴力共同故意伤害被害人身体，致被害人重伤二级、伤残十级，其行为已构成故意伤害罪，依法应予处罚。北京市丰台区人民检察院指控被告人杨某犯故意伤害罪的事实清楚，证据确实、充分，罪名成立。辩护人提出的被告人杨某系自动投案，构成自首的意见，经查，被告人杨某经民警通知后自动到案，到案后能够如实供述主要犯罪事实，系自首，依法可以从轻、减轻处罚，故辩护人该意见本院予以采纳；对于辩护人提出的被害人拒不退还所欠被告人杨某债务，从而使纠纷升级而诱发本案，被害人存在重大过错的意见，经查，在案证据能够证明被害人胡某亮未能及时退还被告人杨某购车指标款，但这并不能成为杨某、韩某龙对胡某亮实施非法拘禁行为，甚至使用暴力将胡某亮殴打至重伤二级、伤残十级的理由，其应通过诉讼等合理、合法的途径维护自己的合法权益，而不是通过犯罪手段进行私力救济，不能认定被害人在本案中具有重大过错，故辩护人该意见本院不予采纳；辩护人提出的其他意见本院酌予采纳；被告人杨某在共同犯罪中起主要作用，是主犯；鉴于被告人杨某系自首，且能够积极赔偿被害人的经济损失，与被害人达成和解，得到被害人的谅解，认罪悔罪态度较好，故本院依法对其予以减轻处罚。根据被告人杨某犯罪的事实、性质、情节和对社会的危害程度及在共同犯罪中的地位、作用予以定罪量刑。

[案例注解]

本案争议焦点之一是被害人在本案中是否具有重大过错。辩护人提出了被害人拒不退还所欠被告人杨某债务，使纠纷升级而诱发本案，存在重大过错的意见。公诉机关则认为即使双方存在债务纠纷，被告人也不应采取非法拘禁并暴力殴打的手段讨要债务，不应认定被害人行为有重大过错。最终，人民法院的判决没有支持辩护人的意见。控辩双方关于被害人是否有重大过错的争议较为典型地体现了司法实践中被害人过错认定、分类的难题所在。理论上，我国刑法学对于犯罪人、犯罪行为的研究更为深入，而对于被害人行为在犯罪中的作用，尤其是被害人过错的研究并不系统。司法实践中，被害人过错是相当普遍又非常重要的量刑情节，甚至关系到被告人能否适用死刑立即执行。然而，如此重要的被害人过错却没有被法律明确规定，仅作为一个酌定从轻量刑情节在某些司法文件中予以规定，属于刑事法官自由裁量的范围，这也造成了某些案件中被害人过错适用的随意性、恣意性和不确定性。

本文以索债型非法拘禁案件中被害人过错的认定为切入点，结合司法审判实际及本案的争议焦点，通过对国外刑法中被害人过错规定的分析，认为被害人应对其过错行为承担相应的责任，被害人过错影响量刑存在着法理上和制度上的依据，同时应对被害人过错进行合理分类并将被害人过错这一酌定从轻量刑情节法定化、明确化。以期对准确评价被害人过错在犯罪中的影响，进而对准确认定被告人的刑事责任，做到罪刑相适应能有所裨益。

一、被害人过错影响量刑的法理依据

被害人过错作为酌定从轻的量刑情节，一旦被人民法院认定，就可能在一定程度上从轻、减轻被告人的刑事责任，对于其正当依据，理论上有不同解读。如有观点认为可以从被告人行为是正当行为或者可谅解行为进行解释，其中前者是评估被害人实施挑衅行为的过错，而后者则是权衡被告人失去自控的合理性。[1]分担责任说则认为犯罪行为部分由被害人过错引起，危害结果是由加害人与被害人过错共同造成的，被害人因自己的过错应分担部分责任，从而减轻了犯罪人的刑事责任。谴责性降低说则认为由于被害人过错是引起犯罪人犯罪决意的原因之一，这就使犯罪人的应受谴责性降低、犯罪行为的社会危害性减小，因而就减轻了犯罪人的刑事责任。[2]还有学者以期待可能性理论为基础进行解释，如英国学者马丁·瓦希克认为，尽管刑法期待公民在面对挑衅时应该保持足够的冷静和克制，但是当人们面对这类行为失去理智时，刑法应给予一定程度的理解。因而，被害人在罪行发生之前的行为，不论其是否应受谴责，只要该行为推动了犯罪人的暴力反应，那么犯罪人的应受谴责性就会适当降低。[3]而期待可能性理论的本质是对行为人在行为时是否具有意志自由及意志自由的大小考量，日本学者川端博认为，在一

---

[1] 参见蒋鹏飞："作为辩护理由的被害人过错：概念界定、理论基础与认定标准"，载《中国刑事法杂志》2009年第8期。

[2] 参见齐文远、魏汉涛："论被害人过错影响定罪量刑的根据"，载《西南政法大学学报》2008年第1期。

[3] 陈旭文："西方国家被害人过错的刑法意义"，载《江南大学学报(人文社会科学版)》2004年第1期。

般情况下，人的意志是自由的，但在被害人有过错的情况下，正是受被害人的一些不道德、不合法的言行影响甚至限制了行为人的意志自由。[1]

以上不同学说从不同角度探讨了被害人存在过错时对被告人从轻处罚的根据。笔者认为，根据我国传统的刑法理论，对于被害人过错影响定罪量刑的依据，仍应从主客观相结合角度去考量。主观方面，被害人行为是被告人实施犯罪行为的诱因甚至直接引发了犯罪行为，如果根据案发时的具体情况，被害人过错的存在降低了刑法期待被告人实施合法行为的可能性，则被告人的主观恶性及人身危险性变小，从而使犯罪的应受谴责性降低；客观方面，危害后果是由被告人与被害人过错共同造成的，被害人理应承担一部分责任，也就减轻了被告人的刑事责任。也就是说，被告人刑事责任的大小应在除却被害人行为对犯罪客观危害后果及对被告人主观恶性的负面影响之后，通过主客观两方面综合认定。

二、被害人过错影响量刑的制度依据

对于被害人过错，我国刑法中并无明文规定，但规定了犯罪分子的刑事责任必须与其罪行相适应的原则。如我国《刑法》（2015 年修正）第 5 条规定："刑罚的轻重，应当与犯罪分子所犯罪行和承担的刑事责任相适应。"第 61 条规定："对于犯罪分子决定刑罚的时候，应当根据犯罪的事实、犯罪的性质、情节和对于社会的危害程度，依照本法的有关规定判处。"要考虑犯罪的事实、情节及对社会的危害程度，必然包含对被害人过错行为的评价，也就是说被害人过错影响量刑具有刑法总则上的制度基础。同时，某些司法解释、指导意见中也明确提出了被害人过错的概念，并要求在量刑时予以考虑，这些零散的规定也成为当前司法实践中认定被害人过错并对被告人从轻处罚的依据。如最高人民法院在《全国法院维护农村稳定刑事审判工作座谈会纪要》（以下简称《纪要》）中指出在故意杀人案件中，对于被害人一方有明显过错或对矛盾激化负有直接责任，或者被告人有法定从轻处罚情节的，一般不应判处死刑立即执行。《纪要》的这项规定不仅肯定了被害人过错在故意杀人案件量刑中的作用，而且将其提升到与法定从轻处罚情节同等的高度，

---

〔1〕 ［日］川端博著，余振华译：《刑法总论二十五讲》，中国政法大学出版社 2003 年版，第236—253 页。

虽然仅针对故意杀人罪中的死刑量刑，但对于其他存在被害人过错情形的量刑也具有指导意义。《最高人民法院关于审理交通肇事刑事案件具体应用法律若干问题的解释》第2条第1款则明确规定："交通肇事具有下列情形之一的，处三年以下有期徒刑或者拘役：（一）死亡一人或者重伤三人以上，负事故全部或者主要责任的；（二）死亡三人以上，负事故同等责任的；（三）造成公共财产或者他人财产直接损失，负事故全部或者主要责任，无能力赔偿数额在三十万元以上的。"上述司法解释表明，在交通肇事案件中，只有行为人对交通事故的发生负有同等、主要或者全部责任时，才可能成立交通肇事罪，如果事故对方负事故全部责任或者主要责任，则意味着行为人不构成犯罪。《最高人民法院关于为构建社会主义和谐社会提供司法保障的若干意见》第18条规定："……对于因婚姻家庭、邻里纠纷等民间矛盾激化引发的案件，因被害方的过错行为引发的案件，案发后真诚悔罪并积极赔偿被害人损失的案件，应慎用死刑立即执行。"《最高人民法院关于贯彻宽严相济刑事政策的若干意见》第22条也明确："对于因恋爱、婚姻、家庭、邻里纠纷等民间矛盾激化引发的犯罪，因劳动纠纷、管理失当等原因引发、犯罪动机不属恶劣的犯罪，因被害方过错或者基于义愤引发的或者具有防卫因素的突发性犯罪，应酌情从宽处罚。"另外在某些地方的量刑规范化实施细则中也有对于被害人过错的指导性意见。该指导意见虽未明确拖欠他人合法债务不还的非法拘禁案件被害人存在刑法上的过错，但明确了可以对被告人从轻处罚，这也正是本案中辩护人提出被害人存在重大过错的一个依据。

三、被害人过错的合理分类

当前我国法律对被害人过错没有作出具体分类，主要是理论界不同学者依照各自的理解进行的划分。如根据过错行为的指向对象，将其分为对社会的过错、对犯罪行为人的过错及对犯罪行为人近亲属的过错；根据过错行为的性质，将其分为法律上的过错、道德上的过错及习惯上的过错；根据过错程度，将其分为严重过错、一般过错。[1]然而各种标准不同的分类并不利于被害人过错在司法实践中的准确运用，毕竟界定和评价被害人过错的目的在

---

〔1〕 参见王新清、袁小刚："论刑事案件中的被害人过错"，载《中国刑事法杂志》2008年第2期。

于准确认定被害人过错行为对被告人实施犯罪所造成的负面影响的大小，进而决定对被告人量刑时能够从轻处罚的幅度。在此基础上，笔者认为没有必要从不同角度和标准对被害人过错进行划分，仅以被害人过错行为对犯罪本身所起的负面作用的强度来划分即可，也就是以被害人过错的严重程度为标准划分为重大过错、一般过错和轻微过错。[1]

（一）重大过错

被害人重大过错指当被害人在特定犯罪中实施了严重侵犯被告人合法权益的行为，但不属于正当防卫中规定的不法侵害时，刑法对其所作的最重的负面评价。如家庭暴力案件中妻子对具有重大过错的丈夫"以暴制暴"而重伤或杀死丈夫构成犯罪的情形。再如普通法中"激怒"的严重情形，典型的案例就是夫妻一方偶然发现其配偶正在与他人性交，或按当时的情景可以马上判断出有通奸行为发生，在这种情形之下杀了奸夫（奸妇）或他（她）的配偶的行为，属于激怒之下的非预谋杀人。[2]此时被害人的行为应被认定具有重大过错。

（二）一般过错

被害人一般过错指当被害人实施的不足以必然引起一般人实施犯罪的侵害行为，却是引发被告人实施犯罪行为的重要诱因时，刑法对其所作的负面评价。如索债型非法拘禁案件中，如有证据证明确系合法债务，且经多次讨要，债务人不仅不还，还有辱骂等情形的，行为人才采取了非法拘禁的手段，此时，应认定被害人具有一般过错，对被告人可以从轻处罚。这在现行的相关规定中也有体现，如前述非法拘禁罪的量刑规范化指导意见中明确讨要合法债务的可以从轻处罚。但如果被害人仅是经催要没有及时还清债务，则不应认定被害人有一般过错。如本案中，虽然双方存在债务纠纷，但被告人杨某在未采取其他合理、合法的救济方式解决的情况下，直接采用纠集他人将被害人非法拘禁的方式索要欠款，更加脱离法治轨道的是，在非法拘禁过程中其伙同他人对被害人多次进行殴打，并致被害人重伤二级、伤残十级，而

---

〔1〕 如果是对被害人在犯罪过程中的行为进行划分还可以加入超越过错行为和无过错行为。其中，由于无过错行为对被告人的定罪量刑没有影响，在此不予考虑；超越过错行为，如正当防卫案件中，虽然从被防卫人侵害的角度看，不法侵害人具有被害人的表象，但此时"被害人"的行为实质上已经成为一种不法侵害行为，由于立法已经将其单独规定，不在本文讨论的被害人过错的范围。

〔2〕 赵秉志主编：《英美刑法学》，中国人民大学出版社2004年版，第235页。

转化为故意伤害罪。即便如前所述，对于非法拘禁罪的司法解释已经隐含的将欠合法债务不还作为认定非法拘禁案件中被害人过错的一种，但这并不能成为其在非法拘禁过程中实施重伤犯罪行为的理由，也就是说即便被害人欠合法债务不还，也不能认定为非法拘禁罪中重伤犯罪行为的过错原因，况且本案中尚不能认定双方存在合法债权债务关系，故判决认定被害人不存在重大过错是合理的。当今是市场经济社会，各种经济纠纷普遍存在，如果任由公民或单位通过犯罪手段进行私力救济，则市场经济运行的法治基础不复存在，整个法秩序也会遭到破坏。因此，从维护法秩序稳定的角度，也不应认定被害人在本案中具有重大过错或者一般过错，被告人杨某的行为不应得到鼓励。

（三）轻微过错

被害人轻微过错指当被害人与被告人仅因日常纠纷未能得到妥善解决，被告人即对被害人实施犯罪行为时，刑法对其所作的负面评价。对于被告人的量刑，轻微过错也仅能作为一个酌定从轻处罚情节。因在法治社会，虽然被害人的行为对被告人的某种权利造成了一定的侵害，但依照社会相当性标准，社会一般人不会采用犯罪的方式去解决，公众可以期待行为人以合法、合理的途径解决矛盾或纠纷。如两人共同乘坐公共汽车，甲不小心踩了乙的脚，乙回头轻轻骂了一句甲，甲暴怒而伤害乙构成犯罪的情形，虽然乙的行为不妥，也侵犯了甲的名誉权，但甲的行为严重超出了社会一般人的行为模式，故仅可以认定乙的行为具有轻微过错。

四、被害人过错酌定情节法定化、明确化

在当前的刑事审判实践中，尤其是伤害类案件中，被害人过错作为辩护理由被频繁提起，表述方式也是多种多样，如表述为事出有因、被害人负有一定责任、被害人存在一定过错、被害人存在重大过错等。而在严重暴力犯罪中，特别是在死刑判例中，被害人有过错的占小部分，约有20%，其中被害人有一般过错的占17.96%，重大过错的占2.41%。因为被害人有过错，导致被告人义愤或者激情暴力犯罪而对被告人适用死缓刑的比例高达40.07%。[1]被害人是否存在过错甚至会影响能否对被告人判处死刑立即执行，但这不应该是一个酌定量刑情节应该起的作用。然而，如前述对我国关于被害人过错相

---

〔1〕 王永兴：“暴力犯罪死刑适用的实证研究”，载《中国刑事法杂志》2010年第8期。

关规定的梳理，虽然被害人过错存在着刑法总则上的内在基础，某些具有法律效力或指导意义的司法解释、会议纪要等也在一定程度上肯定了被害人过错的存在，但由于立法上并没有将被害人过错上升到法定量刑情节从而予以明确化，司法实践中操作不一，不同地区、不同法官对被害人过错的适用标准多样，更多的是凭借法官的审判经验进行自由裁量，这也导致被害人过错适用的随意性，甚至是恣意性，使某些案件中同样的情节不能得到相同的认定，同类的案件不能得到相同的处理，这对犯罪人也是不公平的。因而，对被害人过错这一重要的量刑情节予以法定化、明确化应该是当前司法工作的一项重要任务。

与我国对被害人过错规定的模糊性不同的是，国外许多国家的刑法对此都已经有明确的规定。如《德国刑法典》第213条明确规定：因为被害人对其个人或家属进行虐待或重大侮辱，致故意杀人者当场义愤杀人，或具有其他减轻情节的，处1年以上10年以下自由刑。[1]《瑞士联邦刑法典》第64条规定：在出于值得尊敬的动机、行为人因被害人行为的诱惑、非法刺激或侮辱造成行为人愤怒和痛苦这三种情况下，法官可对行为人从轻处罚。[2]另外，意大利、俄罗斯、越南等国的刑法中也规定了存在被害人过错的案件，对被告人可以减轻处罚。在英美法系国家量刑情节中，"基于人类脆弱性或压力之下犯罪"是一个减轻事由，包括激怒、家庭或情绪压力。[3]《美国联邦量刑指南》中明确规定了基于被害人过错行为的量刑原则：当被害人的过错行为在相当程度上诱使了犯罪行为，为反映犯罪行为的性质和情节，法院可以在指南的幅度之下减轻量刑。[4]

综合分析以上国家关于被害人过错的刑法规定，可以看出：虽然具体表述不同，但被害人过错均属于法定的从轻量刑情节，且如果被害人过错达到一定严重程度，对被告人不仅限于从轻处罚，还可以减轻处罚。他山之石，可以攻玉，结合我国刑事司法实践，笔者认为应将被害人过错这一酌定从轻量刑情节法定化、明确化，并结合前述对被害人过错的分类在刑法总则中做不同处理：①对于被害人具有重大过错的，应当规定可以对被告人从轻或减

---

〔1〕 徐久生、庄敬华译：《德国刑法典》（2002年修订），中国方正出版社2004年版，第108页。
〔2〕 徐跃飞："论被害人的过错责任"，载《经济师》2007年第3期。
〔3〕 王新清、袁小刚："论刑事案件中的被害人过错"，载《中国刑事法杂志》2008年第2期。
〔4〕 初红漫："论被害人过错影响刑事责任之正当依据"，载《犯罪研究》2011年第3期。

轻处罚；②对于被害人具有一般过错的，应当规定可以对被告人从轻处罚；③对于被害人具有轻微过错的，对被告人是否从轻处罚仍交由法官酌情处理。如此，在面对被告方提出的被害人具有过错这一辩护理由时，法官可以做到有法可依、准确认定，避免了不必要的争议，且对于被害人对引发犯罪确有过错的，依法对被告人从轻处罚，可以做到准确量刑、罪刑相适应，从而促进被告人的积极悔罪。

五、准确适用被害人过错的刑事思考

（一）本案中被害人过错认定的参考建议

第一，对于索债型非法拘禁案件，认定被害人是否具有过错，应查明被告人与被害人之间是否是合法债务，如能够明确认定被告人系因索要合法债务而实施非法拘禁犯罪，即可以认定被害人具有过错，对被告人酌予从轻处罚。

第二，对于索债型非法拘禁案件，如被告人在非法拘禁犯罪过程中实施殴打等行为转化为故意伤害罪等其他犯罪，则原则上引发被告人实施非法拘禁犯罪的被害人过错不应溯及被告人实施的转化犯罪行为，即在转化犯罪中不应认定被害人过错。

第三，具体案件审理过程中，在法律尚未明确规定的情况下，即便认定被害人具有重大过错，也不应减轻处罚。本案判决是考虑了案件起因，同时考虑被告人杨某具有自首、与被害人达成和解、得到谅解等法定和酌定的从轻、减轻量刑情节，才最终作出对被告人杨某减轻处罚的判决。

（二）准确适用被害人过错的价值

第一，做到罪刑相适应，实现实质正义。准确适用被害人过错，代表着司法机关查明了案件事实，明晰了被告人与被害人各自在犯罪中的作用，从而能够准确认定被告人的刑事责任，合理量刑，做到罪刑相适应，实现了刑事审判的目的和直接价值追求——达到实质正义。

第二，遏制不当私力救济，维护法秩序稳定。认定被害人过错往往代表着法律、法官认为被告人的行为是对被害人过错行为的回应，带有私力救济的表象，有一定可原谅性。当代社会，法秩序的稳定主要是通过一整套的公力救济体系来维持的，但个别情形下又给私力救济留出了一定的空间，如正当防卫制度、被害人过错制度。私力救济往往无规范可循，行为人有可能故意引起敌意、激化矛盾，如果不予严格控制，就可能成为犯罪人对其他公民随意侵犯的借口。如某甲因妻子在结婚前被他人强奸，后将强奸者捆绑后杀害。某甲的报复行为可以说事出有因，但被害人在该案中并不具有过错，应认定某甲预谋杀人，从重处罚。从严、准确认定被害人过错，可以有效打击故意滋事寻求报复的犯罪、遏制不当私力救济，有效维护法秩序的稳定。

第三，实现指引功能，达到"双向"预防。静态的法律具有指引社会一般人行为的功能，而动态的法律也就是适用法律能够为民众提供更为生动、明确的行为指引。被害人过错制度的设计和运用应当鼓励行为人采取合法手段维护自己的权益，而非进行私力救济。在对被告人量刑时准确适用被害人过错制度，能够明确被告人的行为虽然情有可原，但仍为法律严厉禁止。同时，认定被害人过错是对被害人行为作出的明确的否定性评价，与判决被告人有罪一样，具有一般预防的效果，能够向社会表明此种有可能引发他人犯罪的过错行为被国家禁止，且一旦实施就会带来不利的后果。如此，有利于减少类似的被害人过错行为，进而减少类似案件的发生，实现双向预防，也有利于被告人、被害人乃至其家属接受法院的裁判，减少缠访、闹访，减少社会不稳定因素，从而实现社会效果与法律效果的统一。

杨某诉利星行（北京）汽车有限公司买卖合同案[1]

——经营者按照行业惯例未将 PDI 情况告知消费者的行为不构成欺诈但损害知情权

齐婵娟*

摘要：交车前检查（Pre-Delivery Inspection，以下简称"PDI"），是指汽车供应商要求其授权经销商在将新车交付购车者前，对新车进行全面检查和校正的一项必经检测程序。新车 PDI 是汽车行业内通行的标准做法，根据目前行业内的通常认知，经销商无须就 PDI 操作行为对消费者主动做特别说明和提醒。因此，经营者未将 PDI 中对车辆进行修补、校正以及更换配件等行为告知消费者的，不具有主观上的隐瞒故意，不构成欺诈。但经过法官对该行业惯例进行真实性、合法性、价值性的审查，该惯例不符合我国消费者权益保护法对消费者知情权进行保护的立法精神和价值取向，经营者依照该惯例未主动告知的行为损害了消费者的知情权，应对消费者予以赔偿。

关键词：PDI；行业惯例；欺诈；知情权

[裁判要点]

经营者按照行业惯例未将 PDI 中对车辆进行修补、校正以及更换配件等行为告知消费者的，不构成民法意义上的欺诈。但该行为损害了消费者的知情权，应当对消费者酌情进行赔偿。

---

〔1〕 注：一审法官合议庭成员：齐婵娟、张学珍、周立霞。

* 齐婵娟，北京市丰台区人民法院民一庭法官。审稿人：毕凯丽，北京市丰台区人民法院民事第四审判庭法官助理。

[相关法条]

《中华人民共和国消费者权益保护法》第 8 条第 1 款、第 40 条第 1 款；《最高人民法院关于贯彻执行〈中华人民共和国民法通则〉若干问题的意见（试行）》（1988 年发布）第 68 条。

[案件索引]

一审：北京市丰台区人民法院（2016）京 0106 民初 18833 号民事判决书（2017 年 3 月 31 日）。

[基本案情]

原告杨某提出诉讼请求：①判决撤销原被告之间于 2014 年 6 月 25 日签订的《销售合同》；②判决被告返还原告购车款 80 万元及利息；③被告返还车辆购置税 75 897 元；④被告赔偿原告损失 266.4 万元。事实和理由：原告与被告于 2014 年 6 月 25 日签订《销售合同》，原告购买被告经销的梅赛德斯–奔驰原装进口轿车一台，合同中约定"卖方保证车辆为戴姆勒汽车公司出品的中国规格新车，并符合买方所订购的车辆装备要求"。原告按照约定支付全部购车款，被告交付车辆。但 2016 年 8 月中旬原告到被告处做保养时，偶然发现该车辆在 2014 年 5 月存在更换车辆前挡风玻璃的维修记录，被告隐瞒车辆维修记录的行为构成欺诈。

被告利星行（北京）汽车有限公司（以下简称"利星行公司"）辩称：不同意原告诉讼请求，被告无欺诈行为。我们作为奔驰公司的经销商进口诉争车辆，并按照奔驰公司相关规定和经销商标准对新车进行 PDI。发现前挡风玻璃存在异物后，即按照规定对玻璃进行更换，使车辆符合标准，所以不构成欺诈。我们更换玻璃的行为符合行业标准，不需要告知原告。车辆也是合格产品，原告已经使用两年，没有什么问题。

法院经审理认定事实如下：2014 年 6 月 25 日，杨某与利星行公司签订《销售合同》，约定杨某向利星行公司购买梅赛德斯–奔驰原装进口轿车一台，车身颜色为 197 曜岩黑金属漆，车辆型号为 ML400，总价 88.8 万元。合同签订后，杨某支付购车款、交纳车辆购置税，利星行公司交付车辆。在涉案车辆销售前，利星行公司对前挡风玻璃进行了更换，但未向杨某告知该情况。

另查：中国汽车流通协会出具的说明载明：①PDI 即 Pre-Delivery Inspection，中文为"交车前检查"，指的是汽车供应商要求其授权经销商在将新车交付给购车者前，对新车进行全面检查和校正的一项必经检查程序。PDI 项目范围很广，一般包括运输模式的解除、发动机舱检查、车辆底盘检查、车辆内外检查、车辆功能性检查、道路测试等。若检查中出现任何问题，授权经销商将依据汽车供应商的要求酌情进行技术处理，如采取校正故障、更换配件、必要时更换车辆等不同措施，从而使交付的新车达到汽车生产厂家的新车出厂检验标准。由汽车授权经销商对新车进行 PDI，是非常有必要的措施。此外，新车 PDI 是汽车行业内通行的标准做法，一般而言，汽车供应商都会要求汽车授权经销商在新车交付给购车者前进行 PDI。②PDI 与车辆售后维修不同。汽车授权经销商从事汽车服务的技师、技术规程、设备、配件等均纳入汽车供应商的统一管理系统，因此，汽车授权经销商按照汽车供应商的 PDI 标准，在新车交付前进行 PDI，对车辆进行的修补、校正以及更换配件等行为，其性质等同于汽车供应商在汽车生产装配过程中的行为，与汽车在售后进行维修的行为存在本质上的区别。根据汽车行业通行的做法，汽车授权经销商在 PDI 过程中若出现问题，只要是经过简单地更换极个别零部件能够修复，并且汽车也符合出厂检验标准，汽车授权经销商在销售该车时与其他车辆并无区别，同样销售。

［裁判结果］

北京市丰台区人民法院于 2017 年 3 月 31 日作出（2016）京 0106 民初 18833 号民事判决：①利星行公司于本判决生效之日起 10 日内赔偿杨某 8 万元；②驳回杨某的其他诉讼请求。宣判后，双方均未提出上诉，判决已发生法律效力。

［裁判理由］

法院生效裁判认为，本案争议焦点有二：

第一，利星行公司未告知杨某前挡风玻璃更换的事实是否构成《中华人民共和国消费者权益保护法》（以下简称《消费者权益保护法》）规定的欺诈行为。

本院认为，认定经营者的行为是否构成《中华人民共和国消费者权益保护法》第 55 条规定的欺诈，可以以 1988 年《最高人民法院关于贯彻执行〈中华人民共和国民法通则〉若干问题的意见（试行）》（以下简称《民通意见》）第 68 条的规定为依据，即一方当事人故意告知对方虚假情况，或者故意隐瞒真实情况，诱使对方当事人作出错误意思表示的，可以认定为欺诈行为。其中的"故意隐瞒真实情况，诱使对方当事人作出错误意思表示"应当以经营者具有主观恶意为要件，并不等同于经营者没有向消费者主动告知会影响一般消费者消费选择的真实信息，使消费者在不了解该真实信息的情况下作出购买或接受服务的意思表示，也不能仅以此为由来推定经营者具有主观恶意，否则损害知情权即等同于构成欺诈。目前没有法律法规或其他成文规范明确规定经营者进行 PDI 操作更换配件后的告知义务。根据目前行业内的通常认知，按照汽车生产厂家的要求进行 PDI 操作，使用原厂配件进行更换的行为，其性质等同于汽车生产厂家在汽车生产装配过程中的行为，操作后的车辆属于新车，经营者无须主动做特别的说明和提醒。根据本案查明事实及双方当事人的陈述，结合中国汽车流通协会关于 PDI 的说明，可以看出向消费者交付新车前进行 PDI 流程是汽车销售行业的行业惯例，目的是为消费者提供更好的服务，使交付的车辆达到原厂出厂检验标准。在 PDI 过程中，对于检查发现的问题应当如何处理，现行法律法规没有明确规定，也没有正式施行的国家标准或行业标准予以规范，对于销售汽车的 4S 店而言，按照行业惯例和汽车生产厂家的规定去操作并无不妥。至于哪些配件的更换是 4S 店可以完成的，同样要根据汽车生产厂家的专业判断。本案中，利星行公司作为经营者，其认知无疑会受到行业通常认知的影响，其按照行业惯例和《梅赛德斯-奔驰中国经销商标准》的要求，在车辆交付给客户前，对车辆进行 PDI，在检查中发现前挡风玻璃存有异物并按照奔驰厂家的技术规范指引更换，该操作获得了奔驰厂家的认可，且相关单据即载明为 PDI 单，因此利星行公司的操作是符合奔驰汽车生产厂家要求的，其未主动告知杨某相关信息属于认知错误，并不具有故意隐瞒的主观恶意，其行为不构成欺诈。

第二，利星行公司是否应当承担责任以及承担何种责任。

根据《消费者权益保护法》第 8 条第 1 款的规定，消费者享有知悉其购买、使用的商品或者接受的服务的真实情况的权利。鉴于相关法律法规并未对消费者知情权的范围作出明确界定，在认定经营者是否损害消费者的知情权时，可以从一般消费者的认知能力和消费心理出发，以相关信息是否会影响到一般消费者的选择为依据，一方面不能笼统地将凡是经营者未主动告知消费者相关真实情况的均认定为损害消费者的知情权，另一方面也要基于消费者在交易中处于信息不对称的弱势地位而对其加以特别保护，不能以行业认知、行业惯例来对抗消费者知情权。本案中，涉案车辆在 PDI 中发现前挡风玻璃存在异物而进行更换，虽然目前并无证据证明因该操作对涉案车辆的外观、性能、使用功能、安全性等造成损害或导致涉案车辆不符合原厂出厂检验标准，中国汽车流通协会亦认为经营者无须将该过程告知消费者，但根据一般消费者的认知能力和消费心理，该操作事实上仍然会在一定程度上影响消费者的购买选择，故该事实属于消费者知情权的范围，利星行公司未向杨某明确告知该事实的行为损害了杨某的知情权。根据《消费者权益保护法》第 40 条第 1 款的规定，消费者在购买、使用商品时，其合法权益受到损害的，可以向销售者要求赔偿。因此杨某有权向利星行公司要求赔偿。本院综合考量涉案车辆的价格、利星行公司侵犯杨某知情权的内容以及对杨某消费心理受损的补偿等因素，酌定利星行公司赔偿杨某 8 万元。

［案例注解］

本案中，经营者按照汽车销售行业的行业惯例，在车辆交付消费者前，对作为标的物的汽车进行 PDI，并对检查中发现存在问题的前挡风玻璃进行了更换。对此行为应否告知消费者以及未告知消费者是否应当认定为欺诈行为的理论争议从未停止，司法实践中各地法院对此问题的处理看法也不尽一致。本案例对消费领域中欺诈行为应当如何界定、行业惯例与消费者知情权应当如何平衡进行了分析和明确。这有利于裁判者更加精准地裁判案件、更加准确地适用法律，做到既充分保护消费者的合法权益，又引导销售者理性经营，对维护良好的市场经济秩序具有重要意义。

一、经营者的行为是否构成欺诈

通说认为，民法意义上的欺诈是指当事人一方故意制造虚假或歪曲事实，或者故意隐匿事实真相，使表意人陷入错误而作出意思表示的行为。[1] 我国法律体系中，《中华人民共和国民法通则》（1986 年发布）（以下简称《民法通则》）最早使用了"欺诈"一词，[2] 但未对其作概念性解释。《消费者权益保护法》第 55 条第 1 款也规定了提供商品或服务有欺诈行为的经营者应当承担相应的法律责任，但该法亦未对何为欺诈作出概念性解释。按照通常理解，1988 年《民通意见》第 68 条是曾有法律文本对"欺诈"一词仅有的概念性解释。该条规定："一方当事人故意告知对方虚假情况，或者故意隐瞒真实情况，诱使对方当事人作出错误意思表示的，可以认定为欺诈行为。"

依照以上学说定义和最高人民法院的司法解释，判断行为人的行为是否构成欺诈，其构成要件应该包括：①行为人主观上有欺诈的故意。这里的故意包含两层含义：使被欺诈人陷入误解、误认的故意，以及使被欺诈人作出意思表示的故意，二者互为表里、必须兼备。② 行为人确已实施客观欺诈行为。行为人实施该行为的目的在于使被欺诈人陷入或维持原有的错误判断，一般表现为蓄意陈述虚假事实或隐瞒真实情况。③被欺诈人因此在主观上陷入了认知错误，即上述客观欺诈行为与被欺诈人错误判断之间具有因果关系。④被欺诈人因持有的错误判断而作出意思表示。

本案属于消费领域的欺诈认定问题，对于其能否适用传统民事领域的欺诈理论，学术界一直存在争议，有"含义一致说"和"含义区别说"。前者认为，《消费者权益保护法》规定的欺诈与 1986 年发布的《民法通则》、1999 年《中华人民共和国合同法》（以下简称《合同法》）规定的欺诈应该是同一含义、同一构成要件。[3] 后者则认为，基于对消费者的倾斜保护，对消费领域中欺诈的认识应有别于一般民事法律制度中对平等法律主体之间行为的法律规制，即无需考虑经营者的主观状态和消费者是否基于欺诈陷入错误判断而为错误意思表示。只要经营者实施了欺诈行为，就可以认定《消费者权益保护法》中规定的欺诈已经成立。[4]

---

〔1〕 佟柔主编：《中国民法学·民法总则》，中国人民公安大学出版社 1990 年版，第 238 页。

〔2〕 《民法通则》（1986 年发布）第 58 条第 1 款中规定，一方以欺诈、胁迫的手段或者乘人之危，使对方在违背真实意思的情况下所为的民事行为无效。

〔3〕 梁慧星："消费者权益保护法第 49 条的解释与适用"，载《人民法院报》2001 年 3 月 29 日，第 3 版。

〔4〕 董文军："论我国《消费者权益保护法》中的惩罚性赔偿"，载《当代法学》2006 年第 2 期。

笔者赞同"含义一致说"，认为消费领域的欺诈认定应以传统民事领域的欺诈为基础，在判断经营者的行为是否构成欺诈时，经营者主观上是否具有隐瞒故意应当作为首要考量因素。理由如下：

第一，从民法解释学角度，《消费者权益保护法》和 1986 年发布的《民法通则》均未明确"欺诈"的含义，这就需要运用文义解释法对其进行概念的界定。根据梁慧星教授的观点，法律上有定义的，应当严格按照该定义解释。如果没有定义，则应当参考学说解释和最高人民法院的解释。〔1〕按照学说解释，欺诈行为是指当事人一方故意制造虚假或歪曲事实，或者故意隐匿事实真相，使表意人陷入错误而作出意思表示的行为。〔2〕按照最高人民法院的解释，一方当事人故意告知对方虚假情况，或者故意隐瞒真实情况，诱使对方当事人作出错误意思表示的，可以认定为欺诈行为。可见，在欺诈行为须以"故意"为构成要件这一点上，学说解释和最高人民法院的解释完全一致，《消费者权益保护法》中关于欺诈行为的界定也应遵循上述解释。〔3〕

第二，从法律适用角度，1987 年 1 月 1 日开始实施的《民法通则》是一般法，为平等主体之间的民事活动提供基本的法律原则与制度。为了对其更好地理解和适用，1988 年 4 月 2 日，作为其司法解释的《民通意见》开始实施，二者皆为一般法。《消费者权益保护法》则属特别法。结合法律适用的一般规则，在特别法对"欺诈"的含义及构成要件没有明确规定的情况下，应当适用一般法的司法解释——1988 年《民通意见》相关规定体现的精神。

第三，从实践操作角度，1999 年《合同法》第 54 条第 2 款规定："一方以欺诈、胁迫的手段或者乘人之危，使对方在违背真实意思的情况下订立的合同，受损害方有权请求人民法院或者仲裁机构变更或者撤销。"根据该条款，受到欺诈的合同一方享有撤销合同请求权。审判实践中，消费者如果认为自己受到欺诈，通常会将上述撤销合同请求权及《消费者权益保护法》中的惩罚性赔偿在一审中同时主张，如果对二者欺诈的含义及构成要件的理解不同，将会使法官在同一案件中适用不同的认定标准。因此，对 1988 年《民

---

〔1〕 梁慧星："消费者权益保护法第 49 条的解释与适用"，载《人民法院报》2001 年 3 月 29 日，第 3 版。

〔2〕 佟柔主编：《中国民法学·民法总则》，中国人民公安大学出版社 1990 年版，第 238 页。

〔3〕 梁慧星："消费者权益保护法第 49 条的解释与适用"，载《人民法院报》2001 年 3 月 29 日，第 3 版。

通意见》第 68 条规定的"欺诈"概念、1999 年《合同法》规定的"欺诈"概念和《消费者权益保护法》规定的"欺诈"概念，必须采取同样的文义、同样的构成要件。[1]

具体到本案，目前没有法律法规或其他成文规范明确规定经营者进行 PDI 操作更换配件后的告知义务，现行法律法规也没有明确规定经营者对 PDI 过程中发现的问题应当如何处理，亦无正式施行的国家标准或行业标准予以规范。根据目前行业内的通常认知，按照汽车生产厂家的要求进行 PDI 操作后的车辆等同于新车，经营者无须主动做特别的说明和提醒。本案中，利星行公司作为汽车销售者，按照行业惯例和奔驰汽车生产厂家的规定进行 PDI，并使用原厂配件进行更换的行为并无不妥，其未主动告知杨某的行为属于认知错误，并不具有隐瞒的故意，因此不构成欺诈。

二、行业惯例能否对抗消费者知情权

习惯是社会生活中长期使用，被承认具有相当的指导性的通常做法。[2]经济生活中，行业惯例、商业惯例都可以是习惯，能够发挥补充法律不足的作用，往往具有更大的规范性，比一般民事生活惯常做法更具有习惯的特点。[3]消费者知情权是消费者依法享有的了解与其购买、使用的商品和接受的服务有关的真实情况的权利。[4]包括如下含义：①对于特定商品或者服务的相关信息，消费者对经营者享有主动询问的权利；②经营者对于特定的商品或者服务的信息应当不含任何欺诈，即使在未被询问的情况下，亦应真实地记载和披露该特定的信息。《消费者权益保护法》第 8 条即对消费者的知情权范围

---

〔1〕 梁慧星教授认为：我国民法反欺诈制度包括三个层次的法律规定：首先是 1986 年发布的《民法通则》第 58 条规定的以欺诈手段订立的民事行为无效；其次是 1999 年《合同法》第 54 条第 2 款规定的以欺诈手段订立的合同可撤销，及第 52 条规定的以欺诈手段订立合同，损害国家利益的合同无效；最后才是《消费者权益保护法》第 55 条第 1 款规定的经营者有欺诈行为的可判惩罚性赔偿。以上共同构成我国统一的民法反欺诈制度。在法律解释上，要求对三部法律上的欺诈概念作统一解释。参见梁慧星："消费者权益保护法第 49 条的解释与适用"，载《人民法院报》2001 年 3 月 29 日，第 3 版。

〔2〕 杨立新："行业惯例能够补充法律不足"，载《民主与法制时报》2014 年 8 月 11 日，第 9 版。

〔3〕 杨立新："行业惯例能够补充法律不足"，载《民主与法制时报》2014 年 8 月 11 日，第 9 版。

〔4〕 李昌麒主编：《经济法学》（第 2 版），法律出版社 2008 年版，第 331 页。

作了全面、列举性的概括。[1] 但日常交易所涉商品服务五花八门，立法不可能穷尽消费者知情权的所有内容。司法实践中，行业惯例与消费者知情权发生冲突的情形时有发生，人们经过讨论，形成以下三种处理意见：

第一种意见认为，《民法通则》（1986 年发布）和《消费者权益保护法》为制定法，而行业惯例是习惯法。我国制定法的效力和地位明显优于习惯法，习惯法不能与制定法相冲突，制定法应优于习惯法而适用。因此，行业惯例不能对抗消费者知情权。

第二种意见认为，行业惯例是一个行业的基石，对一个行业的运作起到至关重要的作用，体现了社会自治能力，有利于繁荣市场经济、倡导自由贸易。在法律法规对某一问题没有具体规定的情况下，应当适用行业惯例填补法律空白。因此，行业惯例可以对抗消费者知情权。

第三种意见认为，惯例是习惯，是一种具有规范意义的事实，但不是习惯法。因为习惯法是一种无需证明的法律规则，而惯例则是主张惯例存在的那一方当事人必须举证证明的事实，必须经过法官的认可方可以适用。因此，行业惯例能否对抗消费者知情权不能一概而论，而应根据个案所涉商品服务的不同特征以及案件事实，具体情况具体分析。

笔者赞同第三种意见，理由是：商品、服务日新月异，经营者内部通行的行业惯例、行业认知也随之层出不穷。一方面，惯例或者习惯是法生成的重要路径，它可以丰富制定法的内容，影响制定法的实施，补充制定法的不足，实现对制定法的改造。[2] 另一方面，与宪法、法律制定过程相比较，行业惯例的形成缺乏不同利益主体的广泛参与，其本身作为评判依据的正当性，必须要经过司法机关的审查，既要确认行业惯例是否存在、内容为何，又要对某一行业惯例是否能够补充法律漏洞、是否符合法律体系的要求进行评价。诚如孔祥俊法官所言，在有关自律组织（行业协会）对于行业公认的行为或者商业道德标准以公约等方式进行总结时，只能在审查、判断其确立的行为

---

[1] 《消费者权益保护法》第 8 条规定："消费者享有知悉其购买、使用的商品或者接受的服务的真实情况的权利。消费者有权根据商品或者服务的不同情况，要求经营者提供商品的价格、产地、生产者、用途、性能、规格、等级、主要成份、生产日期、有效期限、检验合格证明、使用方法说明书、售后服务，或者服务的内容、规格、费用等有关情况。"

[2] 苗鸣宇：《民事习惯与民法典的互动——近代民事习惯调查研究》，中国人民公安大学出版社 2008 年版，第 26—29 页。

标准是否具有妥当性基础上进行参考，而不是当然接受或者断然不予考虑。[1] 具体案件中，法官可以从以下三个方面对行业惯例进行审查：①真实性，即该行业惯例是否真实存在；②合法性，即该行业惯例是否违背法律法规的强制性规定、是否违反国家政策；③价值性，即该行业惯例是否符合公平正义、是否违反公序良俗、是否符合公共利益等。只有在法律的审视之下，与立法目标相一致的行业惯例才是良好的行业惯例，才能作为评判依据。因此，司法实践中，具体案件应当具体分析，力求做到既维持良好行业惯例的现存效力，引导销售者理性经营，又避免将泛滥的行业惯例上升为法律规范，维护消费者的合法权益。

具体到本案，中国汽车流通协会已经说明新车 PDI 是汽车行业内通行的标准做法，目前亦无法律法规或其他成文规范明确规定经营者进行 PDI 操作更换配件后的告知义务，经营者依照行业认知未告知消费者的行为不违反法律法规强制性规定和国家政策。因此，该行业惯例符合"真实性""合法性"要求，其能否作为评判是否损害消费者知情权的依据，就需要从"价值性"方面进行审查。

消费者知情权是为了保护处于弱势地位的消费者而提出的，赋予消费者知情权是因为经营者在信息获取上处于相对优势。为了改变消费者的不利地位，实现二者实质上的平等，更好地保障消费者知情权的实现，国家往往运用法律手段加大对消费者合法权益的保护，这也是《消费者权益保护法》立法精神之一。从这一点出发，结合一般理性消费者交易心理，如果消费者要求知情的内容与商品本身的安全性息息相关，或该信息的重要性某种程度上会直接影响其决策行为，或该信息能够影响其正确选择、判断、使用等，则该信息属于消费者知情权的内容，与之相悖的行业惯例即违背了立法初衷，不符合"价值性"要求，不能作为评判依据。

本案中，考虑一般理性消费者的认知能力和消费心理，更换汽车前挡风玻璃的事实客观上会给消费者的购买选择带来一定程度的影响。因此，这一事实属于消费者知情权的范围，PDI 内容可以不主动告知消费者的行业惯例不符合《消费者权益保护法》的立法目的，不能对抗消费者知情权。故而，

---

[1] 孔祥俊："反不正当竞争法的司法创新和发展——为《反不正当竞争法》施行 20 周年而作（上）"，载《知识产权》2013 年第 11 期。

利星行公司未明确告知的行为损害了杨某的知情权，根据《消费者权益保护法》第 40 条第 1 款的规定，杨某有权要求赔偿。综合考量涉案车辆价格、侵犯知情权的内容以及对消费者心理受损的补偿等因素，酌定利星行公司赔偿杨某 8 万元。

俄罗斯反腐败立法历程及现状

萨沙*

摘要：俄罗斯反腐败立法历程发展约有500年，可分为古俄时代、俄帝时代、苏联时代和当前时代。研究俄罗斯反腐败立法的发展不仅有助于俄罗斯联邦政府对反腐败法现状的了解，而且还反映出俄罗斯的现代社会和立法者对于"腐败"现象的观点和理解，凸显出待解决的问题。

关键词：俄罗斯；腐败；俄罗斯立法

一、引言

腐败的问题类似癌肿，从一个细胞开始腐烂逐步地渗透到社会及国家的各个领域，破坏人民对政府的信任，损坏国家机关的威信，危害经济制度的稳定。

"透明国际"（Transparency International）作为研究各国腐败情况最有威信的非政府组织，每年从各个渠道搜集大量数据进行分析，并发布世界各国的腐败率。根据"透明国际"的研究，2018年俄罗斯CPI指数[1]为28（第138位/共180位）[2]，说明了俄罗斯经济和政治制度存在十分严重的问题。此外，2018年"透明国际"设立了反腐败研究网（ACRN）[3]，该平台作为世界研究者交流和腐败相关研究的发布中心，当中的学者归于不同的国家和

---

　* 萨沙（Vishnevskiy Alexander，1987—），男，俄罗斯人，首都经济贸易大学法学院博士，现任四川达宽律师事务所涉外法律顾问，Sirota&Partners法律顾问处顾问，研究方向为俄中关系、世贸组织法、经济特区。

　〔1〕 即全球清廉指数（Corruption Perceptions Index）是由"透明国际"建立的清廉指数排行榜，其反映的是全世界各国商人、学者及风险分析人员对各国腐败情况的观察和感受。

　〔2〕 参见 https://www.transparency.org/country/RUS.

　〔3〕 参见 https://www.transparency.org.uk/get-involved/anti-corruption-research-network-acrn/.

学派。尽管如此，很多研究者在作品中指出一种重要现象，即各个国家、社会和文化对于"腐败"现象存在不同的理念。譬如，中欧大学的大卫·托塞罗（Davide Torsello）在他的作品《超级巧克力盒——为什么研究文化协助了解腐败》中指出，各个国家文化和历史背景应该是有效反腐败政策的主要元素[1]。另外，"TRACE International"[2]反腐败策略和交流的经理维娜·迪·帕尔马（Virna Di Palma）在她的《科学在反抗腐败领域中的位置》[3]中也强调在对抗腐败过程中应看重此现象的社会和历史背景，利用科学方法发现其根源。

俄罗斯反腐败奋斗的历史以及相关立法的发展可以追溯到古俄时代，而该时期的法律渊源有助于表明当时俄罗斯公民和立法者对"腐败"现象的看法。

"Коррупция"在俄语中相当于中文中的"腐败"，其词义来源于拉丁文的"corruptio"。按照《法律百科词典》，腐败是存在于国家管理、司法制度、政治、国际贸易等领域内的犯罪行为。犯罪构成的主体为公职人员，违法行为主要集中于使用被赋予的权力得到私利。

二、古俄时代

论及俄罗斯反腐败立法发展历程，首先要追究"腐败"现象在俄罗斯社会中的根源，为此研究相关的古代文学遗产以及古代法律渊源必不可少。譬如，古俄时代腐败性的现象最早见于 14 世纪。1379 年莫斯科王侯德米特里·顿斯科伊因不承认住在立陶宛的全俄罗斯都主教居普良，向君士坦丁堡的总主教派遣米哈伊尔·米佳修士大司祭进行授圣职。但是米哈伊尔·米佳没到拜占庭的首都就死了，而陪同者就挑选了皮缅修士大司祭为新的追求者，将其名字写入国书中，向表达疑问的官员授予了"礼物"作为收买官员的筹码。皮缅就成了基辅以及全俄罗斯的都主教。值得一提的是，当时主教制度范围的腐败行为现象屡见不鲜。再如，追求获得主教职位的人必须向都主教支付

---

〔1〕 Davide Torsello, "Why Culture Matters for Understanding Corruption", available at http://anticorrp.eu/news/why-culture-matters-for-understanding-corruption/, last visited on 2020-4-8.

〔2〕 参见 https://www.traceinternational.org/about-trace.

〔3〕 参见 https://www.collective-action.com/blog/role-academia-anti-corruption-collective-action.

所谓的任命费。[1]

古俄罗斯反腐败活动基本上享有偶然性和地方性的性质，主要依赖于具体统治者的政治意志，并且时常具有互相矛盾的性质。当局一方面采取反腐败的措施，试图限制官员发非法财；另一方面支持在古俄罗斯长期存在的"菜地制度"。再如，该时期的司法制度也出现了一些矛盾，主要在于法官酬金制度。古俄罗斯法庭费用固定，其名字是"固定费"。但是，法官有权因特别重视具体的案件接受"履约报酬"。

随着1497年伊万三世的法典出台，俄罗斯反腐败立法以及司法立法往前走了一大步。法典的第一条就涉及上述司法制度的矛盾，直接禁止法官接受"履约报酬"。

1550年的伊万四世的法典不仅禁止法官接受"履约报酬"，而且依靠司法制度中主体的不同法律地位，即大地主、书记、录事，对于应得的惩罚进行区别。

1649年通过的《国民会议法典》确认了1550年法典的规则，并将反腐败范围扩大于国家应征制度，禁止部队长官随意免除兵役。然而，截止到17世纪末，俄罗斯立法反腐败措施仅限于司法及军事范围，直到彼得一世即位，情况才出现转机。

三、俄帝时代

毋庸置疑，彼得一世作为俄罗斯历史上反腐败最有效的战士，他不但执行了侵略外交政策，而且致力于创造有效的国家管理制度、加强反腐败的立法。

具体而言，1711年2月22日彼得一世创立俄罗斯帝国最高权力机关，即政府性参议院。此外，为了阻止官员的腐败及越权，彼得一世于1714年3月17日颁布了《关于监察员职位》的命令，以此在参议院基础上建立俄罗斯历史上第一个行政监事机构。随即，行政监事机构制度扩大到全国各省。该时期的行政改革甚至涉及了宗教制度，彼得一世撤销了宗主教制，1721年1月25日创立了圣务院，以检察员为首。监察制度很快就普及社会和国家的各个方面，执法机关开始追诉行贿者、鼓励告密。除此之外，皇帝的命令直接规定监察

---

[1] [俄]帕托夫："反腐败措施：立法的历史概括"，载《地方法官》2018年第4期。

员职能限于"偷查和告密",任何贪赃行为应得的惩罚为大额的罚款和终生流放。

彼得一世时代关于腐败和越权的轰动事件是"加加林巨案"。1721 年涅斯捷罗夫监察员进行的长期偷查发现了西比利亚省长加加林的腐败行为。按照涅斯捷罗夫的报告,加加林不仅贪污受贿,而且还将俄罗斯和中国国际贸易垄断,不让他控制范围之外的人参与。最终,1721 年 3 月 16 日加加林被吊死。尽管如此,通过监察员制度还是涌现出了各种各样的违法和腐败行为(上面提到的涅斯捷罗夫,因为腐败,1772 年被处死),导致 1722 年 1 月 23日彼得一世颁布了创立检察院的命令,同年 4 月 27 日《关于检察长的职位》命令制定了检察长的职位及其法律地位。另外,该规范性文件对腐败行为的解释中,将腐败的范畴扩大到国家管理范围和经济范围。检查员应该监督参议员决策及时和全面执行,只向皇帝及参议员报告。因此,因反腐败活动的必要而形成的国家机构变成了国家管理制度的核心。当时检察院的权力在一些方面高于参议院的权力,检察长的法律地位相当于参议院成员的地位。[1]

可惜的是,彼得一世去世之后,反腐败立法以及监督机关的进一步发展碰到了一系列阻碍。当时俄罗斯没有具体的帝位继承制,而彼得一世也没有留下任何遗书,这直接导致了其死亡后的历史阶段在俄国历史课本中获得了"宫廷政变"之名。顾名思义,当时俄罗斯的政治与国家制度极不稳定。1725—1762 年,俄帝位依次由五位统治者独占。灼然可见,这个阶段俄罗斯立法发展就偏离了应有的方向。各个国王致力于其个人政权的加强,不重视多样政治结构的发展,不试图创造跟现代权力制约制度可以比较的政治制度。

1762 年凯瑟琳大帝上位,标志着俄罗斯帝国的黄金时期开始。凯瑟琳的黄金时期相当于欧洲的教育时代,而凯瑟琳作为该时期伟大的思想家和改革者,她与伏尔泰、狄德罗、格林等启蒙主义者进行的长期通信至今仍引起历史学家们的注意。秉持着"开明专制"的立场,凯瑟琳着重国家管理制度的改善工作,了解腐败现象对于国家的危险,因此试图加强监督机构。1794 年2 月 3 日,凯瑟琳以单独的法令任命了维亚泽姆斯基王侯为俄罗斯检察长,授权他组织检察机构的反腐败工作。在维亚泽姆斯基王侯领导下,检察院获得

---

〔1〕〔俄〕波利亚科夫:"革命前俄罗斯检察院对抗腐败的历史(18 世纪至 20 世纪初)",载《俄罗斯法紧迫问题》2018 年第 6 期。

了多方面的权力和职能，直到 1917 年其法律地位基本上没有改变。不管凯瑟琳及其官员采取的反腐败措施多么严格，任人唯亲等行为以及处于凯瑟琳宠臣圈的贪官如果被揭发，也可以不受任何严重惩罚。

19 世纪末的俄罗斯反腐败立法将腐败现象称为"лихоимство"，其含义为：官员因接受任何报酬或礼物而鼓励或禁止相关活动的行为，被视为越权行为。不仅如此，当时法律规定已经着重于腐败性质罪行的主体，将其不仅限于官员本身，还包括其家人，并扩大了不当得利的范畴。

尼克莱二世时代腐败兴盛，在拉斯普丁的参与下，国家高级职位出售的现象具有了普遍的性质。由工业商人集团提供的贿赂决定国家国防订购，导致俄日战争失败。

四、苏联时代

1917 年十月革命之后，布尔什维克党撤销了帝国所有的法律，腐败问题更加严重了。革命和国内战争过程中，法官应该凭"革命良心"进行审判。因"革命良心"范畴不透明，司法制度中滥用职权变成了普遍的现象。苏维埃政府第一次反腐败通过的立法中的惩罚并不严重，按照 1918 年 5 月 8 日出台的人民委员会关于受贿罪法令，腐败最严格的惩罚为劳动改造。

1922 年 6 月 1 日出台的俄罗斯苏维埃联邦社会主义共和国的刑法典在其第 114 条中，将受贿归于"职务上的犯罪行为"。另外，法典的条款区分了国家职务和社会职务，并把受贿者和行贿者的犯罪责任进行了区分。犯罪者受到惩罚的类型取决于犯罪的严重性及后果，惩罚包括监禁、没收财产和枪毙。与预期相反，强硬的反腐败政策收到了相反的结果。严格惩罚制度以及 20 世纪 30 年代的镇压手段创造了新的腐败领域，腐败进一步渗透进国家安全机关和护法机构。

第二次世界大战以后，苏联政府采取了积极措施应对武装力量制度中的腐败行为，特别是在苏联驻德军队集群区域。在立法层面，主要规范性的文件是 1960 年通过的新刑法典以及 1962 年 2 月 20 日出台的苏联最高苏维埃主席团的法令《关于加重贿赂行为的刑事责任》。1980 年政府开始着重于非劳动收入，1986 年 5 月 28 日经过《关于修改及补充俄罗斯苏维埃联邦社会主义共和国若干立法性文件》法令，对于刑法典的第 173 条（腐败犯罪）进行了一些修改，减少了腐败行为的相关惩罚，同时加重了因严重腐败性犯罪应受的惩罚。"棉花案件"（也称"乌兹别克斯坦案件"）作为该时期反腐败行动的象征性现象，1975—1989 年联邦特别调查队在乌兹别克斯坦进行的调查活动引发 800 多个刑事案件以及 4000 多个有罪判决，其中包括乌兹别克斯坦棉花工业部长、反抢劫社会主义财产局的局长、共产党和内务部高位职员，甚至还包括了勃列日涅夫的女婿。

苏联末期，俄罗斯立法者走上了刑法自由化的道路，撤销了因腐败犯罪而判处的死刑。苏联解体以来，俄罗斯社会面临犯罪率和腐败率前所未有的增长。据民意基金会的数据，1992—2004 年俄罗斯公民眼中的司法制度威信扫地。在这种条件下，俄罗斯反腐败立法进入了当代发展阶段。

五、俄罗斯反腐败立法现状

根据《俄罗斯联邦宪法》第 15 条第 4 款，公认的国际法准则和俄罗斯联邦参与的公约作为其法律制度不可分割的部分，国内立法的规范不应与国际条约制定的规范相抵触。换言之，俄罗斯联邦宪法直接制定了"国际法高于一切"的原则。此外，2008 年 12 月 25 日通过的《打击腐败法》第 2 条确认了国际法在反腐败立法制度的位置，并且确定了反腐败立法包含联邦宪法性法律、联邦法律、总统颁布的规范性文件以及联邦政府及其制度中国家权力机关发布的规范性文件。

因此，俄罗斯反腐败立法可以分为国际法和国内法，其中的国内法也可以分为反抗腐败立法和惩治腐败立法。

（一）国际法

在反腐败领域内的国际合作方面，俄罗斯联邦与时俱进，21 世纪以来发起和批准了一系列反腐败国际协议，其中有《联合国反腐败公约》（2006 年 3 月 8 日经过 No. 40 联邦法律批准）、《联合国打击跨国有组织犯罪公约》（2004 年 4 月 26 日经过 No. 26 联邦法律批准）和《反腐败刑法公约》（2006 年 7 月 25 日经过 No. 125 联邦法律批准），这些协议不仅承认了关于腐败性犯罪的界定及分类（涵盖了贿赂行为、滥用职权犯罪、资产非法增加犯罪、洗钱犯罪、滥用影响力犯罪、窝赃等），而且向世界彰显了俄罗斯反腐败的决心和力度。

（二）国内法

1. 反抗腐败立法

2008 年 12 月 25 日通过的《反抗腐败法》（No. 273 联邦法律）制定了国家执行反腐败政策的框架，具体化了反腐败政策的原则、方向和措施，分配了各国家机构在反抗腐败领域内的权力和义务。此外，No. 273 联邦法律提供了腐败的定义，根据该法律的第 1 条，腐败行为包括滥用职位、受贿、行贿、滥用权力、商业贿赂或者自然人为了得到钱、物资或服务，以任何形式滥用其职位违反国家和公共利益（包括以法人的名义和为了法人利益从事的上述活动）的行为。

《反抗腐败法》的第 3 条指定了俄罗斯联邦对抗腐败行为的七个基本原则，即：①承认、保证和保护公民的基本权利；②合法性；③国家机关和地方自治机关活动的开放性及公开性；④法律责任的不可避免性；⑤政治性、组织性、信息宣传性、社会经济性、法律性、特殊性以及其他措施的综合使用；⑥预防腐败现象措施的优先使用；⑦国家与公民社会单位、国际组织和自然人密切合作。

按照《反抗腐败法》的第 5 条，俄罗斯联邦总统决定国家反腐败政策的主要发展，制定其领导的联邦行政机关在反抗腐败范围的权力。此外，国家总统有权设立由多种机关代表人组成的协调团队。

与此同时，俄罗斯联邦会议研究和通过反腐败方面的联邦法律，并且对行政机关进行监督和控制。联邦政府的职能在于控制其管辖的部门和行政机关，分配反腐败职能和任务。对于联邦机关、地方国家机关和地方自治机关的职能而言，第 5 条只指出它们应"在其权限内"从事反腐败活动，该"权限"由下述规范性文件具体化。除此之外，值得一提的是总检察长和俄联邦审计署在反腐败制度中的地位。按照法律条款，总检察长全面负责协调属于内务部所有机关和检察机关的行动。

除上述之外，反抗腐败法律的条文包含提高反腐败政策有效性的各种各样的措施，可以归为三个大组：其一，刺激措施；其二，禁止措施；其三，缩小腐败范围的措施。

刺激措施的主要任务是减少腐败行为的吸引力、提高开放性和公开性，譬如：提高公务员的薪酬和社会保证、经过立法和行政措施引起公务员和公民积极参与反腐败活动、保证媒体和司法制度的自由、保证国家机关活动的公开性等。

禁止措施涉及潜在的受贿者，其目标是反抗非法增加福利以及反抗非法福利的隐藏，例如：禁止公务员在国外的银行开立账户、存储物质财富或者利用国外金融工具；禁止公务员做生意、持有股票和证券。

缩小腐败范围的措施包括但不限于：撤销经济方面的行政限制、阻碍和禁止；改善权力制度；保证政府收购制度的开放性和公开性。

俄罗斯联邦反抗腐败的立法共包括 25 个联邦法律、总统法令和联邦政府命令。该规范性文件向国家机关的日常操作提出了具体的要求，制定了各种机关为反抗腐败必须采取的措施，指出了各国家机构应该批准的文件（条例、规章、计划等）以及必须建立的反腐败单位（工作团、公共委员会等）。

为了保证反腐败措施的有效性，俄罗斯关于反抗腐败联邦法律以及其他反腐败立法要求国家机关批准下面文件：

《遵守向公务员提出的行为要求及反抗利益冲突委员会条例》[1]《公共委员会条例》[2]《获得公务职位申请者提供信息的检查条例》[3]《应将自己和家人收入及资产进行申报的公务员名单》[4]《在国家机关网站应当发布收入和资产的公务员名单》[5]《禁止在外国银行开立账户、存储物质财富或者利用国外金融工具的公务员名单》[6]《属于应当轮换干部的高位公务员名单》[7]《轮换计划及其程序》[8]《利益冲突情况发生的通知程序》[9]《法律及其法案反腐败鉴定程序》[10]《收到礼物的通知程序》[11]《关于劝诱公务员加入腐败行

---

〔1〕 2010 年 7 月 1 日 No. 821 总统法令。

〔2〕 2014 年 7 月 21 日 No. 212 "关于俄罗斯联邦公共监督体制"的第 13 条；2005 年 8 月 2 日 No. 481 联邦政府命令；2006 年 8 月 4 日 No. 842 总统法令；2011 年 5 月 23 日 No. 668 总统命令。

〔3〕 2009 年 9 月 21 日 No. 1065 总统法令。

〔4〕 2009 年 5 月 18 日 No. 557 总统法令。

〔5〕 2013 年 7 月 8 日 No. 613 总统法令。

〔6〕 2015 年 3 月 8 日 No. 120 总统法令。

〔7〕 2004 年 7 月 27 日的"关于俄罗斯联邦国家公民服务"No. 79 联邦法律第 60.1 条第 2 项。

〔8〕 2004 年 7 月 27 日的"关于俄罗斯联邦国家公民服务"No. 79 联邦法律第 60.1 条第 3 项。

〔9〕 《反抗腐败法》的第 11 条第 2 项；2015 年 12 月 22 日出台的 No. 650 总统法令。

〔10〕 2009 年 7 月 17 日的"关于法律和法案反腐败鉴定"No. 172 联邦法律第 3 条第 1 项。

〔11〕 2014 年 1 月 9 日的 No. 10 联邦政府命令的第 5 条和第 6 条。

为的通知程序》〔1〕《对于公务员及其家人的收入进行监督的决策程序》〔2〕《收支、财产以及财产性义务相关信息的申报程序》〔3〕《反腐败计划》和《公务员道德守则》〔4〕。

与此同时，根据反腐败法以及有关行政法规，国家机关应该建立反腐败及其他违法行为的单位或者任命负责该问题的职员，并且组成公共监督会、监督公务行为和解决利益冲突的委员会、认定单位通过的非规范性文件无效的工作组。

总之，反腐败立法提供腐败行为的"类概念"、制定反腐败政策的原则、设立反腐败国家机关制度、具体化国家机关应采取的措施，以此来反抗腐败现象、刺激此类现象的暴露。反过来，护法机关全力追击和审讯腐败分子，遵照具体行政法和刑法的规则。

2. 惩治腐败立法

按照反腐败 No. 273 联邦法律的条文，俄罗斯总检察长负责协调和控制其他护法机关的反腐败活动。除检察院机关之外，对抗腐败机关制度包括俄侦查委员会、内务部管辖机关和联邦安全局。

需要注意的是，俄罗斯的行政处罚法典和刑法典一律不含"腐败"这一定义。所以，在行政处罚法和刑法领域内，腐败意味着多种行政违法构成（行政法）和犯罪构成（刑法）。

因为俄罗斯至今没有通过单独法律对于腐败型行政违法提供具体规定，所以只能根据多数学者的主张和法律注解进行界定。因此，据俄罗斯多数研究者的看法，《行政处罚典》共有 11 个条文，分为 4 章，其规定的行政违法构成可以被视为腐败领域的，主要涉及选举活动和全民公决期间的行政违法行为，譬如，非法慈善活动（第 5.16 条）、非法资助（第 5.18 条）、非法物质支持（第 5.19 条）、其他非法的支持措施（即免费或者以毫无根据的偏低价格提供的服务和物资，第 5.20 条）、职务和公务地位优势的行为（第 5.45

---

〔1〕《反抗腐败法》的第 9 条第 5 项。

〔2〕 2012 年 12 月 3 日的"关于国家公务员以及其他人收支相符合的监督"No. 230 联邦法律第 5 条第 6 项。

〔3〕 2012 年 12 月 3 日的"关于国家公务员以及其他人收支相符合的监督"No. 230 联邦法律第 3 条第 2 项；《反抗腐败法》的第 8 条第 2 项；2009 年 5 月 18 日的 No. 557 总统法令。

〔4〕《反抗腐败法》的第 13.3 条第 2.4 项。

条）。除此之外，行政违法立法规范的商业领域和劳动领域（即不动产和地籍登记入册程序的规定，第14.35条）、禁止各级机关限制竞争的行为（第14.9条）、反抗利用证券市场业务信息的行为（第15.21条）、规定因不按专项开支预算资金规定而接受的惩罚（第15.14条）、调整劳动方面的非法行为（第19.28、19.29条）。

与行政法不同，刑法方面的"腐败行为"有比较清楚的范畴，俄罗斯大多数腐败案件涉嫌犯罪，而犯罪被视为更危险的违法行为，因此应该向违法者实行更严格的法律惩罚。另外，行政法和刑法提到的行政违法构成和犯罪构成的区别很模糊。为弄清楚此问题，俄罗斯总检察院同俄罗斯内务部于2010年4月30日颁布了No.187/86和No.2命令，确定《腐败罪No.23清单》。此清单不仅涵盖了护法机关所有能被视为犯罪的违法行为，而且对于定罪标准提出了准则（主要围绕预谋、犯罪动机和犯罪主体）。根据该清单的规定，反腐败立法规范共涉及刑法典包含的38个犯罪构成，基本上可以分为6个大组，即滥用职权罪、受贿罪、行贿罪、滥用权力罪、商业贿赂罪、侵吞或盗用罪。需要注意的是，该清单是为进行统计报表任务而批准的，本身不算是一种立法渊源。譬如，清单包括的刑法典第228.1条虽然本身涉及非法带有毒品的问题，但是检察院在此更看重犯罪主体及其预谋。

六、俄罗斯反腐败行动的结果

俄罗斯反腐败立法的进程、有效性以及相应数据作为十分复杂的问题，可以分为正式方面和非正式方面，两者值得单独探究。

俄罗斯反腐败政策的正式方面主要表现在有权国家机关的成果与相应统计数据，譬如，负责协调反腐败活动的俄总检察院按月发表"俄罗斯犯罪率[1]"；俄侦查委员会在其网站发布重大的社会影响案件。2017年俄侦查委员会主席亚历山大·巴斯特雷金发表了《反腐败的法律问题》，在这篇文章中报告了反腐败活动的成果，并提出了他主管的机关在2016—2017年期间发现了3.5万个腐败现象，立案总数达到2.3万件。根据最高法院司法部的统计数据，俄国法院于2017年作出了17 334个有罪判决[2]。

---

〔1〕 参见 http://crimestat.ru/analytics.

〔2〕 参见 http://www.cdep.ru/index.php? id=216.

除此之外，2008—2019 年，俄罗斯相关权力机构进行的反腐败行动，制造了一系列引起全世界注意的案件，不断有各级别官员落马，现择要列举如下：

"国防服务"股份公司案件：2012 年大量的检查表明了处于国防部管辖资产局制度中的腐败现象。资产局的公务员经过"国防服务"股份公司以偏低的价格推销过国防部非专业的资产，由此造成的损失为 30 亿卢布，导致国防部部长辞职。

杰宁案件：2015 年内务部的经济安全局向布良斯克州州长提起公诉，侦查机关认为杰宁盗用本州预算资金，向商业企业拨出了 2180 万卢布。

乌尔拉绍夫案件：2013 年警方搜查雅罗斯拉夫尔市长叶夫根尼·乌尔拉绍夫住处时，没收了 50 万美元现金，这些资金被怀疑是受贿所得。2016 年 8 月 3 日将乌尔拉绍夫判处有期徒刑 12 年零 6 个月。

霍洛沙文案件：2015 年 3 月，萨哈林州州长亚历山大·霍洛沙文因涉嫌收受大量贿赂被护法机构逮捕，没收总额约为 10 亿卢布的现金和大量珠宝。

别雷赫案件：别雷赫通过直接和间接手段收受贿赂 40 万欧元（约合 2877 万卢布），并在州政府监管行贿人的投资、经营行为时，为行贿人及关联行贿人的多家公司提供庇护。

扎哈尔琴科案件：2016 年 9 月 9 日，俄罗斯内务部经济安全和反贪局某分局的代理局长德米特里·扎哈尔琴科因涉嫌收受大量贿赂被拘捕，对其住处进行搜查的过程中，警方发现了 12 亿美元现金和 2 亿欧元现金，尚不清楚他和家人到底拥有多少其他资产及其资产来源。

盖泽尔案件：2015 年 9 月，因涉嫌组织一个犯罪集团并窃取大量共和国财产，俄联邦科米共和国前总统维亚切斯拉夫·盖泽尔遭到逮捕。调查人员找到一处盖泽尔用于藏匿现金的地方，并在他的办公室内找到多块瑞士产手表，价格不菲。

乌留卡耶夫案件：2016 年 11 月 15 日，俄罗斯联邦调查委员会根据俄罗斯联邦安全局提供的调查结果，对俄罗斯联邦经济发展部部长阿列克谢·乌留卡耶夫提起刑事起诉。在对乌留卡耶夫的起诉书中称，乌留卡耶夫曾威胁俄罗斯石油公司总裁伊戈尔·谢钦，若不向其行贿 200 万美元，他就不批准该公司的重要交易。联邦安全局的工作人员曾要求谢钦参加紧急侦查行动。据称，谢钦曾邀请乌留卡耶夫到自己公司的办公室，自己亲手交给了乌留卡耶夫 200 万美元的行贿款，此后乌留卡耶夫被捕。乌留卡耶夫则对此予以否认，称对其的刑事立案是谢钦和联邦安全局的挑衅行为。

总而言之，俄罗斯政府试图证明，在从事反腐败活动当中，政府对于所有俄罗斯公民一视同仁。普京总统曾多次表示，不管官员职位多高，如发现存在腐败问题就要依法惩处，没有例外的官员。除此之外，俄罗斯反腐败战场还有民间的支持，包括少数独立媒体和非政府单位从事的反腐败活动。

反腐败社会行动形成的主要原因在于俄国社会对国家机关活动不信任。全俄社会舆论研究中心于 2018—2019 年进行的研究表明，62% 被访者认为在俄罗斯无法从事正当生意〔1〕，只有 55% 被访者相信政府反腐败活动的有效性，而 47% 被访者将近年高位官员的逮捕视为表面文章〔2〕。按照"舆论基金"的研究，55% 的被访者认为在俄罗斯腐败是不可拔出的〔3〕，75% 的被访者认为俄罗斯腐败率是"高的〔4〕"。此背景下，反对派的政治家阿列克谢·纳瓦尔尼设立的"反腐败基金"〔5〕受到大众欢迎。反腐败基金的职员通过公开来源（俄罗斯的和外国的统一法人登记簿、房地产登记簿）的分析，公开和发表高位公务员资产信息，跟其收入申报单实行对比，以此强调他们收支不吻合，证明非法增加福利的现象。反腐败基金研究的对象包括但不限于俄罗斯联邦政府总理梅德韦杰夫（2800 万人看过有关视频）、国防部部长绍伊古、总检察院恰伊卡（900 万人浏览过）等。另外，反腐败基金鉴定常常涉及政府收购制度以及国有公司的滥用。

一系列侦查的结果是以视频形式在"油管"（YouTube）平台发表的，视频包括实际文件和影视资料。反腐败基金从事的活动几次导致了抗议腐败的群众大会。譬如，梅德韦杰夫总理腐败行为的侦查导致了万人大会，共涵盖了几十个城市。

政府控制的媒体强调说阿列克谢·纳瓦尔尼为了追求切身利益，实现自己的政治抱负，代表外国政府的利益，为此抹黑俄罗斯的政治精英们。与此同时，俄罗斯官员不试图利用法律性的措施保护自己的威信，不向法院申请

〔1〕 参见 https://wciom.ru/index.php?id=238&uid=9573.

〔2〕 参见 https://wciom.ru/index.php?id=238&uid=9140.

〔3〕 参见 https://fom.ru/Bezopasnost-i-pravo/14186.

〔4〕 参见 https://fom.ru/Bezopasnost-i-pravo/13984.

〔5〕 参见 https://fbk.info/english/about/.

要求将视频中提到的信息确认为诬告，国家控制的媒体忽视反腐败基金的侦查活动，不试图重新检查其提出的事实和论证。在此背景下，政府采取的态度培养和巩固了俄国社会中对政府和官员的疑惑和敌意。

2013 年 7 月 18 日，基洛夫法院对阿列克谢·纳瓦尔尼作出了有罪的判决，认为他侵吞商业企业的财产，不过 2016 年 2 月 23 日，欧洲人权法院承认了诉讼程序被侵犯，而诉讼案被承认享有政治性的动因。

总而言之，俄罗斯联邦反抗腐败的立法作为社会经济关系的重要调整，其规范的质量高，制度是周密考虑过的。反过来，法律适用的选择性、检察机关工作的不透明性以及司法制度自由的缺乏至今已经引起许多危险的问题。

七、俄罗斯反腐败立法机制对中国的启示

中华人民共和国的领导们特别重视腐败相关的问题，并全面了解此问题的复杂性和严重性，"如果反腐败问题解决不好，就会对党造成致命伤害，甚至亡党亡国"[1]。

中共中央总书记、国家主席、中央军委主席习近平宣告了对抗各种腐败现象的政策。早在 2013 年 1 月 22 日，习主席在十八届中央纪委二次全会上第一次提出了"老虎"及"苍蝇"必须一起打的伟大论题，就此利用中国古典作品《水浒传》里的著名文学用语强调党和社会反腐败大战不妥协性的性质。中国的领导们全面了解斗争腐败现象并不是一朝一夕的事。在习主席领导下，中央巡视组肇始了国家、党以及中央企业检察的长期阶段。

毫不夸大地说，该时期以来，中国在对抗腐败领域得到了明显的效果。

在十九届中央纪委二次全会期间，习近平总书记多次强调了要深化标本兼治，夺取反腐败斗争压倒性胜利。此外，政治局会议指出，党的十九大以来，以习近平同志为核心的党中央一以贯之、坚定不移推进全面从严治党，党内政治生态展现新气象，反腐败斗争取得压倒性胜利，全面从严治党取得重大成果。

习主席曾多次宣告发展反腐败国际合作的必要性。另外，在"一带一路"倡议的语境下，习近平指出了要加强国际反腐合作，让"一带一路"成为廉

---

〔1〕 参见"怎样通过坚定不移反对腐败来永葆共产党人清正廉洁的政治本色？"，载 http://theory. people. com. cn/n/2013/0325/c49150-20904637. html，最后访问日期：2014 年 5 月 9 日。

洁之路。在此背景下，研究腐败现象的学家不应忽视俄罗斯联邦在反腐败战争中的胜利与失败。

前述俄罗斯联邦反腐败政策、立法和法律适用的经验表明全体制的弱点，主要在于如下三个方面：

第一，反腐败立法的碎片化。俄国反腐败立法机制包括 25 部以上的规范性文件，涉及各个国家机关的操作。该规范性文件的措施主要围绕预防腐败行为的问题，同时该措施与行政法和刑法脱离，并没有考虑到所谓"连环保"的现象。换而言之，国家机关的公务员没有兴趣发现其单位内的腐败现象。

第二，反"不当得利"刑法措施的缺乏。俄罗斯法律中"不当得利"的法律范畴依然归于民法范围，《联合国反腐败公约》第 20 条至今未得批准。俄司法部论此问题时，表示：俄罗斯联邦为了实现《联合国反腐败公约》第 20 条的规定，利用《关于国家公务员以及其他人收支相符合的监督》No. 230 联邦法律的条文〔1〕。另外，据梅德韦杰夫总理的看法，《联合国反腐败公约》第 20 条的条文违反《俄罗斯宪法》第 49 条制定的无罪推定原则〔2〕。

第三，惩罚的选择性。国家公务员公开地忽视社会的要求，不管关于一系列公务员不当得利的人所共知事实，仅惩罚"失去信赖的"公务员。

总之，中国在开展反腐败攻略时，应当看重邻居国家在此途中的困难和错误，必须坚持反腐败的基础性原则，坚持中国特色反腐倡廉道路，维护中国共产党人清正廉洁的政治威信，永不失去国家和人民密切的关系，保持和固定党心和民心统一的方向。

---

〔1〕 参见 https：//www. vedomosti. ru/politics/news/2014/12/23/minyust-rossiya-vvodit-v-zakonodatelstvo-dopolnitelnoe.

〔2〕 参见 https：//regnum. ru/news/1741992. html.